桥梁概论与桥梁设计方法研究

张小卫　吕卫军　王卫峰◎著

中国商务出版社

·北京·

图书在版编目（ＣＩＰ）数据

桥梁概论与桥梁设计方法研究 / 张小卫，吕卫军，
王卫峰著. -- 北京 : 中国商务出版社，2023.12
　ISBN 978-7-5103-5102-0

　Ⅰ．①桥… Ⅱ．①张… ②吕… ③王… Ⅲ．①桥梁设
计－研究 Ⅳ．①U442.5

中国国家版本馆CIP数据核字(2024)第023870号

桥梁概论与桥梁设计方法研究

QIAOLIANG GAILUN YU QIAOLIANG SHEJI FANGFA YANJIU

张小卫　吕卫军　王卫峰　著

出版发行：中国商务出版社有限公司
地　　址：北京市东城区安定门外大街东后巷 28 号　邮编：100710
网　　址：http://www.cctpress.com
联系电话：010-64515150（发行部）　　010-64212247（总编室）
　　　　　010-64283818（事业部）　　010-64248236（印制部）
责任编辑：刘姝辰
印　　刷：北京四海锦诚印刷技术有限公司
开　　本：787 毫米×1092 毫米　1/16
印　　张：18　　　　　　　　　　字　　数：372 千字
版　　次：2023 年 12 月第 1 版　　印　　次：2023 年 12 月第 1 次印刷
书　　号：ISBN 978-7-5103-5102-0
定　　价：64.00 元

前　言

随着城市的不断发展和交通网络的日益完善，桥梁在城市化进程中的作用愈发凸显，其不仅是城市交通的重要组成部分，更是推动城市经济与社会持续发展的重要动力。在城市规划和基础设施建设中，应当重视桥梁工程的设计、施工和养护，以确保城市交通的畅通和经济的可持续发展。桥梁工程作为土木工程领域中的重要分支，涵盖了结构、设计、施工、美学、养护等多个方面，其复杂性和综合性使得其在城市基础设施建设中扮演着不可或缺的角色。通过科学规划和精心设计，桥梁工程将继续为城市提供坚实的基础支持，为城市未来的可持续发展奠定坚实的基石。

本书内容分为三大部分，即桥梁概论、桥梁设计与建设、桥梁美学设计与养护。其中，桥梁概论部分介绍了桥梁的起源、分类、地位及作用，以及桥梁环境与可持续发展。桥梁设计与建设部分详细探讨了桥梁设计的原理体系，梁桥、拱桥、悬索桥、斜拉桥等不同类型桥梁的设计与建设，以及桥梁墩台与涵洞的设计。最后一部分关注桥梁美学设计与养护，包括桥梁美学原理、设计方向，以及桥梁检测、养护维修等方面的内容。

本书的特点在于深度挖掘桥梁工程的各个方面，注重理论与实践相结合。同时，本书关注桥梁的美学设计与养护，使读者不仅能够掌握桥梁的基本原理和技术，还能够在实际工程中注重桥梁的审美和长期可持续发展。

通过对桥梁工程全面而深入的介绍，本书旨在成为桥梁工程领域的学习、研究和实践的重要参考，为培养更多的专业人才以应对日益复杂的城市交通和基础设施建设需求提供有力支持。

笔者在本书的写作过程中，得到了许多专家学者的帮助和指导，在此表示诚挚的谢意。由于笔者水平有限，加之时间仓促，书中所涉及的内容难免有疏漏之处，希望各位读者多提宝贵意见，以便笔者进一步修改，使之更加完善。

目　录

第一部分　桥梁概论

第二部分　桥梁设计与建设

第三部分　桥梁美学设计与养护

第一部分　桥梁概论

第一章 桥梁的认知及其地位

第一节 桥梁的起源与发展

随着文明的发展，桥梁建设逐渐演变成为一门工程学科。古代文明中的桥梁工程体现了当时社会的科技水平。古罗马的拱桥是其中之一，比如著名的"庞特德加尔桥"是一座用于引水的古罗马桥梁，它展现了古罗马人在建筑工程上的卓越造诣。而中国的千年古桥，如赵州桥、卢沟桥等，既是交通要道，也是文化的象征，为古代贸易和文明交流提供了便利。

古代文明时期，桥梁的建设主要依赖于当时的建筑技术和可用材料。古罗马帝国是桥梁工程建造的杰出代表之一。比如，庞特德加尔桥是古罗马时期的一项伟大工程，它建于公元前 19 年至公元前 16 年之间，被认为是古罗马水道工程的一部分。这座桥的主要功能是引导水源，为城市提供足够的饮用水。其采用的三层拱桥结构，构思独特，体现了当时古罗马人在建筑工程和水利工程上的卓越技术水平。

在古代中国，千年古桥也是文明的杰出代表。赵州桥位于河北省赵县，是中国古代桥梁工程的杰出代表之一。赵州桥建于公元 605 年，至今已有 1400 多年的历史。这座桥采用了多孔的花岗岩拱桥结构，以其精湛的建筑工艺和独特的设计成为中国古代桥梁的典范之一。而卢沟桥则是另一座富有历史的古桥，连接了京杭大运河上的重要交通枢纽，承载着千年的历史，见证了中国古代贸易和文明的繁荣。

中世纪是桥梁建设领域中一个重要的时期，它见证了桥梁工程技术的发展和创新。在这个时期，桥梁不仅是交通基础设施，更是城市和贸易的重要组成部分。中世纪的桥梁建设经历了一系列技术的提升，石拱桥成为主要形式，为欧洲带来了许多宏伟而具有代表性的桥梁。

中世纪的欧洲，桥梁建设的发展在很大程度上受到当时社会、经济和文化因素的影响。石拱桥的兴起标志着桥梁设计和建筑技术的新阶段。这一时期的桥梁工程主要依赖于石材的使用，尤其是采用拱桥结构的石拱桥，成为中世纪桥梁建设的主流。石拱桥在中世纪的桥梁设计中发挥了关键作用。石拱桥以其结构简单、坚固耐久的特点，成为中世纪桥梁建设的理想选择。拱桥是一种通过拱形结构传递重量的设计，这种结构在承受水流冲击和自身重力的同时能够保持相对的稳定性。石拱桥的建造需要巧妙的设计和石材的加工技术，因此成为中世纪建筑师和工程师追求的技术难题。

法国里昂的查理大桥是中世纪欧洲桥梁工程的代表之一。这座桥建于公元 9 世纪，是中世纪时期最早的石拱桥之一。查理大桥的设计采用了多孔拱形结构，为桥梁建设带来了创新。这种设计在当时被认为是一项技术上的突破，不仅展现了工程师对拱桥结构的熟练运用，也体现了中世纪欧洲桥梁工程的先进水平。

中世纪桥梁的发展离不开当时社会和经济的需要。城市的兴起和贸易的繁荣使得桥梁的建设变得尤为重要。桥梁不仅是连接城市两岸的交通工具，更是贸易和文化交流的纽带。中世纪城市的桥梁往往是繁忙的商业中心，周围聚集着市场和商业活动，因此桥梁的建设与城市的繁荣密切相关。在技术方面，中世纪桥梁建设面临一些挑战，但同时也迎来了一些创新。石材的广泛应用和拱桥结构的运用，为中世纪桥梁的建设提供了坚实的基础。工程师们通过对石材的巧妙运用，设计出了各种形式的石拱桥，满足了不同地理环境和交通需求。这种桥梁设计的经验和技术在后来的建筑中仍然发挥着重要作用。

随着工业革命的到来，桥梁建设进入了新的阶段。铁路和公路的兴起推动了桥梁设计与建设的创新，工程师们开始采用更先进的材料和工艺。19 世纪末 20 世纪初，布鲁克林大桥成为代表性的建筑工程，其悬索桥结构和大跨度设计是当时技术的巅峰之作。这座桥梁连接了纽约市的布鲁克林区和曼哈顿区，是美国最早的大型悬索桥之一，成为世界建筑工程的杰出代表之一。金门大桥则在 20 世纪初期成为旧金山湾区的标志性建筑，引领着桥梁设计的潮流。金门大桥的悬索桥设计在当时是一项重大突破，为大跨度桥梁的建设奠定了基础。

在现代桥梁建设中，计算机辅助设计（CAD）和计算机辅助工程（CAE）等数字化技术发挥着关键作用。工程师们利用先进的计算机软件进行桥梁设计和分析，通过数字模拟和虚拟现实技术，可以在计算机上对桥梁的结构、承载能力等进行全面的测试和模拟。这样的方法不仅提高了设计的准确性，还大大缩短了设计周期，使得工程师们能够更迅速地应对不同的设计方案和挑战。另外，材料科学的进步也对现代桥梁的设计和建造产生了深远的影响。新型材料的应用，如高强度混凝土、纤维增强材料和先进的金属合金，使得桥梁不仅更轻巧、更坚固，而且具备更长的使用寿命。这些材料的性能优越，可以更好地抵抗恶劣天气、地震等外部因素，提高了桥梁的安全性和耐久性。

中国的杭州湾大桥是现代桥梁工程的杰出代表。这座桥梁全长约 36km，横跨杭州湾，连接上海和宁波两个经济发达地区。杭州湾大桥采用了大跨度悬索桥的设计，其中主跨长达5 800m，创下了世界悬索桥主跨最长的纪录。这项工程的设计和建造突破了多项技术难题，其中包括大跨度结构的稳定性、风荷载的影响等。杭州湾大桥的成功建设不仅是中国桥梁工程的巅峰之作，也展示了现代工程技术的卓越水平。

同时，可持续性和环保成为现代桥梁设计的重要考虑因素。工程师们在设计阶段就开始关注材料的环保性能，同时注重桥梁的节能和低碳设计。例如，一些桥梁结构采用了新型材料，如再生材料或可回收材料，以降低环境影响。此外，一些桥梁还集成了先进的节能技术，如太阳能板、风力发电设备等，以提供更加环保和可持续的能源。桥梁工程中的可持续性不仅仅体现在设计阶段，还包括施工和运营阶段。在施工阶段，采用现代化的施工技术和设备，以最小化对环境的影响。在运营阶段，科技的应用也使得桥梁的维护更加智能化和高效。远程监测、智能传感器等技术可以实时监测桥梁结构的状态，提前发现潜在的问题，确保桥梁的长期稳定运行。

总体而言，桥梁的起源和发展是人类文明进步的一个缩影。从古代简单的原始结构，到中世纪的石拱桥，再到工业革命时期的悬索桥，桥梁一直在推动着人类社会的发展和连接。每个时期的桥梁都反映了当时社会的科技水平和文化特色。而现代的桥梁工程则以其复杂性、耐久性和可持续性等，成为工程学科的典范，为人类社会的可持续发展和连接提供了关键基础。

第二节 桥梁的分类与组成

一、桥梁的分类

（一）依据结构形式划分

1. 梁式桥

梁式桥以其桥跨的横截面由梁构成而独具特色。在竖向荷载作用下，梁的支承点仅受到铅垂方向的反力，而没有水平方向上的反力（推力）。梁的横截面主要受到弯矩和剪力的作用，荷载通常垂直于梁的轴线方向。梁主要通过抗弯来承受荷载，并通过支座将其传递至桥的下部结构。梁式桥可分为简支梁桥、连续梁桥和悬臂梁桥。当计算跨径小于25 m时，一般采用钢筋混凝土材料来构建简支梁桥。而当计算跨径大于25 m时，常选择预应力混凝土材料，其中预应力混凝土简支梁桥的经济跨径为40~50 m。连续梁桥和悬臂梁桥由于其跨间支座上的负弯矩使得各跨中的弯矩减小，从而提高了其跨越能力。

2. 拱桥

拱圈或拱肋是拱桥的主要承重结构。在竖向荷载作用下，桥墩或桥台除了承受铅垂反力外，还将承受水平推力；水平推力将导致由于荷载显著降低所引起的拱圈（或拱肋）横截面内的弯矩。在设计时如采用合理的拱轴线，使拱轴线与荷载作用下的压力线相重合，则拱的横截面内主要承受轴向压力，而没有弯矩，因此，横截面内每一点只产生压应力，不产生拉应力。通常拱桥可用抗压能力强，而抗拉能力差的石料、混凝土等圬工材料和钢筋混凝土等来建造。对于特大跨径的拱桥，也可以建造成钢拱桥、钢混凝土组合截面的拱桥。由于拱桥的受力合理，因此其跨径可以做得很大、承载能力高、外形美观，在条件许可的情况下，修建拱桥往往是经济合理的，跨径在 500 m 以内都可以作为设计方案进行比选。但为了确保拱桥能安全可靠地工作，墩台基础和地基必须能承受很大的水平推力。

3. 刚架桥

刚架桥的主要承重结构是梁或板与立柱或竖墙整体结合在一起的刚架结构。在竖向荷载作用下各部分受力特点为：柱脚处具有竖向反力、反力偶，同时也产生水平反力；梁和柱的横截面均作用有弯矩、剪力和轴力，但梁主要以受弯为主，柱为压弯组合构件。梁和柱节点为刚性连接，梁端部承受负弯矩，使得梁跨中弯矩减小，跨中截面尺寸也可相应减小，从而降低了建筑高度；或使刚架桥的跨径增大，提高其跨越能力。根据刚架桥的受力特点，设计时常常采用钢筋混凝土或预应力混凝土材料建造。实践表明，普通钢筋混凝土刚架桥在梁柱交接处较易产生裂缝，所以设计时要多配构造钢筋避免裂缝的产生。

门式刚架桥其受力状态介于梁桥与拱桥之间，因为是超静定结构，由于温度变化或基础的不均匀沉降，其内部将会产生较大的附加应力，设计时也必须考虑这一点。对于大跨径桥梁，可采用 T 形刚架桥型。它属于静定或低次超静定结构，是由单独立柱与主梁连接成整体，形成 T 形，各 T 形刚架之间以剪力铰或挂梁相连，在竖向荷载作用下，无水平推力产生。T 形刚架桥的悬臂部分主要承受负弯矩，预应力筋通常布置在桥面，与悬臂施工方法实现高度协调一致。但在车辆荷载作用下，T 形长悬臂内的弯、扭应力较大，易产生裂缝，在剪力铰或挂梁处行车不舒适，目前采用这种桥型的不多。为了克服上述桥型的缺点，可采用连续刚架桥，也可做成刚构，连续组合体系桥型。当跨越高速公路、陡峭河岸和深谷时，往往采用斜腿刚架桥。

4. 悬索桥

悬索桥，亦称吊桥，是一种以主缆索为主要承重构件的桥梁结构。其基本构造包括基础、塔墩、锚碇、主缆索、吊索、加劲梁以及桥面结构。在桥梁设计中，当跨度达到 600 m 以上时，悬索桥往往被首选，其主要原因是悬索桥采用高强度钢丝作为主要承拉结构，具备跨越能力大、受力合理、造价经济以及材料强度优势能被充分发挥等特点。同时，其整体造型流畅美观和施工安全快捷等优势也备受推崇。荷载由加劲梁承受，通过吊索传至缆索。主缆索的拉力通过桥塔的压力和锚碇结构的拉力传至基础与地基。这一设计充分发挥了高强度钢缆的抗拉性能，使得悬索桥的结构自重较轻，能够以较小的建筑高度跨越比其他桥型更大的跨度。

目前，悬索桥的最大跨度已达到 1991 m（例如日本的明石海峡大桥）。然而，与其他桥梁体系相比，悬索桥自重轻，但结构刚度较差，在受到车辆动荷载作用时会产生较大的变形。此外，悬索桥在风荷载作用下可能引起的振动以及稳定性问题在设计和施工中也需要高度重视。

5. 斜拉桥

斜拉桥的构造包括塔柱、主梁和斜拉索等组件。由于斜拉索支撑主梁，使其成为多点弹性支承的连续梁，因此可以减小主梁的截面尺寸，增加桥跨跨径。斜拉桥的构想可以追溯到 19 世纪，但由于当时材料水平的限制，建成后不久就被淘汰了。20 世纪中叶，随着高强度钢丝、正交异性钢板梁的出现，以及计算机在结构分析中的广泛应用，斜拉桥这种形式得以重新兴起。由于其刚度大、造价低，能够迅速在全球推广，并且跨度不断增大，如日本的多多罗大桥跨度已达 890 m。

在考虑经济性时，当可以选择悬索桥或斜拉桥时，斜拉桥通常更为经济。相对于悬索桥，斜拉桥的优点主要表现在：①采用自锚体系，无需昂贵的地锚基础，降低了防腐技术的要求和费用；②具有比悬索桥更好的刚度和抗风能力；③采用悬臂法施工，且施工不影响通航；④使用的钢束量相对较少。

（二）依据桥梁用途划分

桥梁按用途可分为公路桥、铁路桥、公路铁路两用桥、农桥、人行桥、水运桥、管线桥等。

公路桥：公路桥主要用于承载和连接公路交通，是道路交通系统中的重要组成部分。这类桥梁通常设计成适应道路交通流量和车辆荷载的特点，确保车辆安全、顺畅地穿越水体或其他地形障碍。

铁路桥：铁路桥专门为铁路交通而设计，考虑到列车的速度、重量以及铁路运输的特殊要求。铁路桥通常具有坚固的结构，以支持铁轨和重载列车的运行。

公路铁路两用桥：这种桥梁同时服务于公路和铁路交通，是为了在有限的空间内更好地整合两种交通方式。它们需要考虑到不同交通工具的荷载、速度和振动等因素。

农桥：农桥通常位于农村地区，用于连接农田、农舍以及农民居住区。这些桥梁可能不需要承载大量车辆，但需要适应农业机械和农民的交通等需要。

人行桥：人行桥主要为行人提供通行，通常用于连接步行道、公园、社区等地。设计时注重舒适性、美观性和安全性，通常不需要考虑机动车辆的荷载。

水运桥：水运桥跨越河流、运河或其他水域，为水上交通提供通道。这些桥梁的设计需要考虑水面通航的高度和宽度，以确保船只可以安全通过。

管线桥：管线桥是为了支持管道或输电线路而设计的桥梁。这些桥梁通常需要考虑输送介质的特性、管线的重量以及管道维护的安全性、便捷性。

（三）依据桥梁全长和跨径划分

特大桥：特大桥通常具有极长的全长和大跨度，成为桥梁工程中的巨大工程。这类桥梁的建设涉及复杂的技术和工程挑战，通常跨越宽广的水域、深谷或其他地形障碍。特大桥的设计和施工需要充分考虑地质条件、风荷载、水流情况等因素，典型的例子包括中国的赣江特大桥和美国的金门大桥。

大桥：大桥相对于特大桥来说规模稍小，但仍具有较长的全长和跨度。这类桥梁通常用于连接城市、跨越较大的河流或湖泊，承担着重要的交通枢纽功能。大桥的设计需要考虑到城市规划、交通流量以及对桥梁结构的可持续性要求。

中桥：中桥是全长和跨度介于特大桥和小桥之间的一类桥梁。它们可能用于城市郊区、农村地区或一些相对较小的水域跨越。中桥的设计通常更加多样化，根据实际需要灵活选择桥梁类型和结构形式。

小桥：小桥的全长和跨度相对较小，通常用于连接小型社区、农田或山区。这些桥梁可能是简单的梁桥、拱桥或板桥，目的是提供基本的交通便利，承担轻负荷的交通需求。

（四）依据跨越障碍的性质划分

桥梁按跨越障碍的性质可分为以下类别：

跨河桥：跨河桥是指专门设计用于跨越河流或水域的桥梁。这类桥梁需要考虑河流的宽度、水流速度、底部地质条件等因素，以确保桥梁的稳定性和安全性。跨河桥的设计通常采用大跨度结构，例如悬索桥、斜拉桥或梁桥。

跨线桥（立体交叉）：跨线桥是为了解决不同交通线路（如公路、铁路、地铁等）的立体交叉而设计的桥梁。这种桥梁通常具有多层结构，以实现不同交通工具的顺畅通行。跨线桥的设计需要考虑不同交通工具的流量、速度以及相互之间的冲突，因此通常采用特殊的设计和结构形式。

高架桥：高架桥是一种建在高架结构上的桥梁，通常用于跨越城市道路、铁路、河流等障碍物。这类桥梁的设计使其在地面上方，从而减少了对地面交通的干扰，提高了通行的效率。高架桥的结构通常包括支撑柱、梁和墩台等。

栈桥：栈桥是建造在支撑柱或墩台上，呈梯形或斜线形状的桥梁。这类桥梁通常用于跨越峡谷、沟壑、河谷等地形复杂的地区。栈桥的设计充分利用了支撑结构，使桥梁在垂直方向上有较大的高差，增加了其穿越地形障碍的能力。

（五）按上部结构的行车位置划分

桥梁按上部结构的行车位置可分为上承式桥、下承式桥和中承式桥。

上承式桥：上承式桥是指桥面布置在主要承重结构之上的桥梁。在这种结构中，行车道、人行道等都设置在桥梁的上部。这种设计使得桥梁的上部结构直接承受和传递交通荷载，上承式桥的常见类型包括梁桥和拱桥。

下承式桥：下承式桥是指桥面布置在主要承重结构之下的桥梁。在这种设计中，行车道等设置在主要承重结构的下方。下承式桥的主要优势是可以提供更大的垂直通行空间，常见的例子包括悬索桥和斜拉桥。

中承式桥：中承式桥是指桥面布置在主要承重结构高度的中间位置的桥梁。这种设计结构相对均衡，既可以提供一定的垂直通行空间，又能使上部结构直接参与承受荷载。这类桥梁通常包括特殊结构，例如梁拱组合桥等。

（六）依据特殊使用条件划分

桥梁根据特殊使用条件可以分为开启桥、浮桥、漫水桥等，这些类型的桥梁在应对特殊环境和使用需求时发挥着独特的作用。

开启桥：开启桥是指可以通过机械或其他手段进行开合操作，以便在需要时为水上交通或通航提供通道的桥梁。这种桥梁通常设置在河流、运河等需要保持通航能力的水域上，可以通过提升或旋转的方式打开，让船只通过。开启桥的设计考虑了桥面的可移动性和可靠性，以确保桥梁在开合过程中稳定、可靠。

浮桥：浮桥是一种可以浮在水面上的临时性桥梁，通常由浮体、桥面和连接部分组成。浮桥常用于军事行动、急救和其他需要快速建立临时桥梁的情况。这种桥梁的特点是可迅速部署,同时在任务完成后可以方便地拆除。

漫水桥:漫水桥是设计用于在水面上或水下通行的桥梁,常见于沼泽、湿地和深水区域。漫水桥的结构通常具有防水和浮力特性,以适应水深和水面波动。这种桥梁的设计需要考虑水流、波浪、潮汐等因素,以确保桥梁的稳定性和安全性。

二、桥梁的组成

第一,桥跨结构。桥跨结构,又称上部结构,是指桥梁结构中直接承受车辆和其他荷载,跨越各种障碍物的主要承重部分。桥跨结构的主要任务是在桥梁设计中跨越山谷、河流以及其他各种障碍物,将直接承受的各种荷载通过桥梁支座传递到指定的下部结构上,同时确保桥上的交通在一定条件下正常安全运行。

第二,下部结构。下部结构由桥墩、桥台和基础构成。桥墩和桥台的作用是支撑上部结构,并将其恒荷载和车辆等活荷载传递到基础上。一座桥梁通常只有两个桥台,位于桥的两端;而桥墩可以在两桥台之间不设或设一个到数个。桥墩两侧是桥跨结构,而桥台一侧连接桥跨结构,另一侧连接路堤。桥台不仅支撑桥跨结构,还起到衔接桥梁与路堤的作用,抵御路堤的土压力,防止滑坡和坍落。桥梁墩台底部与地基接触的结构部分被称为墩台基础。墩台基础是桥梁结构的基石,对桥梁的安全使用起到至关重要的作用。这一部分是桥梁施工中最复杂、难度最大的环节之一。很多桥梁的毁坏往往是由于墩台基础的强度或稳定性出现问题引起的。

第三,支座。桥梁支座是桥梁结构中的重要组成部分。它是用于支持和连接上部结构与下部结构的元件。桥梁支座的主要作用是将桥跨结构上的恒荷载与活荷载反力传递到桥梁的墩台上去,同时保证桥跨结构所要求的位移与转动,以便使结构的实际受力情况与计算的理论图示相符合。

第四,附属设施。桥梁的基本附属设施包括桥面系、伸缩缝、桥梁与路堤衔接处的桥头搭板、桥台的锥形护坡、护岸、挡土墙、导流结构物以及检查设备等。这些设施在桥梁的设计和建设中起到重要作用,以确保桥梁的安全、稳定和有效运行。

第三节　桥梁在交通运输领域的地位和作用

一、历史沉淀:见证文明的交汇

桥梁,作为交通运输领域不可或缺的组成部分,其深厚的历史沉淀是我们理解其地位的关键。自古以来，桥梁就以其在连接城市、贸易路线以及促进文明发展方面的独特贡献而受到人们的崇敬。古老的石拱桥、梁木桥，以及如今的悬索桥、斜拉桥等，每一座桥梁都承载着文明的见证，是历史的交汇点。桥梁的历史可以追溯到人类最早的居住地。在早期社会，桥梁的建造是一项巨大的工程，但其价值却是无法估量的。古代人们通过桥梁，将分散的村庄连接起来，促进了文化的交流与繁荣。古老的丝绸之路上，桥梁扮演了连接不同文明的纽带，为贸易与文化的交流提供了便捷通道。随着时间的推移，桥梁的形式和设计也发生了巨大的演变。古代的桥梁多采用石头和木材构建，体现出人们对于材料的巧妙运用。而现代桥梁则充分利用了混凝土、钢铁等新型材料，以及先进的工程技术，展现了人类工程学的巅峰。这种演变不仅是技术上的进步，更是人类对桥梁功能和美学的共同追求。

二、地理连接：突破自然屏障

中国地域辽阔、河流纵横、山脉起伏，而桥梁的建设使得这些自然障碍变得可以跨越。通过桥梁，人们能够轻松地跨越江河湖海，穿越崇山峻岭，实现地域之间的无缝连接。这种地理连接的功能为国家的交通运输系统提供了极大的便利。桥梁的地理连接不仅推动了城市的扩张，也促进了农村地区的发展。通过桥梁，农产品和手工艺品能够更加便捷地流通，城乡之间的差距逐渐缩小。桥梁所带来的便利不仅仅是物质上的，更是心灵上的，让各地的人们更加紧密地团结在一起。

三、经济支撑：促进贸易和发展

在经济层面，桥梁的地位体现为其巨大的促进贸易和区域发展的作用。桥梁连接着不同地区，使货物能够更迅速、便捷地流通，从而推动了各地贸易的繁荣。这种便捷的交通网络为企业提供了更广阔的市场，激发了地方经济的活力。桥梁的作用不仅仅局限于城市之间的连接，还拉近了工业区和商业中心、产业链上下游之间的距离。这种紧密的联系促使不同产业更加协同发展，形成更为完善的产业体系。同时，桥梁连接着生产和消费的环节，促进了商品的流通，为市场经济的健康发展提供了坚实的基础。

四、社会融合：连接城乡社区

桥梁不仅仅是冰冷的工程结构，更是连接人们心灵的纽带。桥梁将城市与农村、各个社区连接在一起，促进了文化和社会的交流。人们通过桥梁相互访问，不同地域的人们更容易沟通合作，形成更加和谐的社会。通过桥梁，农村的资源能够更容易地流向城市，城市的技术和服务也能够渗透到农村地区。这种互通有无的社会融合，使得城乡之间的差距逐渐缩小，促进了社会的均衡发展。

第四节　桥梁环境与可持续发展

一、桥梁对环境的影响

（一）生态系统的破坏与修复

桥梁建设对周边生态系统的破坏是一个需要认真对待的问题。在跨越湿地、河流等敏感区域的过程中，土地开发和基础设施建设可能对生态环境造成长期的、不可逆转的影响。

第一，桥梁的建设可能导致植被的大量丧失。在建桥的过程中，需要清理土地、修建桥墩和桥面，这些行为都可能导致原有的植被被破坏，对植物多样性和生态平衡造成威胁。

第二，水土流失是另一个需要关注的问题。桥梁的建设通常伴随着土地的平整和改造，这可能导致裸露的土壤暴露在外界环境中，易受风化和水流侵蚀。这种水土流失可能导致河道淤积，影响水质和水生态系统。此外，当雨水冲刷裸露的土地时，还可能带走大量泥沙，对周边生态环境造成直接的影响。

第三，桥梁建设还可能对动植物栖息地造成破坏。桥梁的兴建可能会改变动植物的栖息地结构，影响它们的迁徙和生态习性。特别是对于涉及湿地和河流的桥梁，水域生态系统中的鱼类、鸟类等动植物可能因为人类活动而受到严重威胁。

（二）水质和水流的影响

桥梁对水体生态系统的影响是桥梁建设中需要认真考虑的方面。首先，桥梁的建设可能导致水体的流向和流速发生改变。这种改变可能对河流、湖泊等水域生态系统产生深远的影响。例如，桥梁的建设可能使得水流速度增加，这可能引起河床侵蚀的问题。河床的侵蚀会导致河道深度增加，水流变得更加湍急，对于水生动植物的生存环境造成直接威胁。此外，桥梁建设也可能对水体的水质产生潜在影响。在建桥的过程中，可能涉及大量的建筑材料、水泥、钢铁等，这些材料的生产和使用可能产生有害物质，如废水、废渣等直接排放到周围水域。这些污染物质有可能改变水体的化学成分，影响水中的溶解氧、pH 值等重要参数，从而对水生生物和水生植物造成负面影响。

二、可持续桥梁的建设

（一）材料的选择与创新

桥梁建设中材料选择的环保问题至关重要。传统的混凝土和钢铁虽然在结构上具有强度和耐久性，但在生产过程中却产生大量的碳排放，对环境造成不可忽视的影响。为了实现桥梁建设的可持续性，我们可以从材料的选择入手，采用更为环保的建筑材料，以及推动材料创新和研发。

第一，使用再生材料。再生材料是从废弃物或过时产品中回收再利用的材料，如再生混凝土、再生金属等。采用再生材料可以减少对自然资源的开采，降低生产过程中的碳排放，实现资源的循环利用。这有助于降低桥梁建设对环境的负担，符合可持续发展的理念。

第二，使用可降解材料。这类材料在使用寿命结束后能够自然降解，减少了对环境的持久性影响。例如，使用可降解的塑料替代传统的非可降解材料，可以有效减少塑料污染问题。在桥梁建设中，可降解材料的使用不仅可以降低对环境的负担，还有助于缓解塑料废弃物带来的环境问题。

第三，推动建筑材料的创新和研发。通过引入新型的、更环保的材料，如纳米材料、生物基材料等，可以提高桥梁的建设效率，减少资源消耗，降低环境污染。例如，使用生物基材料替代传统的建筑材料，不仅能够减少碳排放，还有助于建设更为生态友好的桥梁。

（二）节能与环保设计

在可持续桥梁建设中，能源利用效率和环保设计是关键的考虑因素。

首先，合理设计桥梁结构也是节约能源的关键。优化桥梁的结构，减少冗余和材料的使用，不仅能够节省建设成本，还能有效减少桥梁的整体负重，从而减缓结构材料的疲劳和老化程度，延长桥梁的使用寿命。通过先进的结构设计和工程技术，可以实现更加轻盈、高效的桥梁建设。

其次，绿色设计理念的引入是实现可持续桥梁建设的另一重要方面。设置绿化带和生态通道，使桥梁融入自然环境，不仅美化了桥梁周围的景观，更是为城市创造了更多的绿色空间。绿化带不仅可以吸收二氧化碳，净化空气，还能提供动植物栖息地，促进生态平衡。生态通道则有助于连接桥梁两侧的生态系统，促进物种的迁徙和生态互通，使桥梁成为城市中的生态廊道。这种绿色设计理念超越了桥梁单纯作为交通工程的角色，使其成为融入自然环境，与生态系统相互协调的一部分。通过将绿色设计理念融入桥梁建设的方方面面，不仅能够创造更为宜人的城市环境，还能够实现桥梁的全面可持续发展，为未来城市交通基础设施的发展奠定坚实的生态基础。这种绿色设计不仅是对自然环境的尊重，更是对为人类创造更加宜居的城市生活空间的积极探索。

第二章 桥面的布置与构造

第一节 桥面的组成与布置

一、桥面的组成

桥面作为桥梁结构中与车辆和行人直接接触的重要组成部分，在桥梁的设计和建设中扮演着至关重要的角色。其主要功能在于对桥梁主体结构进行保护，同时确保桥梁的正常使用。桥面构造的选择和布置直接关系到桥梁的使用功能、整体布局以及美观程度，因此对桥面构造的重视不可忽视。

桥面构造的核心组成包括桥面铺装、排水和防水系统、伸缩装置、人行道（或安全带）、缘石、栏杆、灯柱等多个要素。这些要素共同协作，以确保桥面在各种自然条件和使用情况下都能够保持稳定与耐久。

桥面铺装是桥面构造的基础，其选择直接关系到桥面的耐久性和承载能力。合理的铺装材料不仅能够抵抗车辆和行人的频繁行走，还需要具备抗水、抗风化等特性，以适应各种恶劣环境。同时，排水和防水系统的设计也是至关重要的，有效的排水系统可以防止积水对桥面造成损害，而防水系统则能够延长桥面的使用寿命。

除此之外，伸缩装置的设置是为了应对桥梁在使用过程中因温度等因素所导致的伸缩变化，以防止桥梁结构的变形和损坏。人行道和安全带的设置则考虑了桥面上行人的通行安全，缘石和栏杆则既是装饰性的组成部分，也是保障车辆行驶安全的关键要素。此外，灯柱的布置既能够提供照明功能，也对桥梁整体的美观起到重要作用。

总之，桥面构造的组成部分是多方面的，需要综合考虑各个要素之间的协调关系，以确保桥梁在使用过程中具备稳定的结构和良好的使用性能。对于桥梁设计者和建设者而言，深入理解桥面构造的重要性，并在设计和建设过程中精心考虑每个组成部分，将有助于提高桥梁的整体质量和使用寿命。

二、桥面的布置

桥面的布置应在桥梁的总体设计中考虑，它根据道路的等级、桥梁的宽度、行车的要求等条件确定。对混凝土梁式桥，其桥面布置形式有双向车道布置、分车道布置和双层桥面布置等。

（一）桥面双向车道布置

双向车道布置是一种交通组织方式，其特点是将上行和下行车道布置在同一桥面上，并通过绘制道路标线进行区分，而不设置实体的分隔设施，使上下行车辆在同一桥梁上共同行驶。这种布置方式下，分隔界限不够显著，主要依赖于地面上的标线来引导车辆。

由于在这样的桥梁上同时存在上行和下行的机动车辆，以及机动车与非机动车的混合交通流，因此交通相互之间的干扰较为显著。这样的混合交通流通常会导致行车速度受到限制，车辆行驶受到较大的制约。特别是在交通量较大的道路上，双向车道布置容易引起交通拥堵，形成交通滞流状态。

双向车道布置的缺点主要在于其交通流组织复杂，容易造成交叉影响，增加了交通管理的难度。此外，由于分隔界限不明显，车辆驶入对向车道的风险较大，易发生交通事故。为了提高交通安全性，对于交叉口、匝道口等关键位置，需要采取额外的交通管理措施，以减少交叉流的干扰。

可见，双向车道布置适用于一些交通流量较小、交叉口相对较少、道路宽度有限的场景。在设计和管理上，需要综合考虑交叉口的设置、标线的维护以及交叉流的引导等，以提高交通效率和安全性。在交通量较大的主干道或城市快速路等场景中，更加合理的交通组织方式可能是采用分隔设施明确的单向车道，以降低交叉干扰，提高道路通行能力。

（二）桥面分车道布置

分车道布置是一种交通规划与设计手段，其主旨在于通过设置分隔设施，有效地将行车道的上下行交通互相隔离。这种布置方式不仅能够提高行车速度，而且能够有效地防止交通事故的发生，使交通管理更为便利。然而，采用这种布置方式在桥面上需要增加一些分隔设施，并相应地增加桥面的宽度。

在实际操作中，可以采用在桥面上设置分隔带的方式来实现分车道布置。这种分隔带可以用于隔离上下行车辆，使它们互不干扰。另一种实现方式是采用分离式主梁布置，即在主梁之间设置分隔带，或者采用分离式主梁，使两主梁之间的桥面不相连，实现各自单向通行。

分车道布置不仅仅可以用于上下行交通的分隔，还可以用于将机动车道与非机动车道进行有效分隔，同时也可将行车道与人行道进行隔离。这样的多层次分隔不仅有助于提高交通流畅度，还有助于提升交通安全性。

在选择分隔带的形式时，可以考虑采用混凝土制作的护栏、钢（或铁）制的护栏，或者采用钢杆或钢索（链）分隔等多种形式。这样的灵活性有助于根据具体情况和设计要求来选择最合适的分隔设施，以确保分车道布置的有效性和安全性。

用混凝土制作的"新泽西式护栏"是目前应用比较广泛的一种分隔形式。由于其质量重，稳定性好，所以有较好的防撞性能，并且可以减少车辆的损坏。护栏可采用预制或现浇制作。预制的护栏由钢链相连，放在桥面上，并不需要特殊的基础或锚固。

分车道布置作为一种重要的交通设计手段，旨在通过合理设置分隔设施，提高交通效率，降低交通事故风险，实现更便捷的交通管理。在具体实施中，须根据桥梁结构和交通流特点综合考虑，以确保布置的科学性和实用性。

（三）双层桥面布置

双层桥面布置在桥梁设计中具有重要的空间优势，其特点在于能够提供两个不在同一平面上的桥面结构。这一设计形式主要在钢桥中得到广泛应用，其原因在于钢桥在受力方面表现明确，构造上相对较易处理。相反，在混凝土梁桥的设计中，较为罕见地采用了双层桥面布置。

首先，双层桥面布置的显著优势之一是能够实现不同交通流的严格分道行驶。通过将高速车道与中速车道分离，以及机动车道与非机动车道的明确划分，这种设计有助于提高车辆和行人的通行能力。更进一步，行车道与人行道的分离不仅有益于交通流畅，同时也为交通管理提供了更为便捷的手段。

其次，双层桥面布置的设计理念允许充分利用桥梁的净空。在满足相同交通需求的前提下，采用这种布置方式可以有效减小桥梁的宽度。这对于城市桥梁和立交桥的设计尤为重要，因为这些场景通常对空间利用有严格的限制。因此，双层桥面布置不仅提高了交通通行的效率，还在空间利用方面展现了其卓越性。

双层桥面布置作为一种桥梁设计的创新形式，在提高通行能力、优化交通管理以及有效利用有限空间方面发挥着重要作用。在城市桥梁和立交桥等场景中，这种设计方式更加凸显其在解决交通问题和提升城市交通系统效能方面的独特价值。

第二节　桥面铺装与水系统

一、桥面纵坡、横坡的设置

为了迅速排出桥面雨水，桥梁除设有纵向坡度外，还应将桥面铺装层的表面沿横向设置成 1.5%~2.0% 的双向横坡。桥面的横坡通常有以下四种设置形式：

第一，就板桥（矩形板或空心板）或就地浇筑的肋板式梁桥而言，为了节省铺装材料并减轻重力，一种有效的设计方案是将横坡直接设在墩台顶部，形成倾斜的桥面板。这种设计允许整个桥宽上的铺装层保持等厚，而无须设置混凝土三角垫层，从而简化了结构并提高了施工效率。

第二，对于装配式肋梁桥，为了使主梁构造简单，架设和拼装方便，通常横坡不再设置在墩台顶部，而是通过在行车道板上铺设不等厚的铺装层，包括混凝土三角垫层和等厚的混凝土铺装层，以构成桥面横坡。这种方法虽然增加了一些复杂性，但有助于优化结构设计，使其更适应装配式肋梁桥的特点。

第三，在较宽的桥梁（如城市桥梁），尤其是城市桥梁时，考虑到混凝土用量和恒荷载重量的问题，有时采用直接将行车道板做成倾斜面形成横坡的方法。然而，这种设计会使主梁的构造和施工稍显复杂，需要更为细致的规划和施工技术。

第四，利用走支座垫石形成横坡。桥面铺装的表面通常采用抛物线或直线形横坡，而人行道表面则设有 1% 的向内直线形横坡。这种方式可以通过调整垫石的高度差来实现，提供了一种相对简单且经济的横坡设置方法。

在桥梁设计中，选择合适的横坡形成方式需要充分考虑结构类型、施工便捷性以及材料利用效率等因素。各种不同的设计方案都在追求经济性、结构稳定性和施工效率之间寻找平衡，以确保最终的桥梁结构能够满足工程需求并具备长期可靠性。

二、桥面排水管道

钢筋混凝土结构不宜经受时而湿润、时而干晒的交替作用。湿润后的水分如接着因严寒而结冰，则更有害，因为渗入混凝土微细裂纹和大孔隙内的水分，在结冰时会导致混凝土发生破坏，而且水分侵蚀钢筋也会使钢筋锈蚀。因此，为防止雨水积聚于桥面并渗入梁体而影响桥梁的耐久性，除在桥面铺装层内采取防水措施（如采用防水混凝土、柔性贴式防水层等）外，还应采取一定的排水措施，使桥上的雨水迅速排出桥外。

桥面排水是桥梁工程中至关重要的设计考虑因素之一，它直接影响到桥梁的使用寿命和安全性。在桥面排水设计中，除了设置纵、横坡以确保雨水顺利流向排水口外，合理设置泄水管也是必不可少的一环。

针对桥面纵坡大于 2% 而桥长小于 50 m 的情况，可以考虑采用引道排水方式。这种情况下，雨水可沿着桥面自然流至桥头，通过引道排出，从而实现了排水的效果。然而，为了防止雨水冲刷引道路基，必须在桥头引道的两侧设置流水槽，以便将雨水有效地引导并避免对路基的损害。

当桥面纵坡大于 2% 且桥长超过 50 m 时，为了更有效地排水，应在桥上每隔 12~15 m 设置一个泄水管。这样的设置可以确保在大面积桥梁上均匀分布排水口，防止雨水在桥面上积聚形成积水区域。而在纵坡小于 2% 的情况下，由于水流速度较慢，泄水管的设置需要更密一些，一般每隔 6~8 m 设置一个，以应对相对较缓的水流。

泄水管的布置方式也是设计中需要考虑的重要因素。它可以沿行车道两侧左右对称排列，也可以交错排列，离缘石的距离一般应在 20~50 cm 之间。此外，泄水管还可以布置在人行道下面，为此需要在人行道块件（或缘石部分）上留出横向进水口，并在泄水管周围设置相应的聚水槽，以确保雨水有效地被排出。

对于跨线桥和城市桥梁而言，考虑到其特殊地理位置和使用情况，最好采取类似建筑物一样的设计，设置完善的泄水管道系统。通过将雨水排至地面阴沟或下水道内，可以避免对周围环境造成不必要的影响，保障桥梁结构的稳定性和长期使用的安全性。因此，在桥梁设计过程中，合理设置泄水管是一项不可忽视的技术细节，对于桥梁的功能和可靠性有着重要的意义。

目前，桥梁上常用的泄水管道有下列形式：

（一）金属泄水管

金属泄水管是在铺装结构中广泛使用的一种排水设施，其中铸铁泄水管是一种常见的选择。这种类型的泄水管适用于具有贴式防水层的铺装结构，其内径通常在 10~15 cm 之间。在安装过程中，泄水管的下端应该伸出行车道板底面以下至少 15 cm，以确保有效的排水功能。

在安放泄水管时，特别需要注意与防水层的接合处，这一步骤需要特别仔细。防水层的边缘应该紧夹在管子的顶缘与泄水漏斗之间，以确保防水层上的渗水能够通过漏斗上的过水孔流入管内。这种精心设计的连接方式有助于最大限度地确保排水系统的有效性和可靠性。

铸铁泄水管以其卓越的使用效果而受到青睐，但其构造相对较为复杂。然而，为了满足不同工程的需求，可以根据具体情况进行适当的简化和改进。一种可能的改进方案是采用钢管和钢板的焊接构造，这可以在一定程度上简化结构，同时保持一定的强度和耐久性。甚至可以考虑采用塑料浇筑的泄水管，以实现更轻量化的设计，并且具有抗腐蚀性能。

总的来说，金属泄水管，特别是铸铁泄水管，是一种在铺装结构中可靠且有效的排水解决方案。通过仔细的设计和合理的选择材料，可以在确保排水系统正常运作的同时简化结构，提高施工效率，满足不同工程的特定需求。

（二）钢筋混凝土泄水管

钢筋混凝土泄水管是一种适用于不设专门防水层而采用防水混凝土铺装构造的重要结构元素。其制作过程中，采用金属栅板直接作为钢筋混凝土管的端模板，这样可以确保焊接在板上的短钢筋能够有效地锚固于混凝土中。这一制作方法不仅简化了泄水管的构造流程，而且在节约钢材方面也具有显著的优势。

首先，使用金属栅板作为端模板的优势在于其强度和稳定性，使得其能够有效地支撑混凝土的浇注过程。这样的设计保证了泄水管的结构强度和耐久性，使其能够在不设专门防水层的构造中发挥更为可靠的防水功能。

其次，焊接在金属栅板上的短钢筋的锚固效果显著，有助于加强泄水管的整体稳定性。这种设计不仅简化了钢筋的安装过程，而且确保了钢筋与混凝土之间的紧密连接，提高了泄水管的整体承载能力和抗震性能。

此外，采用金属栅板作为端模板还具有经济优势，因为其材料成本相对较低且易于加工。这有助于降低泄水管的制作成本，同时也符合节约资源的可持续发展理念。

钢筋混凝土泄水管的制作方法以金属栅板作为端模板，是一种简单而有效的结构设计。它在确保结构强度和耐久性的同时，实现了对钢材的节约，并在经济和可持续性方面都表现出色。这种构造方式在工程实践中具有广泛的应用前景，为不设专门防水层的铺装构造提供了可靠的技术支持。

（三）横向排水管道

横向排水管道在小桥设计中是一种简化结构、节省材料的常见做法。这种设计通常适用于跨径较小，不需要设置人行道的小桥。其核心思想是通过在行车道两侧的安全带或缘石上预留横向孔道，利用铁管、竹管等材料将积水引导至桥外，实现排水的目的。

首先，这种设计的优势在于结构相对简单，能够有效降低建造成本。通过利用桥身两侧的安全带或缘石作为横向孔道的支撑，避免了复杂的构造设计和烦琐的材料使用，使整体建造过程更加迅速和经济。

然而，与简单构造相比，这种横向排水管道存在一些潜在的问题。比如，由于孔道坡度相对平缓，水流速度较慢，容易导致水流不畅，甚至堵塞。这可能对排水效果造成一定的影响，特别是在降雨量较大的情况下，容易形成积水，增加了交通安全隐患。

为了解决这一问题，需要在设计阶段充分考虑横向孔道的坡度和尺寸，确保水流能够顺畅地流出桥外。此外，定期维护和清理横向排水管道也是必不可少的，以防止因为杂物堵塞导致排水系统失效。

其次，横向排水管道作为一种简化设计的手段，在小桥工程中具有一定的可行性。然而，设计者需要在节省成本的同时，充分考虑其对排水效果的影响，并采取相应的措施来确保排水系统的稳定性和可靠性。

第三节 桥面伸缩缝与桥面连续

一、桥面伸缩缝的作用及要求

"桥梁伸缩缝在适应桥梁温度变形、承受车辆冲击力以及防水防尘方面具有非常重要的作用。"[①] 因此，应在两相邻梁端之间、梁端与桥台背墙之间设置伸缩缝，并在伸缩缝处设置伸缩装置。应特别注意，在伸缩缝附近的栏杆、人行道等结构也应断开，以满足梁体的自由变形。

桥梁伸缩装置直接暴露在大气中，承受车辆、人群荷载的反复作用，很小的缺陷和不足就会导致跳车等不良现象，从而使其承受很大的冲击，甚至影响到桥梁结构本身和通行者的生命安全，是桥梁结构中最易损坏又较难修缮的部位。在设计与施工过程中，应给予足够的重视。

桥梁伸缩缝的设计与施工是桥梁工程中至关重要的一环，涉及多个方面的要求，须全面考虑以确保其稳固、耐用、安全和经济。

---

① 徐萍，周晓军，阿帝兰. 桥梁伸缩缝灌封密封胶工艺技术应用研究 [J]. 科技风，2014 (17)：162.

第一，满足桥梁自由伸缩与变形的要求。桥梁伸缩缝首要的功能是满足桥梁在不同环境和荷载作用下的自由伸缩和变形需求。设计时必须考虑桥梁的热胀冷缩、地震等因素，确保伸缩缝具有足够的伸缩量，以适应桥梁结构的变化。

第二，承担各种车辆荷载的要求。伸缩装置需要能够牢固可靠地承担各种车辆荷载，与桥梁结构形成紧密的整体。在构造上应该具备抗冲击的特性，确保其经久耐用，能够长时间承受不同方向上的荷载而不失效。

第三，构造简单，方便施工和安装。为了提高施工效率，伸缩缝的构造应该设计得简单，并采用易于制造和安装的材料。简便的施工过程能够降低工程成本并确保工期的合理控制。

第四，车辆行驶平稳，无突跳和噪声。伸缩缝的设计应确保车辆在行驶过程中能够平稳通过，避免产生突跳和噪声。这要求对伸缩装置的材料和结构进行精心的选择，以减少摩擦和振动的影响。

第五，具有良好的密水性和排水性。伸缩缝需要具备良好的密水性，防止雨水渗入桥梁结构，同时需要有效的排水系统，确保雨水及时排除。尤其对于敞露式的伸缩缝，设计应方便检查和清除缝下沟槽的污物，以维护排水通畅。

第六，养护、修理与更换方便。桥梁伸缩缝的养护、修理和更换应该是简便的过程。伸缩装置大修的周期应至少与面层的大修周期相同，确保及时维护和更换，以延长伸缩缝的使用寿命。

第七，经济、价廉。在满足上述各项要求的前提下，伸缩缝的设计和施工应当追求经济性和价廉。合理的材料选择、施工工艺和设计方案能够有效降低工程成本，提高整体的经济效益。

综合考虑以上方面的要求，桥梁伸缩缝的设计与施工应当是一个综合性的工程，旨在确保桥梁在使用过程中能够安全、平稳、持久地运行，同时保证经济性和可维护性。

伸缩缝的变形量计算比较复杂，除了考虑温度变化、混凝土收缩与徐变引起的主要变位外，还要考虑荷载、墩台位移、地震、纵坡、斜交和曲线桥等因素引起的变位，同时应计入梁的制造和安装误差。具体计算时，可主要考虑以安装伸缩缝时的温度为基准，将温度变化引起的伸长量和缩短量，以及混凝土徐变和干燥收缩引起的收缩量作为基本的伸缩量。对于其他因素（如安装偏差等）引起的变形量，一般可作为安全富余量来考虑，通常可按计算变形量的30%估算。

二、桥面伸缩缝的种类

我国公路和城市桥梁中使用的伸缩装置种类较多，工程中可依据对变形量大小的要求加以选择。当前，常用的伸缩装置有无缝式（暗缝式）伸缩缝、U 形锌铁皮式伸缩缝、钢板式伸缩缝、橡胶伸缩缝及模数（组合式）伸缩缝等。

（一）无缝式（暗缝式）伸缩缝

无缝式伸缩缝是在伸缩间隙中填入弹性材料，该处的桥面铺装也采用弹性较好的材料，并且使之与其他桥面铺装形成一个整体。实质上是通过接缝处弹性材料的变形实现伸缩的一种构造。简支梁桥中经常采用的桥面连续构造属于暗缝式伸缩缝。

TST 碎石弹性伸缩缝是近年来开发应用的一种无缝式桥梁伸缩缝，它适用于伸缩量不超过 50 mm 的中、小跨径桥梁。在现场将特制的弹塑性复合材料 TST 加热熔融后，灌入经过清洗加热的碎石中，即形成了 TST 碎石弹性伸缩缝。碎石用以支承车辆荷载，TST 弹塑性体在 −25° ~ +60° 条件下能够满足伸缩量的要求。

TST 碎石弹性伸缩缝构造简单，施工方便快捷，易于维修和更换，通常施工完成后 2 ~ 3 h 即可开放交通。TST 碎石弹性伸缩缝使桥面铺装形成连续体，行车时不致产生冲击、振动等，舒适性较好，本身的防水性也较好。TST 碎石弹性体可以在各个方向发生变形，因此这种弹性伸缩缝还可以满足弯桥、坡桥和斜桥在纵、横、竖三个方向的伸缩与变形，也可用于人行道伸缩缝。鉴于以上优点，TST 碎石弹性体伸缩缝具有良好的应用前景。但由于这种伸缩缝是在路面铺装完成后再用切割器切割路面，并在其槽口内注入嵌缝材料而成的构造，故仅适用于较小的接缝部位，适用范围有所限制。

（二）U 形锌铁皮式伸缩缝

U 形锌铁皮式伸缩缝是一种简易的伸缩装置，它是以 U 形锌铁皮作为跨缝材料。锌铁皮分上、下两层，上层的弯曲部分开凿梅花眼，其上设置石棉纤维过滤器，然后用沥青胶填塞，以使桥面伸缩时锌铁皮随之变形。下层锌铁皮可将渗入的雨水横向排出桥外。人行道部分的伸缩缝构造，通常用一层 U 形锌铁皮跨搭，其上再填充沥青膏。这种伸缩缝构造简单，施工方便，造价低，采用相应的措施，还可以很好地配合桥面连续，但其使用寿命较短，使用效果不佳。U 形锌铁皮式伸缩缝所能适应的变形量在 20 ~ 40 mm 以内，一般仅用于中、小跨径的桥梁。

（三）钢板式伸缩缝

钢板式伸缩缝是用钢材作为跨缝材料，能直接承受车轮荷载的一种构造。过去，这种伸缩装置多用于钢桥，现也用于混凝土桥梁。钢板式伸缩缝的种类繁多，构造较复杂，能够适应较大范围的梁端变形。

1. 搭板式钢板伸缩缝

比较简单的搭板式钢板伸缩缝是用一块厚度约为 10 mm 的钢板搭在断缝上，钢板的一侧焊接在锚固于铺装层混凝土内的角钢上，另一侧可沿着对面的角钢自由滑动。这种伸缩缝能适应的变形量为 40 mm 以上。但由于其一侧固死，车辆驶过时，往往由于拍击作用而使结构破坏，大大影响了伸缩缝的使用寿命。为此，可借助螺杆弹簧装置来固定滑动钢板，以消除不利的拍击作用，并减小车辆荷载的冲击影响。

2. 梳齿形钢板伸缩缝

梳齿形钢板伸缩缝行驶性好，伸缩量大（可达 400 mm 以上），在大、中型桥梁中得到普遍应用，不仅能用于直桥，也能用于斜度很大的斜桥。按支承形式的不同，这种伸缩缝可分为悬臂式和支承式两种。梳齿形钢板伸缩装置的缺点是造价较高，制造加工困难，防排水能力差，清洁工作较困难。

（四）橡胶伸缩缝

橡胶伸缩缝采用各种不同断面形状的橡胶带（或板）作为嵌缝材料。由于橡胶（一般为氯丁橡胶）既富有弹性，又易于粘贴，还能满足变形要求和具备防水功能，施工及养护维修也很方便，目前在国内外桥梁工程中得到广泛的应用。橡胶伸缩缝根据橡胶带（或板）传力和变形机理的不同可分为嵌固对接式和剪切式两类。

1. 嵌固对接式橡胶伸缩缝

嵌固对接式伸缩装置，利用不同形状的刚构件将不同形状的橡胶条（带）嵌牢固定，以橡胶条（带）的拉压变形来吸收梁体的变形，伸缩体可以始终处于受压状态。橡胶带的断面有 3 节形、2 孔条形、3 孔条形、M 形、W 形和倒 U 形等形式。通常将梁架好后，在梁端焊上角钢，涂上胶后，再将橡胶嵌条强行嵌入，或用不同形状的刚构件将不同形状的橡胶条嵌牢固定。该类伸缩缝适用于伸缩量不大于 80 mm 的桥梁工程上。由于橡胶带伸缩缝的橡胶带容易弹跳出来，目前已较少采用。

2. 剪切式橡胶伸缩缝

剪切式橡胶伸缩缝为一种板式橡胶伸缩缝，它是利用橡胶伸缩体上下凹槽之间的剪切与拉压变形来适应梁体结构的相对位移，因此也称为剪切式橡胶伸缩缝。板内埋设加强钢板或在橡胶体下设置梳齿形托板跨越梁端间隙，承受车辆荷载。橡胶板两侧预埋两块锚固钢板，并设有预留螺栓孔，通过螺栓与梁端连成整体。板式橡胶伸缩缝是一种刚柔结合的装置，具有一定的竖向刚度，跨越间隙的能力大（变形范围可达 30～300 mm），连接牢固可靠，行车平稳舒适，并具有良好的吸振作用。我国已生产出各种形式的板式橡胶伸缩装置，并投放到国内桥梁工程中应用，具有代表性的产品有 BF 型、SKJ 型、UG 型、BSL 型和 CD 型等。

（五）模数式（组合式）伸缩缝

模数式伸缩缝是利用吸振缓冲性能良好的橡胶材料与强度高、刚性好的型钢组合而成的伸缩装置，故又称为组合式伸缩缝。模数式伸缩缝有多种形式，构造也较复杂，但它保留了橡胶和钢制伸缩缝的优点，既可以满足大位移量的要求，承受车辆荷载，又具有防水和行车平顺的特点。在特大桥和大桥中宜采用这类伸缩装置。

模数式伸缩缝在构造上的共同点在于均是由 V 形截面或其他截面形状的橡胶密封条（带）嵌接于异形边钢梁和中钢梁内组成可伸缩的密封体。异形钢梁直接承受车辆荷载，其高度应根据计算来确定，但不应小于 70 mm，并应具有强力的锚固系统。另外，根据需要的伸缩量，可随意增加中钢梁和密封橡胶条（带）的数量，加工组装成各种伸缩量的系列产品。

三、桥面连续

桥梁运营的实践经验证明，桥面上的伸缩装置在使用中仍然很容易损坏，因此，为了提高行车的舒适性，减轻桥梁的养护工作和提高桥梁的使用寿命，就应力求减少伸缩缝的数量。近些年来，在建桥实践中采取的将多孔简支的上部构造做成桥面连续的新颖结构措施，就是解决这一问题的办法之一。桥面连续措施的实质，就是将简支上部构造在其伸缩缝处施行铰接。伸缩装置处的桥面部分应当具有适应车辆荷载作用所需的柔性，并应有足够的强度来承受因温度变化和制动作用所产生的纵向力。这样，桥面连续的多孔简支梁桥，在竖直荷载作用下的变形状态属于简支体系，而在纵向水平力作用下则属于连续体系。

最简便的桥面连续构造就是将 T 形梁的行车道板沿高度全部或局部相连，内置连接钢筋。现浇的连接部分（或称连接板）沿纵向应有足够的长度（约在 125 cm 以上），并且在连接板与梁肋之间隔以 5 mm 厚的橡胶垫层，这样可使梁端间的变形由连接板的全长分布承担，既增加了梁端接缝处的柔性，又显著减小了连接板纵向的拉、压应变。

第四节　人行道、栏杆与灯柱

一、人行道与自行车道

高速公路上的桥梁不宜设人行道。一、二、三、四级公路上桥梁的桥上人行道和自行车道的设置，应根据需要确定，并与前后路线布置协调。人行道、自行车道与行车道之间应设护栏或路缘石等分隔设施。

漫水桥和过水路面可不设人行道。行人稀少地区的桥梁上也可以不设人行道，为了保证交通安全，应在行车道两侧设置宽度不小于 0.25 m、高度为 0.25~0.3 m 的护轮安全带。近年来，在一些桥梁设计中，为了充分保证行车安全，安全带的高度已用到 0.4 m 以上。人行道的构造形式多样，按施工方法的不同可分为就地浇筑式、预制装配式、部分装配和部分现浇的混合式三类。

附设在板上的人行道构造中，人行道部分用填料垫高，上面敷设 20~30 mm 的砂浆面层或沥青砂。内侧设置路缘石，对人行道提供安全保护作用。在跨径较小、人行道宽度相对较大的桥梁上，可将墩台在人行道处部分加高，再在其上直接搁置专门的人行道承重板。对于整体浇筑的小跨径钢筋混凝土梁桥，常将人行道设置在行车道的悬臂挑出部分上。此时，人行道与行车道板及梁整体连接在一起。这样做可以缩短墩台宽度，但施工不太方便，目前已很少采用。整体预制的肋板式人行道，它搁置在主梁上，人行道下可放置过桥的管线，在起重条件较好的地方采用，施工快而方便，但是对管线的检修和更换则十分困难。

人行道板的厚度按照规定，就地浇筑的不小于 80 mm，装配式的不小于 60 mm。人行道顶面通常铺设 20 mm 厚的水泥砂浆或沥青砂作为面层，并以此形成倾向桥面 1.0%~1.5%的排水横坡。城市桥梁人行道顶面可铺设彩砖，以增加美观。此外，人行道在桥面断缝处也必须做相应的伸缩缝。

一个自行车道的宽度应为 1.0 m，当单独设置自行车道时，不宜小于两个自行车道的宽度。人行道的宽度由行人的交通量决定，人行道的宽度宜为 1.0 m，当宽度大于 1.0 m 时，按 0.5 m 的级差增加。

安全带可以做成预制块件或与桥面铺装层一起现浇。预制的安全带有矩形截面和肋板式截面两种，以矩形截面较为常用。现浇的安全带宜每隔 2.5~3.0 m 做一条断缝，以免参与主梁受力而受到损坏。

二、护栏

二、三、四级公路上的特大、大、中桥可设置栏杆和安全带，也可采用将栏杆和安全带有机结合的安全护栏。高速公路、一级公路上的桥梁必须设置护栏。不设人行道的漫水桥和过水路面应设护栏或栏杆。护栏的主要作用是：①封闭沿线两侧，不使人畜与非机动车辆闯入公路；②诱导视线，起到一些轮廓标的作用，使车辆尽量在路幅之内行驶，并给驾驶员以安全感；③吸收碰撞能量，迫使失控车辆改变方向并使其恢复到原有行驶方向，防止其越出路外或跌落桥下。

桥梁护栏按设置部位可分为桥侧护栏、桥梁中央分隔带护栏和人行、车行道分界处护栏。按构造特征可分为钢筋混凝土墙式护栏、梁柱式护栏、组合式护栏和缆索护栏等。缆索护栏是以数根施加初张力的缆索固定于立柱上而组成的结构。护栏按其防撞性能有刚性、半刚性和柔性之分。护栏材料可采用钢筋混凝土或金属（钢、铝合金）。

桥梁护栏的形式选择是桥梁设计中至关重要的一环，其决定着桥梁的安全性、美观性、经济性以及养护维修的便捷性。首要考虑的因素是满足防撞等级的要求，以确保在特定设计条件下，失控车辆不会跃出桥梁，从而最大限度地减少交通事故的发生。

桥梁护栏的形式选择还要综合考虑公路等级、桥梁护栏外侧危险物的特征、美观和经济性等多方面因素，是确保桥梁护栏在实际应用中能够达到最佳效果的关键。公路等级直接关系到交通流量和车速的变化，因此需要根据不同的公路等级选择适宜的桥梁护栏形式。此外，桥梁护栏外侧危险物的特征也需要被综合考虑，以便选择能够最有效地防护和遮蔽危险物的护栏形式。

在桥梁护栏的形式选择中，连接方式也是至关重要的一环。护栏与桥面板的可靠连接是确保整体结构稳定性和安全性的关键因素。根据护栏形式的不同，可以采用直接埋入式、地脚螺栓和顶埋钢筋等连接方式，以确保护栏能够在受到外部冲击时保持稳定。这些连接方式的选择应当充分考虑护栏的型号、材料特性以及工程实际条件，以确保连接的牢固性和耐久性。

总体而言，桥梁护栏的形式选择需要在满足防撞等级的基础上，综合考虑公路等级、危险物特征、美观、经济性和连接方式等多方面因素。只有在这些因素得到充分考虑的情况下，桥梁护栏才能够在实际应用中发挥最佳的作用，为交通安全和桥梁结构的稳定性提供有力保障。

三、栏杆与灯柱

桥梁栏杆设置在两侧人行道上，是桥梁上的一种安全防护设施。栏杆的设计先要满足结构的受力要求，还要考虑经济实用，施工方便，养护维修省力。城郊的公路桥、城市桥梁及重要的大桥应考虑栏杆的美观性。栏杆的高度不应小于 1.1 m（标准设计取用 1.0 m）；栏杆柱的间距一般为 1.6~2.7 m（标准设计取用 2.5 m）。设计和施工时还应当注意，在靠近桥面伸缩缝处的所有栏杆均应断开，使扶手与柱之间能自由变形。

公路与城市桥梁的栏杆可采用混凝土、钢筋混凝土、铸铁、钢材等材料，应结合桥梁特点和美观要求进行合理的选材。

在城市桥上及城郊行人和车辆较多的公路桥上均应设置照明设施，一般采用柱灯在桥面上照明（立交桥上也有采用高杆照明的）。照明灯柱可以利用栏杆柱，也可以在人行道内侧单独设置，在较宽的人行道上还可设在靠近缘石处。照明用灯一般高出车道 5 m 左右。柱灯的设计既要满足照明的使用要求，力求经济合理，也要符合全桥在立面上具有统一协调的艺术造型。近年来，在公路桥上也有采用低照明和用发光建筑材料进行涂层标记，设计时也可考虑加以选用。

第三章　桥梁施工机械与基础施工

第一节　桥梁的施工机械与设备

一、沉拔桩机械

（一）振动沉拔桩锤

"振动沉拔桩机是随着振动机械的发展而发展起来的。"[①] 振动沉拔桩锤广泛应用于各类钢桩和混凝土预制桩的沉拔作业。振动沉拔桩锤主要由原动机、振捣器、夹桩器和减振器等几个部分组成。与相应的桩架配套后，也可用于混凝土灌注桩、石灰桩、砂桩等各种类型的地基处理作业。

1. 振动沉拔桩锤的特点分析

振动沉拔桩锤的特点：贯入力强，沉桩质量好；不仅可用于沉桩，还可用于拔桩；使用方便，施工速度快，成本低；结构简单，维修保养方便；与柴油打桩机相比，噪声小，无大气污染。

2. 振动沉拔桩锤的类型划分

振动沉拔桩锤，按动力可分为电动振动沉拔桩锤和液压振动沉拔桩锤，前者动力是耐振电动机，后者是柴油发动机驱动液压泵-马达系统；按其产生的振动频率可分为低频（300~700 r/min）、中频（700~1500 r/min）、高频（2300~2500 r/min）、超高频（约6000 r/min），以适应不同地基的土质情况；按振动偏心块结构可分为固定式偏心块和可调式偏心块。

---

① 吴帅，薄延伟. 基于 Adams 的惯性式振动沉拔桩机的运动仿真分析［J］. 制造业自动化，2012，34（19）：1~2，8.

3. 振动沉拔桩锤的操作顺序

（1）在电源导通前，先按一下停止按钮，液压夹桩器的操纵杆应放在中立位置。

（2）合上电源总开关，然后检查操纵盘上的电压表的电压值是否在额定电压范围内。

（3）合上操纵盘上的总开关，导通操纵盘上液压泵的电源，电动机启动，准备投入运行。

（4）当桩插入夹桩器内后，将操纵杆扳到夹紧位置，夹桩器将桩慢慢夹紧，直至听到油压卸载声为止。

（5）检查液压系统压力是否达到额定值。在整个沉拔桩过程中，操纵盘上操纵杆应始终放在夹紧位置，液压系统压力不能下降。

4. 安全作业操作规程

（1）悬挂振动沉拔桩锤的起重机，其吊钩必须有保险装置。

（2）拔钢板桩时，应按通常打入顺序的相反方向起拔。夹桩器在夹持桩时，应尽量先拔靠近的。

（3）钢板桩或其他型钢的桩，当其头部被钻过孔时，应将钻孔处填平或割掉，或在钻孔处焊上加强板，以防桩身拔断。

（4）拔桩前，当夹桩器将桩夹持后，须待压力表的压力达到额定值后，方可指挥起重机起拔。

（5）当桩拔离地面 1.0~1.5 m 时，可停止振动，将吊桩用钢丝绳拴好，然后继续启动振动沉拔桩锤进行拔桩。

（6）拔桩时，当桩尖距地面还有 1~2 m 时，应关闭振动沉拔桩锤，由起重机直接将桩拔出。

（7）桩被完全拔出后，在吊桩钢丝绳未吊紧前，不得将夹桩器松掉。

（8）沉桩时，吊桩的钢丝绳必须紧跟桩下沉的速度而放松。一般在入土 3 m 之前，可利用桩机的回转或导杆前后移动，校正桩的垂直度。超过此深度进行修正时，打桩机的导杆易损坏或变形。

（9）沉桩时，操作者必须有效地控制沉桩速度，防止电流表指数急剧上升，导致耐振电动机损坏。

（10）如按电流指数控制沉桩速度，桩沉入慢，可在振动沉拔桩锤上适当加一定量的配重。

（11）作业时，应经常保持减振装置各摩擦部位的润滑。

（12）严禁在大风、大雨天气通电启动振动沉拔桩锤。

（二）柴油桩锤

柴油打桩机由柴油桩锤和桩架两部分组成。柴油桩锤按其动作特点可分为导杆式和筒式两种。导杆式柴油桩锤冲击体为气缸，它构造简单，但打桩能量小，只适用于打小桩，已逐渐被淘汰；筒式柴油桩锤冲击体为活塞，打击能量大，施工效率高。

柴油桩锤主要由锤体、燃油供给系统、润滑系统、冷却系统及起落架等部分组成。柴油打桩机作业中的注意事项如下：

第一，作业时，必须由专人指挥，协调工作，严禁多人指挥。多班作业要坚持交接班制度，并按规定填写交接班记录。

第二，作业时，无关人员要远离作业区，严禁将身体、手臂伸入桩架龙口内。

第三，作业时，必须将桩锤对正桩位后再起锤打桩。

第四，作业时，卷扬机钢丝绳在卷筒上应排列整齐，不得扭绕、挤压，禁止用手引导钢丝绳。落锤时，卷筒上的钢丝绳要随之放松，卷筒上的钢丝绳至少保留 5 圈，不得放尽。

第五，随时检查钢丝绳的磨损、断丝情况。超过规定时，必须处理更换。

第六，必须在正确位置吊装桩锤和桩，不允许偏斜吊装。

第七，筒式柴油打桩机吊桩时，应开动伸缩平台机构，将主机移至最后方，稳定桩架，并应避免桩对主机的碰撞。

第八，随时检查卷扬机的制动性能和保险装置，防止油污进入制动带。起锤和吊装时，必须用卷扬机的棘轮做保险。

第九，桩锤底部冲击活塞和桩帽之间，必须有缓冲垫木，若有损坏及时更换。

第十，严禁在桩锤处于悬挂状态时，开动和运行打桩机。

第十一，桩吊起后，安装在龙口的专用夹具上，核对桩位中心。桩位上安装桩锤落帽，然后落锤压桩，卷扬机钢丝绳预放 2~3 m，方能解脱桩锤钩和桩的吊索。

第十二，作业中，严禁进行任何检查和修理。有故障时，应停机待桩落地或使用保险装置锁住后，方能进行检查和修理。

第十三，在桩锤极限状态连击 10 次，桩的贯入深度值小于 5 mm 时，应停机查明原因，并进行处理后，方能继续作业。

第十四，筒式柴油打桩机打斜桩时，应在打桩柱处于垂直位置时进行吊桩，待桩安装在龙口夹具中，再调整主柱的倾斜度进行作业。主柱后倾度为 18.5°时，禁止将桩锤提升到万向铰接处以上。当桩重为 4t 或超过规定值时，在平台后部与主柱之间应加设临时支撑。

第十五，筒式柴油打桩机打桩锤活塞起跳位置超出第二组活塞导向环或全部露出时，应立即停机，待处理后方能继续作业。

第十六，用桩架上的卷扬机拖拉桩架、桩等物品时，定滑轮必须装在桩架底座上，严禁用桩架顶部的滑轮组进行拖拉作业。

第十七，经常检查燃油箱的油面，不足时应补足符合规定的燃油。

第十八，当开动电动机倒转卷筒时，启动电动机之前，必须将卷扬机上的摇手柄取下。

二、起重机械

（一）卷扬机

卷扬机是最常用、最简单的起重设备之一，广泛应用在建筑施工中。它既可单独使用，也可作为其他起重机械上的主要工作机构，如起重机的起升机械和变幅机构、门式和井式起降机的动力装置等，用来起吊和运移各种物料。卷扬机的种类很多，按动力装置分为电动式、内燃式和手动式三种，电动式占多数；按工作速度分为快速、慢速和调速三种；按卷筒的数量分为单卷筒、双卷筒和多卷筒。

（二）起重葫芦

常用的起重葫芦有手动和电动两种。电动起重葫芦是一种具有起升和行走两个机构的轻小型起重机械，通常安装在直线或曲线工字钢轨上，用以起升和运移重物，重物只能在已安装好的线路上运行。电动起重葫芦具有体积小、质量轻、结构紧凑、操作和维修方便等特点。

三、排水设备

水泵广泛应用于各项给水和排水工程，在建桥时它可用于桥基础施工时的抽水和排除施工地段的积水。

（一）水泵的类别划分

第一，按作用原理分类。水泵的种类很多，按作用原理可分为容积泵和叶片泵两大类。①容积泵。容积泵是利用工作室容积周期性的变化来输送液体，如活塞泵、隔膜泵等。②叶片泵。叶片泵是利用叶轮的叶片和水相互作用来输送液体，如离心泵、混流泵、轴流泵、漩涡泵等，以离心泵和轴流泵两种应用较多。离心泵与容积泵相比，具有体积小、质量轻、噪声小、效率高及使用方便等优点，因此被广泛使用在路桥工程中。离心泵的种类很多。根据叶轮的数目分有单级、双级和多级三种。单级离心泵只有一个叶轮进行工作，它大多为低压泵。双级与多级离心泵是在同一根轴上同时并列安装两个或两个以上的叶轮。工作时第一个叶轮压出的水流入下一个毗邻的进水口，依此顺序，直至最后一个叶轮才将水从水管压送出去，因此多级离心泵都为高压泵，其扬程在 60 m 以上。

第二，按吸水口数目分类。水泵根据吸水口数目分，有单吸式、双吸式和多吸式三种。单吸式水泵只有一面吸水，双吸式水泵有两个面吸水。多吸式都是多级式水泵，水从几个叶轮口同时吸进，因此出水量大，适用于大量给水的自来水厂等处。

第三，按水泵叶轮有无盖板分类。根据水泵叶轮有无盖板来分，有开式、半开式和闭式三种。开式叶轮泵是叶轮两侧都无盖板，它适用于抽吸含杂质的污水，所以常称为污水泵。半开式叶轮泵是叶轮一侧有盖板，它适用于抽吸有杂质沉淀的水。闭式叶轮泵是叶轮两侧都有盖板，适用于抽清水，效率高。

第四，按安装位置分类。根据安装位置来分，有动力和泵在一起，且安装在水面以上的为普通泵；动力和泵分开的为深井泵；动力与泵在一起且安装于水下的为潜水泵。普通泵应用最多，对一般的排水工程都适用。深井泵的泵体是用很长的轴吊在水下，动力是通过长轴传递的。

第五，按有无导轮分类。水泵根据有无导轮分为有导轮泵和无导轮泵两种。导轮的作用是引导水的流向，减小涡流损失，提高水的压力。

（二）离心泵的使用

第一，水泵的选用。选用水泵，一般只要根据需要水的流量和扬程，然后查阅水泵技术性能表来选定。水泵的流量可根据每天所需的供水量（或排水量）和水泵每天的工作时间（小时）计算出来。水泵的扬程可通过测量进水水面到需要安装水泵的出水口的垂直高度，即实际扬程，然后再加上损失扬程，便可得出水泵所需要的总扬程。损失扬程可按实际扬程的 10%~25% 估算。对于管路细长、弯头附件多的，要估算大些；而对管路粗短、弯头附件少的可估算小些。

第二，水泵的安装。水泵的安装位置根据吸水扬程确定，不得超过进水水面 8 m。

第三，水泵的扬程。在一台水泵的扬程不能满足要求时，常将两台水泵（型号相同或流量相近）串联运转，两台水泵串联时的总扬程等于两泵在相同流量时的扬程之和。

第四，水泵的流量。当一台水泵运行其流量不能满足需用量时，可将两台或两台以上的水泵并联运行供水。这种方式的优点是节省管路、减少投资，缺点是降低泵的工作效率（总流量小于单泵流量之总和）。

第二节　常用模板、支架和拱架的设计与施工

一、常用模板、支架和拱架的设计

承包人应在制作模板、拱架和支架前 14 d，向监理工程师提交模板、拱架和支架的施工方案，施工方案应包括工艺图和强度、刚度与稳定性等的计算书，经监理工程师批准后才能制作和架设。监理工程师的批准及制作、架设过程中的检查，并不免除承包人对此应负的责任。

（一）模板、支架和拱架的设计原则

第一，宜优先使用胶合板和钢模板。

第二，在计算荷载作用下，对模板、支架及拱架结构按受力程序，分别验算其强度、刚度及稳定性。

第三，模板板面之间应平整，接缝严密，不漏浆，保证结构物外露面美观，线条流畅，可设倒角。

第四，结构简单，制作、装拆方便。

（二）模板、支架和拱架的设计要求

1. 一般性要求

（1）模板和支架均应进行施工图设计，经批准后方可用于施工。施工图设计应包括：①工程概况和工程结构简图；②结构设计的依据和设计计算书；③总装图和细部构造图；④制作、安装的质量及精度要求；⑤安装、拆除时的安全技术措施；⑥材料的性能质量要求及材料数量表；⑦设计说明书和使用说明书。

（2）模版背面应设置主肋和次肋作为其支承系统，主肋和次肋的布置应根据模板的荷载、刚度要求进行。

（3）在模板上设置的吊环，严禁采用冷加工钢筋制作，且吊环的计算拉应力应不大于50 MPa。

（4）支架高度大于4.8 m时，其顶部和底部均应设置水平剪刀撑，中间水平剪刀撑的设置间距应不大于4.8 m。

（5）支架的高宽比宜小于或等于2，当高宽比大于2时，宜扩大下部架体尺寸或采取其他构造措施。

2. 稳定性要求

（1）支架的立柱应保持稳定，并用撑拉杆固定。当验算模板及其支架在自重和风荷载等作用下的抗倾倒稳定时，验算倾覆的稳定系数不得小于1.3。拱架稳定性的验算包括拱架的整体稳定和局部稳定，其抗倾覆稳定系数应不小于1.5。

（2）支架受压构件纵向弯曲系数可按《公路钢结构桥梁设计规范》（JTG D64—2015）进行计算。

3. 设计荷载要求

（1）计算模板、支架和拱架时，应考虑以下这些荷载：①模板、支架自重和拱架自重；②新浇筑混凝土、钢筋、预应力筋或其他圬工结构物的重力；③施工人员及施工设备、施工材料等的荷载；④振捣混凝土时产生的振动荷载；⑤新浇筑混凝土对模板侧面的压力；⑥混凝土入模时产生的水平方向的冲击荷载；⑦设于水中支架所承受的水流压力、波浪力、流冰压力、船只以及其他漂浮物的撞击力；⑧其他可能产生的荷载，如风荷载、雪荷载、冬季保温设施荷载等。

（2）钢、木模板，支架及拱架的设计，可按《公路钢结构桥梁设计规范》（JTG D64—2015）的有关规定执行。

（3）拱圈应根据结构特点和施工荷载特性分析取用，拱圈的自重荷载宜乘以1.2倍系数。在计算拱圈荷载作用下，应按可能产生的最不利荷载组合验算拱架的强度、刚度和稳定性。

（4）组合箱形拱，如为就地浇筑，其支架和拱架的设计荷载可只考虑承受拱肋重力及施工操作时的附加荷载。

4. 强度及刚度要求

（1）验算模板、支架及拱架的刚度时，其变形值不得超过这些数值：①结构表面外露的模板，挠度为模板构件跨度的1/400；②结构表面隐蔽的模板，挠度为模板构件跨度的1/250；③支架、拱架受载后挠曲的杆件（盖梁、纵梁），其弹性挠度为相应结构跨度的

1/400；④钢模板的面板变形为 1.5 mm；⑤钢模板的钢棱和柱箍变形为 $L/500$ 和 $B/500$（其中 L 为计算跨径，B 为柱宽）。

（2）拱架各截面的应力验算，根据拱架结构形式及所承受的荷载，验算拱顶、拱脚及 1/4 跨各截面的应力、铁件及节点的应力，同时应验算分阶段浇筑或砌筑时的强度及稳定性。验算时不论板拱架或桁拱架均作为整体截面考虑，验算倾覆稳定系数不得小于 1.3。

二、常用模板、支架和拱架的施工

在浇筑混凝土之前应对支架和模板进行全面、严格的检查，核对设计图纸要求的尺寸、位置，检查支架的接头位置是否准确、可靠，卸落设备是否符合要求；检查模板的尺寸，制作是否密贴，螺栓、拉杆、撑木是否牢固，是否涂抹模板油及其他隔离剂等。

（一）模板的制作与安装

模板按制作材料不同可分为木模板、钢模板、竹木模板、钢丝网水泥模板、玻璃钢模板、胶囊内胎模等。按构造形式和安装方法的不同，模板可分为固定式模板和活动式模板。模板板面应平整光洁，接缝严密，不漏浆，保证结构物外露面光洁美观，线条流畅；保证结构物各部形状、尺寸准确。模板应用内撑进行支撑，用对拉螺栓销紧；内撑根据混凝土构件厚度、高度的大小及部位的不同，分别可用钢管、钢筋、硬塑料管或采用木料作为临时内撑。待混凝土浇筑至内撑位置时随即取掉，对于厚度较小的构件也可利用底模和立木只设外撑。外露面混凝土模板的脱模剂应采用同一品种，不得使用污染混凝土表面的废机油等，且不得污染钢筋及混凝土施工缝部位。

模板的安装与钢筋工作配合进行，妨碍绑扎钢筋的模板应待钢筋安装完毕后安设。一般是在底板平整，钢筋骨架安装后，安装侧模和端模，也可先安装端模后安装侧模，模板不应与脚手架发生联系，以免脚手架上运存材料和人工操作引起模板变形。模板安装的精度要高于预制梁精度要求。每次模板安装完成后须通过验收合格后，方可进入下一道工序。

1. 钢模板的制作

（1）钢模板宜采用标准化的组合模板。组合钢模板的拼装应符合现行国家标准。各种螺栓连接件应符合国家现行有关标准。

（2）钢模板及其配件应按批准的加工图进行加工，成品经检验合格后方可使用。

2. 木模板的制作

（1）木模板可在工厂或施工现场制作，木模板与混凝土接触的表面应平整、光滑，多次重复使用的木模板应在内侧加钉薄铁皮。木模板的接缝可做成平缝、搭接缝或企口缝。当采用平缝时，应采取措施防止漏浆。木模板的转角处应加嵌条或做成斜角。

（2）重复使用的模板应始终保持其表面平整，形状准确，不漏浆，有足够的强度和刚度。

3. 模板安装技术要求

混凝土的模板板面应采用以下这些材料之一：金属板、木制板及高分子合成材料面板、硬塑料或玻璃钢板等材料。外露面的模板板面宜采用钢模板、胶合板，为减少模板的拼缝，对于大面积的混凝土，其每块模板的面积宜大于 $1.0 \, \text{m}^2$。梁及墩台帽的突出部分，应做成倒角或削边，以便脱模，并按图纸所示或监理工程师的指示，在结构物的某些部位设置凸条或凹槽的装饰线。在模板内的金属连接件或锚固件，应按图纸规定及监理工程师的要求将其拆卸或截断，且不损伤混凝土。模板内应无污物、砂浆及其他杂物。以后要拆除的模板，应在使用前彻底涂以隔离剂或其他相当的代用品，应使其能易于脱模，并使混凝土不变色。

（1）模板与钢筋安装工作应配合进行，妨碍绑扎钢筋的模板应待钢筋安装完毕后安设。模板不应与脚手架连接（模板与脚手架整体设计时除外），避免引起模板变形。

（2）安装侧模板时，应防止模板移位和凸出。基础侧模可在模板外设立支撑固定，墩、台、梁的侧模可设拉杆固定。浇筑在混凝土中的拉杆，应按拉杆拔出或不拔出的要求，采取相应的措施。对小型结构物，可使用金属线代替拉杆。

（3）模板安装完毕后，应对其平面位置、顶部标高、节点联系及纵横向稳定性进行检查，签认后方可浇筑混凝土。浇筑时，发现模板有超过允许偏差变形值的可能时，应及时纠正。

（4）模板在安装过程中，必须设置防倾覆设施。

（5）当结构自重和汽车荷载（不计冲击力）产生的向下挠度超过跨径的 1/1600 时，钢筋混凝土梁、板的底模板应设预拱度，预拱度值应等于结构自重和 1/2 汽车荷载（不计冲击力）所产生的挠度。纵向预拱度可做成抛物线或圆曲线。

（6）后张法预应力梁、板，应注意预应力、自重和汽车荷载等综合作用下所产生的上拱或下挠，应设置适当的预挠或预拱。

（7）当所有和模板有关的工作做完，待浇混凝土构件中所有预埋件亦安装完毕，应经监理工程师检查认可后，才能浇筑混凝土。这些工作应包括清除模板中所有污物、碎屑物、木屑、水及其他杂物。

4. 空心板制作中对芯模的要求

中小跨径空心板制作时所使用的芯模应符合下列要求：

（1）充气胶囊在使用前应经过检查，不得漏气，安装时应有专人检查钢丝头，钢丝头应弯向内侧，胶囊涂刷隔离剂。每次使用后，应妥善存放，防止污染、破损及老化。

（2）从开始浇筑混凝土到胶囊放气时止，其充气压力应保持稳定。

（3）浇筑混凝土时，为防止胶囊上浮和偏位，应采取有效措施加以固定，并应对称平衡地进行浇筑。

（4）胶囊的放气时间应经试验确定，以混凝土强度达到能保持构件不变形为宜。

（5）木芯模使用时应防止漏浆和采取措施便于脱模。要控制好拆芯模时间，过早易造成混凝土塌落，过晚拆模困难。应根据施工条件通过试验确定拆除时间。

（6）钢管芯模应由表面匀直、光滑的无缝钢管制作，混凝土终凝后，即可将芯模轻轻转动，然后边转动边拔出。

（7）充气胶囊芯模在工厂制作时，应规定充气变形值，保证制作误差不大于设计规定的误差要求。

5. 滑升、提升、爬升及翻转模板的技术要求

（1）滑升模板适用于较高的墩台和吊桥、斜拉桥的索塔施工。采用滑升模板时，应遵守下列规定：

第一，滑升模板的结构应有足够的强度、刚度和稳定性，模板高度宜根据结构物的实际情况确定，滑升模板的支承杆及提升设备应能保证模板竖直均衡上升。滑升时应检测并控制模板位置，滑升速度宜为100~300 mm/h。

第二，滑升模板组装时，应使各部尺寸的精度符合设计要求。组装完毕须经全面检查试验后，才能进行浇筑。

第三，滑升模板施工应连续进行，如因故中断，在中断前应将混凝土浇筑齐平。中断期间模板仍应继续缓慢地提升，直到混凝土与模板不至于粘住时为止。

（2）提升模架其结构应满足使用要求。大块模板应用整体钢模板，加劲肋在满足刚度需要的基础上应进行加强，以满足使用要求。

（3）爬升及翻转模板、模架爬升或翻转时结构的混凝土强度必须满足拆模时的强度要求。

（二）支架、拱架的制作与安装

支架按其构造分为立柱式、梁式和梁-柱式支架，按材料可分为木支架、钢支架、钢木混合支架和万能杆件拼装的支架等。

拱架按结构分有支柱式、撑架式、扇形、桁式拱架、组合式拱架等，按材料分有木拱架、钢拱架、竹拱架和土牛拱胎。

支架、拱架应尽量采用标准化、系列化、通用化的钢结构拼装。钢支架目前定型产品较多，可根据工程需要购买或租用，工程施工中常用支架主要有钢管支架、六四式军用梁、万能杆件设备和贝雷梁等。支架立柱必须安装在有足够承载力的地基上，底部应加设垫板以分布和传递压力。地基土必须进行夯实或碾压坚实，必要时须进行换填或其他有效的处理，并有良好的排水设施。在施工中出现最多的质量问题就是由于地基处理不好，发生沉降，在风力较大地区应设置风缆。

1. 支架、拱架的强度和稳定

（1）支架。应根据设计图进行制作和安装，应尽可能采用标准化、系列化、通用化的构件拼装。无论使用何种材料的拱架和支架，均应进行施工图设计，支架整体、杆配件、节点、地基、基础和其他支撑物应进行强度和稳定验算。

（2）拱架。

第一，木拱架。拱架所用的材料规格及质量应符合要求。桁架拱架在制作时，各杆件应当采用材质较强、无损伤及湿度不大的木材。夹木拱架制作时，木板长短应搭配好，纵向接头要求错开，其间距及每个断面接头应满足使用要求。面板夹木按间隔用螺栓固定，其余用铁钉与拱肋固定。木拱架的强度和刚度应满足变形要求。杆件在竖直与水平面内，要用交叉杆件连接牢固，以保证稳定。木拱架制作安装时，应基础牢固、立柱正直，节点连接应采取可靠措施以保证支架的稳定，高拱架横向稳定应有保证措施。

第二，钢拱架。①常备式钢拱架纵、横向距离应根据实际情况进行合理组合，以保证结构的整体性。②钢管拱架排架的纵、横距离应按承受拱圈自重计算，各排架顶部的标高要符合拱圈底的轴线。为保证排架的稳定应设置足够的斜撑、剪力撑、扣件和缆风绳。

2. 支架和拱架的施工预拱度

支架和拱架应预留施工拱度，在确定施工拱度值时，应考虑下列因素：

（1）支架和拱架拆除后上部构造本身及活载 1/2 所产生的挠度。

（2）支架和拱架在荷载作用下的弹性压缩。

（3）支架和拱架在荷载作用下的非弹性压缩。

（4）支架和拱架基底在荷载作用下的非弹性沉陷。

（5）由混凝土收缩及温度变化而引起的挠度。

3. 支架、拱架制作安装要求

支架、拱架制作安装一般要求：

（1）支架和拱架宜采用标准化、系列化、通用化的构件拼装。无论使用何种材料的支架和拱架，均应进行施工图设计，并验算其强度和稳定性。

（2）制作木支架、木拱架时，长杆件接头应尽量减少，两相邻立柱的连接接头应尽量分设在不同的水平面上。主要压力杆的纵向连接，应使用对接法，并用木夹板或铁夹板夹紧。次要构件的连接可用搭接法。

（3）安装拱架前，对拱架立柱和拱架支承面应详细检查，准确调整拱架支承面和顶部标高，并复测跨度，确认无误后方可进行安装。各片拱架在同一节点处的标高应尽量一致，以便于拼装平联杆件。在风力较大的地区，应设置风缆。

（4）支架和拱架应稳定、坚固，应能抵抗在施工过程中有可能发生的偶然冲撞和振动。安装时应注意以下方面：

第一，支架立柱必须安装在有足够承载力的地基上，立柱底端应设垫木来分布和传递压力，并保证浇筑混凝土后不发生超过允许的沉降量。

第二，施工用的脚手架和便桥，不应与结构物的模板支架相连接，以避免施工振动时影响浇筑混凝土质量。

第三，船只或汽车通行孔的两边支架应加设护桩，夜间应用灯光标明行驶方向。施工中易受漂流物冲撞的河中支架应设坚固的防护设备。

（5）支架或拱架安装完毕后，应对其平面位置、顶部标高、节点连接及纵、横向稳定性进行全面检查，符合要求后，方可进行下一工序。

（6）在浇筑混凝土及砌筑拱圈过程中，承包人应随时测量和记录支架和拱架的变形及沉降量。

（7）应通过预压的方式，消除支架地基的不均匀沉降和支架的非弹性变形并获取弹性变形参数，或检验支架的安全性。预压荷载宜为支架须承受全部荷载的 1.05~1.10 倍，预压荷载的分布应模拟须承受的结构荷载及施工荷载。

（三）模板、支架和拱架的拆除

承包人应在拟定拆模时间的 12 h 以前，向监理工程师报告拆模建议，并应取得监理工程师同意。如果由于拆模不当而导致混凝土损坏，其修补费用应由承包人承担。卸落拱架时应用仪器观测拱圈挠度和墩台变位情况，并做好记录，供监理工程师查阅和随时控制。

1. 拆除期限的原则规定

（1）模板、支架和拱架的拆除期限应根据结构物特点、模板部位和混凝土所达到的强度来决定。

第一，非承重侧模板应在混凝土强度能保证其表面及棱角不致因拆模而受损坏时方可拆除，一般应在混凝土抗压强度达到 2.5 MPa 时方可拆除侧模板。

第二，芯模和预留孔道内模，应在混凝土强度能保证其表面不发生塌陷和裂缝现象时，方可拔除，拔除时间可按有关规定确定。

第三，钢筋混凝土结构的承重模板、支架和拱架，应在混凝土强度能承受其自重荷载及其他可能的叠加荷载时，方可拆除。

第四，对预应力混凝土结构，其侧模应在预应力钢束张拉前拆除；底模及支架应在结构建立预应力后方可拆除。如设计上对拆除承重模板、支架、拱架另有规定，应按照设计规定执行。

（2）现浇混凝土拱圈的拱架，拆除期限应符合设计规定；设计未规定时，应在拱圈混凝土强度达到设计强度的85%后，方可拆落拆除。

（3）石拱桥的拱架卸落时间应符合下列要求：

第一，浆砌石拱桥，须待砂浆强度达到设计强度标准值的85%，如设计另有规定，应按照设计规定执行。

第二，跨径小于 10 m 的小拱桥，宜在拱上建筑全部完成后卸架；中等跨径的实腹式拱，宜在护拱砌完后卸架；大跨径空腹式拱，宜在拱上小拱横墙砌好（未砌小拱圈）时卸架。

第三，当需要进行裸拱卸架时，应对裸拱进行截面强度及稳定性验算，并采取必要的稳定措施。

2. 拆除期间的技术要求

（1）模板拆除应按设计的顺序进行，设计无规定时，应遵循先支后拆、后支先拆的顺序，拆时严禁抛扔。

（2）为便于支架和拱架的拆卸，应根据结构形式、承受的荷载大小及需要的卸落量，在支架和拱架适当部位设置相应的木楔、木马、砂筒或千斤顶等落模设备。

（3）卸落支架和拱架应按拟定的卸落程序进行，分几个循环卸完，卸落量开始宜小，以后逐渐增大。在纵向应对称均衡卸落，在横向应同时一起卸落。在拟定卸落程序时应注意以下方面：

第一，卸落前，应在卸架设备上画好每次卸落量的标记。

第二，满布式拱架卸落时，可从拱顶向拱脚依次循环卸落。

第三，简支梁、连续梁宜从跨中向支座依次循环卸落；悬臂梁应先卸挂梁及悬臂的支架，再卸无铰跨内的支架。

第四，多孔拱桥卸架时，若桥墩允许承受单孔施工荷载，可单孔卸落，否则应多孔同时卸落，或各连续孔分阶段卸落。

第五，卸落拱架时，应设专人用仪器观测拱圈挠度和墩台变化情况，并详细记录。另设专人观察是否有裂缝现象。

（4）墩、台模板宜在其上部结构施工前拆除。拆除模板，卸落支架和拱架时，不允许用猛烈的敲打和强扭等方法进行。

（5）模板、支架和拱架拆除后，应维修整理，分类妥善存放。

第三节 桥梁基础施工技术

一、明挖扩大基础施工技术

明挖扩大基础施工的内容包括：基础的定位放样、基坑开挖、基坑排水、基底处理以及砌筑（浇筑）基础结构物等。

（一）基础定位放样

在基坑开挖前，先进行基础的定位放样工作，以便将设计图上的基础位置准确地设置到桥址上。放样工作系根据桥梁中心线与墩台的纵横轴线，推出基础边线的定位点，再放线画出基坑的开挖范围。基坑各定位点的高程及开挖过程中高程检查，一般用水准测量的方法进行。

（二）基坑开挖施工

"基坑开挖技术是当前施工过程中的主要施工手段和施工方式"[1]，基坑开挖的主要工作有：挖掘、出土、支护、排水、防水、清底以及回填等。施工时，应根据地质条件、水

---

[1] 王新. 谈基坑开挖与支护 [J]. 黑龙江科技信息，2012（18）：281.

文条件、基坑开挖深度、开挖所采用的方法和机具等，采用不同的开挖工艺。

基坑在开挖前通常须完成这些准备工作：施工场地的清理，地面水的排除，临时道路的修筑，供电与供水管线的敷设，临时设施的搭建，基坑的放线等。

场地清理包括拆除房屋、古墓，拆迁或改建通信设备、电力设备、上下水道以及其他建筑物、迁移树木等工作。

场地内低洼地区的积水必须排除，同时应注意雨水的排除，使场地保持干燥，以便基坑开挖。

地面水的排除一般采用排水沟、截水沟、挡水土坝等措施，应尽量利用自然地形来设置排水沟，使水直接排至基坑外，或流向低洼处，再用水泵抽走。主排水沟最好设置在施工区域的边缘或道路的两旁，其横断面和纵向坡度应根据最大流量确定。一般排水沟的横断面不小于 0.5 m×0.5 m，纵向坡度一般不小于 3‰。平坦地区，如出水困难，其纵向坡度不应小于 2‰，沼泽地区可降至 1‰。在基坑开挖过程中，要注意排水沟保持畅通，必要时应设置涵洞。

1. 土方边坡的稳定

为了防止塌方，保证施工安全，在开挖深度超过一定限度时，均应在其边沿做成一定坡度的边坡。根据各层土质以及土体所受的压力，土方边坡可做成直线形、折线形和台阶形。此外，合理地选择基坑边坡是减少土方量的有效措施。

基坑边坡的稳定，主要是由于土体内土颗粒之间存在摩擦阻力和内聚力，使土体具有一定的抗滑力来保持稳定。当土体的下滑力大于抗滑力，边坡就会失去稳定而发生滑动，这种滑动一般是在一定范围内整体沿某一滑动面向下和向外移动。一旦土体失去平衡，土体就会塌方，不仅会造成人身安全事故，影响工期，有时还会危及邻近建筑物的安全。

基坑边坡的失稳往往是在外界不利因素影响下触发和加剧的。这些外界不利因素往往会导致土体剪应力的增加或抗剪强度的降低。

导致土体剪应力增加的因素主要有：坡顶上堆积物、行车等荷载；雨水或地面水渗入土中使土中的含水量增加而造成土的自重增加；地下水的渗流产生一定的动水压力；土体的竖向裂缝中的积水产生侧向静水压力；边坡过陡，土体本身稳定性不够。

引起土体抗剪强度降低的因素主要有：土质本身较差或因气候影响使土质松软；体内含水量增加使土体内聚力降低，产生润滑作用；饱和的细砂、粉砂因受振动而液化等。

2. 基坑开挖的方式

基坑开挖的方式与基础的埋置深度、地质土的性质、施工周期的长短有关，可分为直立壁开挖、放坡开挖、支护开挖。按其基坑所处的环境，可分为陆地基坑开挖和水中基础基坑开挖两种。

（1）陆地基坑开挖。基坑大小应满足基础施工要求，对有渗水土质昀基坑坑底开挖尺寸，须按基坑排水设计（包括排水沟、集水井、排水管网等）和基础模板设计而定，一般基底尺寸应比设计平面尺寸各边增宽 0.5~1.0 m。基坑可采用垂直开挖、放坡开挖、支撑加固或其他加固的开挖方法，具体应根据地质条件、基坑深度、施工期限与经验，以及有无地表水或地下水等现场因素来确定。

（2）水中基础基坑开挖。桥梁墩台基础大多位于地表水位以下，有时水流还比较大，施工时都希望在无水或静止水条件下进行。桥梁水中基础最常用的施工方法是围堰法。围堰的作用主要是防水和围水，有时还起着支撑施工平台和基坑坑壁的作用。公路桥梁常用的围堰类型有：土石围堰、木笼围堰或竹笼围堰、钢板桩围堰、套箱围堰。

围堰必须满足以下的要求：

第一，围堰顶高宜高出施工期间最高水位 700 mm，最低不应小于 500 mm，用于防御地下水的围堰宜高出水位或地面 200~400 mm。

第二，围堰的外形应适应水流排泄，大小不应压缩流水断面过多，以免壅水过高危害围堰安全，以及影响通航、导流等。围堰内应适应基础施工的要求，并留有适当的工作面积。堰身断面尺寸应保证有足够的强度和稳定性，使基坑开挖后，围堰不致发生破裂、滑动或倾覆。

第三，围堰要求防水严密，应尽量采取措施防止或减少渗漏，以减轻排水工作。对围堰外围边坡的冲刷和筑围堰后引起的河床的冲刷均应有防护措施。

第四，围堰施工一般应安排在枯水期间进行。

（三）基坑排水施工

集水坑排水法，除严重流沙外，一般情况下均可采用。基坑坑底一般多位于地下水位以下，而地下水会经常渗进坑内，因此必须设法将坑内的水排除，以便于施工。集水坑（沟）的大小，主要根据渗水量的大小而定，排水沟底宽不小于 0.3 m，纵坡为 1%~5%。如排水时间较长或土质较差时，沟壁可用木板或荆篱支撑。

对于土质渗透较大、挖掘较深的基坑可采用板桩法或沉井法。此外，视现场条件、工程特点及工期等因素，还可采用帷幕法，即将基坑周围土用硅化法、水泥灌浆法、沥青灌浆法以及冻结法等处理成封闭的不透水帷幕。这种方法除自然冻结法外，其余均因设备多、费用大，在桥涵基础施工时较少采用。

（四）基底处理施工

1. 基底检验

基坑已挖至基底设计高程，或已按设计要求加固、处理完毕后，须经过基底检验，方可进行基础结构施工。

基坑施工是否符合设计要求，在基础浇筑前应按规定进行检验。其目的在于：确定地基的容许承载力的大小、基坑位置与高程是否与设计文件相符，以确保基础的强度和稳定性，不致发生滑移等病害。基底检验的主要内容包括：检查基底平面位置、尺寸大小，基底高程；检查基底土质均匀性，地基稳定性及承载力等；检查基底处理和排水情况；检查施工日志及有关试验资料等。

为使基底检验及时，以免因等候检验、基底暴露时间过久而风化变质，施工负责人应提前通知检验人员，安排检验。

基底检验的内容，主要包括以下内容：

（1）检查基坑的平面位置、坑底尺寸、高程是否符合设计要求，偏差是否在现行有关规定允许范围以内。

（2）检验基坑底面土质及其均匀性、稳定性，坑壁坡面是否平顺稳定，有无排水措施，容许承载力能否满足设计要求。

（3）检查基坑和地基加固、处理过程中的有关施工记录和试验等资料。

（4）检查基底地基经加固、处理后的效果是否达到设计要求。

2. 基底处理

天然地基上的基础是直接靠基底土壤来承担荷载的，故基底土壤状态的好坏，对基础及墩台、上部结构的影响极大，不能仅检查土壤名称与容许承载力大小，还应为土壤更有效地承担荷载创造条件，即要进行基底处理工作。

（1）未风化岩石基底。对未风化岩层开挖至岩层面后，应清除岩面松碎石块，凿出新鲜岩面，并用水冲洗干净，岩面不得存有淤泥、苔藓等表面附着物。岩面倾斜时，应将岩面基本凿平或凿成台阶。对基坑内岩面有部分破碎带时，应会同设计人员研究处理，采用混凝土封填或设混凝土拱等方法进行处理，以满足承载力的要求。

（2）风化岩层基底。岩石的风化程度对其承载力影响很大。在开挖至风化岩层时，应会同设计人员认真观察其风化程度，检查基底是否符合设计承载力要求。按设计要求适当凿去风化表层，或清理到新鲜岩面，将基坑填满封闭，防止岩层继续风化。

（3）碎石或砂类土层。将基底修理平整并夯实，砌筑基础混凝土时，应先铺一层 20 mm 厚水泥砂浆。

（4）黏土基底。基坑开挖时，留 200~300 mm 深度不挖，以防止地面、地下水渗流至基面，浸泡基面，降低强度。砌筑前，再用铁锹加以铲平。如基底原状土含水量较大或在施工中浸水泡软，可在基坑中夯入 100 mm 以上厚度的碎石，但碎石顶面不得高于设计高程。当基底土质不均，部分软土层厚度不大时，可挖除后换填砂土，并分层夯实。

（5）湿陷性黄土。湿陷性黄土地基开挖时，必须保持基坑不受水浸泡，并尽量避免在雨期施工，否则应有专门的防洪排降水设施，并应按设计要求采用重锤夯实、换填或挤密桩法进行加固。

（6）软土层。软土地基应按设计要求进行加固，可采用换土、砂井、砂桩或其他软土地基处理方法。在软土地基上修建桥梁时，应按设计预留沉降量。采用砂井加固的软土地基，按设计要求采取预压。桥涵主体必须分期均匀施工。在砌筑墩台、填土和架梁工程中，随时观测软土地基的沉降量，用以控制施工进度，使软土地基缓慢平均受载，防止发生剧烈变化或不均匀下沉。

（7）泉眼。对于泉眼，应用堵塞或导流的方法处理。泉眼水流较小时，可用木塞、速凝水泥砂浆、带螺帽钢管等堵塞泉眼。堵眼有困难时，采用竹管、塑料管或钢管引流，待基础圬工灌注完后，向管内压浆将其封闭，也可在基底以下设置暗沟或盲沟，将水引至基础施工以外的汇水井中抽排，施工完后用水泥砂浆封闭。

（8）溶洞地基处理。在地基下出现溶洞时，应会同设计部门研究处理，一般采取以下加固措施进行处理：

第一，首先用勘测方法探明溶洞的形态、深度和范围，以便采取相应的处理方法。

第二，当溶洞埋深较浅时，可用高压射水清除溶洞中的淤泥，灌注混凝土进行填充；当溶洞较深且狭窄，洞内土壤不易清除时，可在洞内打入混凝土桩。

第三，当洞处在基础底面，溶洞窄且深时，可用钢筋混凝土板盖在溶洞上面，跨越溶洞。

第四，当埋藏较深，溶洞内有部分软黏土时，可用钻机钻孔，从孔中灌入砂石混合料，并压灌水泥砂浆封闭。

（五）基础浇筑施工

基础施工分为无水浇筑、排水浇筑和水下浇筑三种情况。

排水施工的要点是：确保在无水状态下砌筑圬工，禁止带水作业及用混凝土将水赶出模板外的灌注方法，基础边缘部分应严密隔水，水下部分坼工必须待水泥砂浆或混凝土终凝后才允许浸水。

水下浇筑混凝土只有在排水困难时采用。基础坼工的水下灌注分为水下封底和水下直接灌筑基础两种。前者封底后仍要排水再砌筑基础，封底只是起封闭渗水的作用，其混凝土只作为地基而不作为基础本身，适用于板桩围堰开挖的基坑。浇筑基础时，应做好与台身、墩身的接缝连接，一般要求如下：

第一，混凝土基础与混凝土墩台身的接缝，周边应预埋直径不小于 16 mm 的钢筋或其他铁件，埋入与露出的长度不应小于钢筋直径的 20 倍。

第二，混凝土或浆砌片石墩台身的接缝，应预埋片石，片石厚度不应小于 150 mm，片石的强度要求不低于基础或墩台身混凝土或砌体的强度。

二、钻孔灌注桩基础施工技术

（一）场地准备工作

钻孔前要进行准备工作，其内容包括：①场地为旱地时，应除杂物，换除软土，整平夯实；②场地为陡坡时，可用枕木、型钢等搭设工作平台；③场地为浅水时，宜采用筑岛施工，筑岛面积应根据钻孔方法、设备大小等要求确定；④场地为深水或淤泥较厚时，可搭设工作平台，平台必须牢固稳定，能承受工作时所有静、动荷载，并考虑施工机械能安全进出。

（二）施工设备准备

根据地质资料，确定科学合理的钻孔方法和钻孔设备，架设好电力线路，配备适合的变压器。若用柴油机提供动力，则应购置与设备动力相匹配的柴油机和充足的燃油。混凝土拌和机、电焊机、钢筋切割机，以及水泥、砂石材料等均要在钻孔开始前准备妥当。

（三）现场埋设护筒

可以采用钢护筒，也可以采用现场预制的钢筋混凝土护筒，在放样好的桩位处，开挖一个圆形基坑将护筒埋入。护筒应坚实，不漏水，护筒内径应比桩径大 20~30 cm。采用反循环钻时应使护筒顶高程高出地下水位 2.0 m；采用正循环钻时应高出地下水位 1.0~1.5 m；处于旱地时，护筒在满足上述条件的基础上还应高出地面 0.3 m。

（四）泥浆的制备

钻孔泥浆由水、黏土（膨润土）和添加剂组成，具有浮悬钻渣、冷却钻头、润滑钻具，增大静水压力，并有在孔壁形成泥膜，隔断孔内外渗流，防止坍孔的作用。调制的钻孔泥浆及经过循环净化的泥浆，应根据钻孔方法和地层情况采用不同的性能指标。泥浆稠度应视地层变化或操作要求，灵活掌握。泥浆太稀，排渣能力小，护壁效果差；泥浆太稠，会削弱钻头冲击功能，降低钻进速度。

通常采用塑性指数大于 25、粒径小于 0.002 mm、颗粒含量大于 50% 的黏土，通过泥浆搅料机或人工调和，储存在泥浆池内，再用泥浆泵输入钻孔内。泥浆泵应有足够的流量，以免影响钻进速度。大直径深孔采用正循环旋转法施工时，泥浆泵应经过流量和泵压计算来选择。对孔深百米以内的钻孔，一般可采用不小于 2 MPa 的泵压。

（五）基础施工方法

钻孔就位前，应对钻孔的各项准备工作进行检查，包括场地与钻机坐落处的平整和加固，主要机具的检查与安装。必须及时填写施工记录表，交接班时应交代钻进情况及下一班应注意事项。钻机底座和顶端要平稳，在钻进和运行中不应产生位移和沉陷。回转钻机顶部的起吊滑轮缘、转盘中心和桩位中心三者应在同一铅垂线上，偏差不超过 2 cm。钻孔作业应分班连续进行，经常对钻孔泥浆性能指标进行检验，不符合要求时要及时改正。

第一，冲击法。用冲击钻机或卷扬机带动冲锥，借助锥头自重下落产生的冲击力，反复冲击破碎土石或把土石挤入孔壁中，用泥浆浮起钻渣，或用抽渣筒或空气吸泥机排出而形成钻孔。

第二，冲抓法。用冲抓锥靠自重产生冲击力，切入土层或破碎土层，叶瓣抓土、弃土以形成钻孔。

第三，旋转法。用钻机通过钻杆带动锥或钻头旋转切削土，用泥浆浮起并排出钻渣形成钻孔。以上每种方法因动力与设备功能的不同而分为多种。

三、承台和系梁基础施工技术

（一）承台施工

当承台处于干处时，一般直接采用明挖基坑，并根据基坑状况采取一定措施后，在其上安装模板，浇筑承台混凝土。

当承台位于水中时，一般先设围堰（钢板桩围堰或吊箱围堰）将群桩围在堰内，然后在堰内河底灌注水下混凝土封底，凝结后，将水抽干，使各桩处于干处，再安装承台模板，在干处灌注承台混凝土。

对于承台底位于河床以上的水中，采用有底吊箱或其他方法在水中将承台模板支撑和固定，如利用桩基，或临时支撑。承台模板安装完毕后抽水，堵漏，即可在干处灌注承台混凝土。

承台模板支承方式的选择应根据水深、承台的类型、现有的条件等因素综合考虑。

1. 承台底处理

（1）低桩承台。当承台底层土质有足够的承载力，又无地下水或能排干水时，可按天然地基上修筑基础的施工方法进行施工。当承台底层土质为松软土，且能排干水施工时，可挖除松软土，换填 10~30 cm 厚沙砾土垫层，使其符合基底的设计标高并整平，即立模灌注承台混凝土。

（2）高桩承台。当承台底以下河床为松软土时，可在板桩围堰内填入沙砾至承台底面标高。填砂时视情况决定，可抽干水填入或静水填入，要求能承受灌注封底混凝土的质量。

2. 模板及钢筋

（1）模板一般采用组合钢模，纵、横楞木采用型钢，在施工前必须进行详细的模板设计，以保证模板有足够的强度、刚度和稳定性，能可靠地承受施工过程中可能产生的各项荷载，保证结构各部形状、尺寸的准确。模板要求平整，接缝严密，拆装容易，操作方便。一般先拼成若干大块，再由吊车或浮吊（水中）安装就位，支撑牢固。

（2）钢筋的制作严格按技术规范及设计图纸的要求进行，墩身的预埋钢筋位置要准确、牢固。

3. 混凝土配制与浇筑

（1）混凝土的配制除要满足技术规范及设计图纸的要求外，还要满足施工的要求，如泵送对坍落度的要求。为改善混凝土的性能，根据具体情况掺加合适的混凝土外加剂，如减水剂、缓凝剂、防冻剂等。

（2）混凝土采用拌和站集中拌和，混凝土罐车通过便桥或船只运输到浇筑位置，采用流槽、漏斗或泵车浇筑，也可由混凝土地泵直接在岸上泵入。

（3）混凝土浇筑时要分层，分层厚度要根据振捣器的功率确定，要满足技术规范的要求。

4. 混凝土养护和拆模

混凝土浇筑后要适时进行养护，尤其是体积较大、气温较高时要尤其注意，须防止混凝土开裂。混凝土强度达到拆模要求后再进行拆模。

（二）系梁施工

施工工艺流程：测量放样→铺设底模→钢筋安装→模板安装→混凝土浇筑→养护→模板拆除。

具体施工工艺方法如下：

第一，铺设底模。按墩身系梁位置进行底模铺设。

第二，钢筋安装。钢筋在加工场地预制成型，运至施工现场，采用常规方法进行焊接、安装。在进行主筋（水平筋）接头时，将预埋筋按单面焊的搭接长度进行搭接，并满足同一搭接长度区段内接头错开50%，焊接标准执行施工规范的要求。安装时应注意预埋盖梁预埋钢筋。

第三，模板安装。模板找正采用经纬仪跟踪测量，水平仪测量顶面高程的方法控制，模板支立前涂刷优质脱模剂，以保证混凝土外观质量及拆模便利。

第四，混凝土浇筑。系梁混凝土须采用集中搅拌站拌和，人工手持振捣棒分层浇筑振捣，塑料布覆盖洒水保湿养护的方法施工。

第五，拆模。待混凝土强度达到设计规定强度再行拆模，采用人工配合吊车扶模拆卸。拆模时应注意不能损坏台体混凝土。

第二部分　桥梁设计与建设

第四章 桥梁设计的原理体系

第一节 桥梁的总体规划与设计

一、桥梁设计的原则、规定与程序

(一) 桥梁设计的原则

桥梁是公路、铁路和城市道路的重要组成部分，特别是大、中桥梁的建设对当地政治、经济、国防等都具有重要意义。因此，桥梁工程的设计应符合安全可靠、经济合理、适用耐久、环境保护以及外形美观的要求。桥梁设计应遵循以下原则：

1. 安全可靠

(1) 桥梁设计的结构在强度和稳定方面应有足够的安全储备。

(2) 防撞栏杆应具有足够的高度和强度，人与车流之间应做好防护栏，防止车辆撞入人行道或撞坏栏杆而落到桥下。

(3) 对于交通繁忙的桥梁，应设计好照明设施，并有明确的交通标志，两端引桥坡度不宜太陡，以避免发生车辆碰撞等引起的车祸。

(4) 对于修建在地震区的桥梁，应按抗震要求采取防震措施；对于河床易变迁的河道，应设计好导流设施，防止桥梁基础底部被过度冲刷；对于通行大吨位船舶的河道，除按规定加大桥孔跨径外，必要时应设置防撞构筑物等。

2. 经济合理

(1) 桥梁设计应遵循因地制宜、就地取材和方便施工的原则。

(2) 经济的桥型应该是造价和使用年限内养护费用综合最省的桥型，设计中应充分考虑维修的方便和维修费用少，维修时尽可能不中断交通，或使中断交通的时间最短。

(3) 桥梁设计所选择的桥位应是地质、水文条件好的河段，桥梁长度也较短。

（4）桥位应考虑选择在能缩短河道两岸的运距、促进该地区的经济发展、产生最大的效益的位置，对于过桥收费的桥梁应能吸引更多的车辆通过，达到尽快回收投资的目的。

3. 适用耐久

（1）应保证桥梁在 100 年的设计基准期内正常使用。

（2）桥面宽度能满足当前以及今后规划年限内的交通流量（包括行人通行）。

（3）桥梁结构在通过设计荷载时不出现过大的变形和过宽的裂缝。

（4）应考虑不同的环境类别对桥梁耐久性的影响，在选择材料、保护层厚度、阻锈等方面满足耐久性的要求。

（5）桥跨结构的下面有利于泄洪、通航（跨河桥）或车辆和行人的通行（旱桥）。

（6）桥梁的两端须方便车辆的进入和疏散，不致产生交通堵塞现象等。

（7）考虑综合利用，方便各种管线（水、电气、通信等）的搭载。

4. 环境保护

桥梁设计必须考虑环境保护的要求，包括生态、水、空气、噪声等方面，应从桥位选择、桥跨布置、基础方案、墩身外形、上部结构施工方法、施工组织设计等多方面考虑环境要求，采取必要的工程控制措施，并建立环境监测保护体系，将不利影响减至最小。桥梁施工完成后，应将桥两头的植被加以恢复，或进一步美化桥梁周边的景观，这也属于环境保护的内容。

5. 外形美观

一座桥梁应具有优美的外形，而且这种外形从任何角度看都应该是优美的，结构布置必须精练，并在空间上有和谐的比例。桥型应与周围环境相协调，城市桥梁和游览地区的桥梁，可较多地考虑建筑艺术上的要求。合理的结构布局和轮廓是美观的主要因素，结构细部的美学处理也十分重要。另外，施工质量对桥梁美观也有重大影响。

（二）桥梁设计的规定

"作为城市交通工程中的重要组成部分，桥梁的总体规划必须将满足通行使用功能置于最优先的地位。"[①]

第一，桥梁应根据公路功能、等级、通行能力及抗洪防灾要求，结合水文、地质、通航、环境等条件进行综合设计。

---

① 吕佳. 浅谈桥梁总体设计和规划 [J]. 中国高新技术企业，2010（4）：110.

特大桥、大桥桥位应选择在河道顺直稳定、河床地质良好、河槽能通过大部分设计流量的河段。

中桥桥位的选择原则上应服从路线的总方向，路桥应综合考虑。一方面从整个路线或路线网的观点上看，要避免或减少因车辆绕道而增加的运输费用；另一方面从桥梁本身的经济性和稳定性出发，应尽量选择在河道顺直、水流稳定、河面较窄、地质良好、冲刷较少的河段上，以降低造价和养护费用，并防止因冲刷过大而发生桥梁倒塌的危险。此外，一般应尽量避免桥梁与河流斜交，以避免增加桥梁长度而提高造价。

小桥涵桥位的选择原则上应服从路线走向，当遇到不利的地形、地质和水文条件时，应采取适当的措施，不应因此而改变线路。

桥位不宜选择在河汊、沙洲、古河道、急弯、汇合口、港口作业区及易形成流冰、流木阻塞的河段，以及断层、岩溶、滑坡、泥石流等不良地质的河段。

第二，桥梁纵轴线宜与洪水位主流流向正交。对通航河流上的桥梁，其墩台沿水流方向的轴线应与最高通航水位时的水流方向一致。当斜交不可避免时，交角不宜大于5°；当交角大于5°时，宜增加通航孔净宽。

第三，为保证桥位附近水流顺畅，河槽、河岸不发生严重变形，必要时可在桥梁上下游修建调治构造物。

调治构造物形式及其布置应根据河流性质、地形、地质、河滩水流情况以及通航要求、桥头引道、水利设施等因素综合考虑确定。

非淹没式调治构造物的顶面，应高出桥涵设计洪水频率的水位至少0.25 m，必要时应考虑壅水高度、波浪爬高、斜水流局部冲高、河床淤积等影响。

允许淹没的调治构造物的顶面应高出常水位。单边河滩流量不超过总流量的15%或双边河滩流量不超过25%时，可不设导流堤。

二级公路的特大桥及三、四级公路的大桥在水势猛急、河床急剧冲刷的情况下，可提高一级洪水频率验算基础冲刷深度。

（三）桥梁设计的程序

一座桥梁的规划设计所涉及的因素很多，特别是对于工程比较复杂的大、中桥梁，是一个综合性的系统工程。设计的合理性，将直接影响区域的政治、经济、文化以及人民的生活，因此必须建立一套严格的管理体制和有序的工作程序。在我国，基本建设程序分为前期工作阶段和正式设计工作阶段。前期工作阶段又分为工程预可行性研究（简称"预可"）报告阶段和工程可行性研究（简称"工可"）报告阶段；正式设计工作阶段则又分成初步设计、技术设计和施工图设计三个阶段。

1. "预可"阶段

"预可"阶段着重研究建桥的必要性以及宏观经济上的合理性。在"预可"阶段研究形成的"工程预可行性研究报告书"（简称"预可报告"）中，应从经济、政治、国防等方面，详细阐明建桥理由和工程建设的必要性、重要性，同时初步探讨技术上的可行性。对于区域性线路上的桥梁，应以建桥地点（渡口等）的车流量调查（计及国民经济逐年增长）为立论依据。"预可"阶段的主要工作目标是解决建设项目的上报立项问题，在"预可报告"中，应编制多个可能的桥型方案，并对工程造价、资金来源、投资回报等问题应有初步估算和设想。设计方将"预可报告"交业主后，由业主据此编制"项目建议书"报主管上级审批。

2. "工可"阶段

在"项目建议书"被审批确认后，着手"工可"阶段的工作。在这一阶段，着重研究和制定桥梁的技术标准，包括设计荷载标准，桥面宽度，通航标准，设计车速，桥面纵坡，桥面平、纵曲线半径等，并应与河道、航运、规划等部门共同研究，以共同协商确定相关的技术标准。在"工可"阶段，应提出多个桥型方案，并估算造价，资金来源和投资回报等问题应基本落实。

3. 初步设计阶段

初步设计应根据批复的可行性研究报告、测设合同和初测、初勘或定测、详勘资料编制。初步设计的目的是确定设计方案，应通过多个桥型方案的比选，推荐最优方案，报上级审批。在编制各个桥型方案时，应提供平、纵、横布置图，标明主要尺寸，并估算工程数量和主要材料数量，提出施工方案的意见，编制设计概算，提供文字说明和图表资料，初步设计经批复后，成为施工准备及编制施工图设计文件和控制建设项目投资等的依据。

4. 技术设计阶段

对于技术上复杂的特大桥、互通式立交或新型桥梁结构，须进行技术设计。技术设计应根据初步设计批复意见、测设合同的要求，对重大、复杂的技术问题通过科学试验、专题研究、加深勘探调查及分析比较，进一步完善批复的桥型方案的总体和细部各种技术问题以及施工方案，并修正工程概算。

5. 施工图设计阶段

两阶段（或三阶段）施工图设计应根据初步设计（或技术设计）批复意见、测设合同，进一步对所审定的修建原则、设计方案、技术决定加以具体和深化。在此阶段中，必须对桥梁各种构件进行详细的结构计算，并且确保强度、稳定、刚度、裂缝、构造等各种技术指标满足规范要求，绘制出施工详图，提出文字说明及施工组织计划，并编制施工图预算。

国内一般的（常规的）桥梁采用两阶段设计，即初步设计和施工图设计，对于技术简单、方案明确的小桥，也可采用一阶段设计，即施工图设计。

二、桥梁的纵断面设计和平面布置

（一）桥梁的纵断面设计

1. 桥梁总跨径的确定

对于一般跨河桥梁，总跨径一般根据水文计算来确定。由于桥梁墩台和桥头路堤压缩了河床，桥下过水断面减小、流速加大，引起河床冲刷，因此，桥梁的总跨径必须保证桥下有足够的排洪面积，使河床不致遭受过大的冲刷。

在某些情况下，为了降低工程造价，可在不超过允许的桥前壅水和相关规范规定的允许最大冲刷系数的条件下，适当增大桥下冲刷，以缩短总跨径。由此可见，桥梁的总跨径应根据具体情况经过全面分析后加以确定。例如，对于深埋基础，一般允许稍大一点的冲刷，使总跨径能适当减小；对于平原区稳定的宽滩河段，流量较小，漂流物也少，主河槽较大，这时，可以对河滩的浅水流区段做较大的压缩，但必须慎重校核，压缩后桥梁的壅水不得危及河滩路堤以及附近农田和建筑物。

2. 桥梁的分孔

对于一座较长的桥梁，应当分成若干孔，但孔径划分的大小，有几个河中桥墩，哪些是通航孔，哪些不是通航孔，这些问题要根据通航要求、地形和地质情况、水文情况以及技术经济和美观等条件来加以确定。

桥梁的分孔关系到桥梁的造价。跨径和孔数不同时，上部结构和墩台的总造价是不同的。跨径愈大，孔数愈少，上部结构的造价就愈大，而墩台的造价就愈小。通常，采用最经济的分孔方式，即使得上、下部结构的总造价最低。因此，当桥墩较高或地质不良，基础工程较复杂而造价较高时，桥梁跨径就选得大一些；反之，当桥墩较矮或地基较好时，跨径就可选得小一些。在实际工作中，应对不同的跨径布置进行粗略的方案比较，来选择最经济的跨径和孔数。

（1）对于通航河流，在分孔时应满足桥下的通航要求。桥梁的通航孔应布置在航行最方便的河域。对于变迁性河流，考虑航道可能发生变化，应多设几个通航孔。

（2）对于平原区宽阔河流上的桥梁，通常在主河槽部分按需要布置较大的通航孔，而在两侧浅滩部分按经济跨径进行分孔。如果经济跨径较通航要求还大，则通航孔也应取较大跨径。

（3）在山区深谷上、水深流急的江河上，或水库上修桥时，为了减少中间桥墩数量，应加大跨径。如果条件允许，甚至可以采用特大跨径的单孔跨越。

（4）对于河流中存在的不利地质段，例如岩石破碎带、裂隙、溶洞等，在布孔时要将桥基位置移开，或适当加大跨径。

（5）在有些体系中，为使结构受力合理和用材经济，分跨布置时要考虑合理的跨径比例。例如，为了使钢筋混凝土连续梁桥的中跨和相邻边跨的跨中最大弯矩接近，其中跨和相邻边跨的跨径比值，对于三跨连续梁约为 1：0.8，对于五跨连续梁约为 1：0.9：0.65。

（6）跨径的选择也与所采用的施工方法密切相关，如同样是预应力混凝土连续桥梁，采用支架施工和采用悬臂施工，其边跨与中跨的比例就不相同。采用支架施工法，边跨长度取中跨的 80%左右是经济合理的；采用悬臂施工法，考虑一部分边跨采用悬臂施工外，剩余的边跨部分还须另搭脚手架施工，为使脚手架长度最短，边跨长度取中跨长度的 65%为宜。

（7）跨径的选择还与施工能力有关，有时选用较大跨径虽然在经济上是合理的，但是，如果限于现有的施工技术能力和设备条件，也只能将跨径减小。对于大桥施工，基础工程往往对工期起控制作用，在此情况下，从缩短工期出发，就应减少基础数量而修建较大跨径的桥梁。

总之，对于大、中型桥梁来说，分孔问题是设计中最基本、最复杂的问题，必须进行深入、全面的分析，才能做出比较完美的施工方案。

3. 桥道标高的确定

对于跨河桥梁，桥道的标高应保证桥下排洪和通航的需要；对于跨线桥，则应确保桥下安全行车。在平原区建桥时，桥道标高的抬高往往伴随着桥头引道路堤土方量的显著增加。在修建城市桥梁时，桥高了会使两端引道的延伸影响市容，或者需要设置立体交叉或高架栈桥，这会导致造价提高。合理的桥道标高必须根据设计洪水位、桥下通航（通车）净空的需要，并结合桥型、跨径等一起考虑。

（二）桥梁的平面设计

小桥和涵洞的位置和线形一般应符合线路的总走向，为满足线路的要求，可设计斜交桥或弯桥，对于公路上的特大桥、大桥、中桥的桥位，原则上应符合线路的走向，桥、路综合考虑，尽量选择在河道顺直、水流稳定、地质良好的河段上。桥梁的平曲线半径、平曲线超高和加宽、缓和曲线、变速车道设置等，均应满足相应等级线路的规定。桥梁的线形及桥头引道要保持平顺，使车辆能顺利地通过。小桥涵的线形及其与公路的衔接，可按线路的要求布置；而大、中桥梁的线形一般为直线。当桥面受到两岸地形限制，允许修建曲线桥时，曲线的各项指标应符合线路的要求；也允许修建斜桥，其交角（桥墩沿水流方向的轴线与河道主流方向间的夹角）一般不大于45°，通航河流上不宜大于5°。

三、桥梁设计的方案

为了获得经济、适用和美观的桥梁设计方案，设计者必须根据自然和技术条件，因地制宜，在综合应用专业知识、了解和掌握国内外新技术、新材料、新工艺的基础上，进行深入细致的研究和分析对比，才能得出完美的设计方案。桥梁设计方案的比选和确定可按下列步骤进行：

第一，明确各种高程的要求。在桥位纵断面图上，按比例绘出设计洪水位、通航水位、堤顶标高、桥面标高、通航净空、行车净空位置图等。

第二，桥梁分孔和初拟桥型方案草图。在确定了各种标高的纵断面图上，根据泄洪总跨径的要求，做出桥梁分孔和桥型方案的草图。作草图时思路要开阔，只要基本可行，尽可能多做一些方案草图，以免遗漏可能的桥型方案。

第三，方案筛选。对各方案草图做技术和经济上的初步分析与判断，筛去弱势方案，从中选出2~4个构思好、有特点的方案，做进一步详细的研究和比较。

第四，详绘桥型方案。根据不同桥型、不同跨度、不同宽度和施工方法，拟定主要的结构尺寸，并尽可能细致地绘制各个桥型方案的尺寸详图。对于新结构，应做初步的力学分析，以确定各方案的主要尺寸。

第五，编制估算或概算。依据编制方案的详图，计算上、下部结构的主要工程数量，依据各省、市或行业的"估算定额"或"概算定额"，编制出各方案的主要材料（钢、木、混凝土等）用量、劳动力数量和全桥总造价。

第六，方案选定和文件汇总。综合考虑建设造价、养护费用、建设工期、营运适用性、美观等因素，阐述每个方案的优缺点，经分析论证，选定一个最佳的推荐方案。在深入研究和比较的过程中，应当及时发现并调整方案中的不合理之处，确保最后选定的方案是强中选强的方案。

上述工作完成之后，着手编写方案说明。说明书中应阐明方案编制的依据和标准，各方案的主要特色、施工方法、设计概算以及方案比选的综合性评述。对于推荐方案应做详细说明。各种测量资料、地质勘查和地震烈度复核资料、水文调查与计算资料等应按附件载入。

第二节　桥梁的设计作用与效应组合

一、桥梁的设计作用分类

(一)永久作用

永久作用包括结构重力、预加力、土的重力、土侧压力、混凝土收缩及徐变作用、水的浮力和基础变位作用。结构物的重力及桥面铺装、附属设备等外加重力均属于结构重力,结构自重可按结构构件的设计尺寸与材料的重力密度进行计算确定。桥梁结构的自重往往占全部设计荷载的大部分,采用轻质高强度材料对减轻桥梁自重、增强跨越能力有着重要的意义。

对于预应力混凝土结构,预加力在结构进行正常使用极限状态设计和使用阶段构件应力计算时,应作为永久作用计算其主、次效应,计算时应考虑相应阶段的预应力损失,但不计由于预加力偏心距增大引起的附加效应。在设计结构承载能力极限状态时,预加应力不作为作用,而将预应力钢筋作为结构抗力的一部分,但在超静定结构中,仍须计算预加力引起的次效应。

温度降低会使混凝土收缩,并在其内部产生收缩应力。结构构件在长时间使用过程中会发生变形,这种随时间的增长而产生的变形称为徐变。由这种变形而产生的内力为徐变内力。采用超静定混凝土结构及结合桥梁等时,均应考虑混凝土的收缩和徐变作用。

(二)可变作用

桥梁设计中考虑的可变作用有汽车荷载和人群荷载。同时,对于汽车荷载应计及其冲击力、制动力和离心力。所有车辆荷载尚应计算其所引起的土侧压力。常见的可变作用如下:

第一,交通荷载。桥梁通常设计用于承受不同类型和强度的交通荷载,包括汽车、卡车、火车等。这些荷载会随着时间、交通流量和车辆类型的变化而变化。

第二，风荷载。风是另一个可能对桥梁产生可变作用的因素。风的强度和方向会随着时间、气象条件的变化而变化，对桥梁的结构和稳定性可能产生影响。

第三，温度变化。气温的季节性和日夜变化可能导致桥梁构件的膨胀与收缩，从而产生热应力。这种热应力可能会对桥梁的结构产生影响，因此在设计中需要考虑温度的变化。

第四，河流水位和洪水。如果桥梁跨越河流，河水位和洪水的变化可能对桥梁的安全性、稳定性产生影响。设计中需要考虑河流水位的变化范围。

第五，荷载频率。桥梁在使用过程中可能会面临不同频率和振动模式的荷载，例如行人步行、车辆行驶等。这些频率的变化可能影响桥梁的振动响应和疲劳性能。

（三）偶然作用

在桥梁设计中，偶然作用是指那些不太可能但仍然可能发生的突发事件或意外情况，这些事件可能对桥梁结构产生破坏性影响。偶然作用通常包括以下方面：

第一，意外碰撞或冲击。这包括车辆事故、船只碰撞等意外事件，这些可能导致桥梁结构受到冲击或损坏。

第二，火灾。虽然火灾发生的可能性相对较小，但在桥梁上发生火灾可能会对结构造成重大损害。因此，一些设计中考虑了火灾的影响，包括阻燃性能和火灾扩散控制。

第三，爆炸。对于一些特殊位置的桥梁，例如跨越军事区域的桥梁，设计中可能要考虑到爆炸事件的影响，确保桥梁具有一定的抗爆炸性能。

第四，恶劣气象条件。虽然一部分恶劣气象条件可能被预测到，但一些极端的气象事件，如龙卷风、雷暴等，仍然被视为偶然作用，设计中可能考虑这些条件下桥梁结构的稳定性和安全性。

二、桥梁的设计作用效应组合

在桥梁设计中，结构工程师需要考虑不同作用的组合，以确保桥梁在各种情况下都能够安全可靠地运行。这就涉及荷载组合的概念，其中荷载包括常设作用和可变作用。在不同国家和地区，设计规范和标准可能略有不同，但一般都会考虑以下荷载组合：

第一，常设作用组合。常设作用是指桥梁在其整个使用寿命内都会承受的恒定荷载。常设作用组合通常包括自重、桥梁自身的荷载、支座反力等。

第二，可变作用组合。可变作用是指桥梁在使用过程中可能发生变化的荷载，如交通荷载、风荷载、地震荷载等。可变作用组合考虑了这些荷载同时出现的可能性，以确保桥梁在不同的外部荷载下能够安全运行。

第三，特殊作用组合。这包括一些偶然作用，如意外碰撞、火灾、爆炸等。虽然这些事件发生的概率较小，但在设计中需要考虑它们对桥梁结构的影响。

第四，施工和维护作用组合。在桥梁施工和维护过程中，可能会引入额外的荷载和作用。因此，设计中可能会考虑施工和维护期间的特殊作用组合。

第三节　桥梁设计的原则与要点

一、桥梁设计的原则

（一）新建桥涵设计原则

根据前期基础勘察，结合该项目大、中桥具体特点，桥位以服从路线走向为指导思想，依照安全、舒适、经济、美观的原则进行桥梁设计，同时综合考虑地区的自然条件、材料供应、施工要求等情况。为了确保项目的技术先进、安全可靠、经济合理、实用耐久，以标准化、机械化开展施工作业。具体的桥涵设计原则如下：

1. 桥孔、桥跨、桥型、桥梁布设

在桥孔布设时，须综合考虑该地区的自然条件、材料供应、使用要求及便于施工养护等因素，做到与环境、人文景观协调发展。桥跨组合设计须综合考虑桥位的地形、地质、水文等条件，选用实用性和经济性强的桥型。特大桥及墩高超过 30 m 的大桥，须进行桥型方案比较，要提供两个或两个以上的桥型方案，方案须明确工程量与造价。

桥梁原则上尽量采用正交，不采用或少采用斜交桥梁。地形及环境条件容许时，左右幅桥梁可分别设正交桥跨，分幅错孔布置。对于在平曲线上的桥梁，若曲线半径较小，可做曲线桥；若曲线半径较大，可布设折线桥，同时上部结构必须包括桥面净空和护栏。对于处于不良地段的桥梁，须综合考虑结构安全性、施工效果、运营效果等因素。

2. 桥梁结构选型和跨越

依照安全、舒适、经济、美观的原则进行桥梁结构选型，并综合考虑地质地形、路线、材料来源、材料运输、周围环境等因素。桥梁上部结构，选用预应力混凝土梁式连续结构，保证桥面平整度和行车的舒适性。尽量采用统一预制的结构形式，以便进行机械化、标准化生产，提高施工的便利性，进而缩短工期和降低工程造价。

桥梁须跨越山谷或深沟时，须综合考虑填土高度、沟底纵坡、地质等因素。若填土高度较高，地质条件较差，由于路基放坡侵占山谷侧道路或主河道而路基挡土墙又设置困难时，应采用桥梁跨越。

3. 桥梁墩台、桥头布设

当桥梁墩台处于陡坡位置时，基坑开挖对山体面积造成较大破坏或易引发地质病害时，基础形式优先选用桩式基础；在桥头有较多的高路堤、占用农田且需要大量运送填料时，应适当延长桥孔。

4. 小桥涵布设和涵洞形式的选择

当小桥涵跨越人工沟渠时，应在原有沟渠基础上，依照不影响现有排灌系统的原则合理合并；若跨越非人工沟渠，布设小桥涵时须综合考虑地形、排水、汇水面积等因素。

涵洞型式的选择，须综合考虑使用性质、泄洪流量、路基填土高度、地质条件等因素，优先选用圆管涵、盖板涵等形式。

(二) 改扩建桥涵设计原则

第一，扩建桥梁。为使新旧桥梁顺利衔接，扩建桥梁时，原则上应采用与原桥相同孔径，同时上部结构类型也应一致。

第二，通航净空。为保证原线所跨河道及道路通航净空不变，应根据拓宽部分上部结构的结构类型及桥址位置实际情况，考虑局部降低地方道路高程的措施予以解决。

第三，桥梁结构。本着结构安全、经济合理的原则，在保证桥梁安全、耐久的前提下，尽量利用原结构；若出现严重损害、威胁安全、不适合加宽改造等的结构才予以更换。

第四，桥梁施工。桥梁施工尽量减少对现有道路的干扰，保持地方道路的正常通行。

第五，下部结构设置。增大加宽部分的下部结构设置，应减少新结构沉降，缩小新老沉降差，降低各种结构的附加力。

二、桥梁设计的要点

(一) 桥梁结构设计

桥梁结构设计是一项关键性工程，旨在确保桥梁在多种复杂环境下能够安全稳定地承载荷载、服务交通。这一过程涉及多学科的深度合作,工程师们需要全面考虑桥梁的几何形状、荷载分析、结构类型选择以及耐久性等方面。

荷载分析是桥梁设计的基石,精确的荷载分析涉及车辆、行人、风荷载等多种因素,确保桥梁在不同工况下的稳定性。选择适当的结构类型是其关键步骤,它需要考虑桥梁所处的环境、跨度、荷载等多方面因素,以达到经济、实用和美观的设计目标。

桥梁的几何设计和结构分析相辅相成。通过有限元分析等现代技术手段,工程师们可以对桥梁的结构进行深入研究,保证其在设计寿命内的承载能力和稳定性。与此同时,材料的选择和防腐措施直接关系到桥梁的耐久性。采用高强度、耐腐蚀的材料,结合适当的防腐技术,有助于延长桥梁的使用寿命。

桥梁结构设计不仅是一门科学,更是一门艺术。设计师们在满足工程需求的同时,还应注重考虑桥梁的美观性和环境融合,使其成为城市或自然风景中的亮点。因此,桥梁结构设计既需要科学的理论基础,又需要设计师的创造力和审美观念,使桥梁成为功能与艺术兼具的工程杰作。

(二)桥梁耐久性设计

"随着我国交通业的发展,对桥梁工程设计提出了更加严格的要求,保证工程的耐久性与安全性十分重要。"[1] 桥梁耐久性设计是确保桥梁长期稳定运行的重要环节。在这一设计中,工程师们着眼于选择耐久性优良的材料,采取防腐措施,以抵御来自自然环境的侵蚀。精心设计的伸缩缝和变形缝有助于缓解由于温度变化引起的结构变形,防止裂缝的形成。同时,合理的排水系统则保障了桥梁在降雨天气下及时排水,减缓桥梁结构的老化速度。

耐久性设计也包含对桥梁的定期检查与维护计划的制订。通过定期检查,工程人员能够及时发现潜在问题,采取相应的修复和维护措施,以确保桥梁的持久安全。因此,桥梁耐久性设计不仅注重建设时的质量,更关注桥梁在使用寿命内的可持续性,为公众提供安全畅通的交通通道。

(三)混凝土结构耐久性设计

混凝土结构耐久性设计是确保建筑在多年风雨侵蚀下依然稳固、安全的重要环节。首要考虑的是混凝土的配方设计。工程师需要综合考虑建筑所处环境的特点,例如气候、土

---

① 何志伟. 桥梁结构设计中的安全性和耐久性 [J]. 中国高新科技,2021 (24):35.

壤酸碱性、盐分含量等，选择适应性强、抗腐蚀性好的混凝土配方。高性能混凝土在提供更高强度的同时，通常也具备更好的抗侵蚀性，对于桥梁、建筑等长期承受自然风化的结构至关重要。

混凝土结构中的钢筋是另一个需要重点考虑的因素。钢筋的防腐处理直接关系到整个混凝土结构的耐久性。采用防腐涂层、镀锌等措施能够有效防止钢筋的腐蚀，延长结构的使用寿命。此外，对混凝土中的气孔结构进行合理控制，以提高混凝土的密实性，有助于减缓盐分、水分等因素对结构的侵蚀。

混凝土结构的耐久性设计还需要关注结构的设计细节，特别是伸缩缝和变形缝的设置。伸缩缝的合理设计能够有效减轻因温度变化引起的结构变形，防止裂缝的出现。变形缝则有助于减缓结构的沉降变形速度，对整体结构的稳定性具有积极影响。

第四节 BIM 技术在桥梁设计中的应用

一、BIM 技术在建立拱圈模型中的应用

拱圈作为拱桥的一个主要构件，依据拱轴线线形的不同可以划分为圆弧拱、抛物线拱以及悬链线拱等不同形式。如果桥梁采用的为悬链线拱，结合桥梁的具体施工工艺，为使结构模型能够更好呈现桥梁的特点，设计师在设计主桥拱圈时可采用 BIM 模型分片段创建。采用 Revit 来对拱圈模型进行构建的具体流程为：①利用 Revit 软件中的公制轮廓模型建立截面族；②基于线公制常规模型建立结构轴线；③将截面族插入至基于线的公制常规模型中，并采取"放样"和"放样融合"的方式生成具体的拱圈结构模型。

在 Revit 软件公制轮廓模中绘制中箱标准段截面轮廓，待截面模型建立完成之后，需要在基于线的常规模型中建立拱轴模型。在此过程中，由于采用直接建立模型的方式较复杂，并且也无法保障线形的精准度，因此，可以采用在 CAD 软件中绘制拱轴的模型，并将该模型直接导入 Revit 软件之中的方式完成对拱轴线的精准绘制。通过将截面模型插入至线性模型中，利用"放样"或者"放样融合"生成拱轴的结构模型。而在所生成的模型截面构造形式相同的情况下，可以采用 Revit 所具有的"放样"功能，对于变截面构件，则可以利用"放样融合"在构件截面发生变化的起始与末尾位置处分别放置对应的截面，以便完成对构件的建模工作。

二、BIM 技术在三维实体钢筋设计中的应用

钢筋历来都是桥梁设计中的一个关键问题。在传统的桥梁工程中，对钢筋进行设计所采用的大都是二维的 CAD 软件，该软件虽能够满足桥梁工程施工的具体要求，但却无法构建钢筋的三维立体可视化模型。为此，要能将钢筋实体加载到构建模型中，必须实现对钢筋模型的三维可视化。在该桥梁设计时，通过创新应用的 BIM 技术，就能在 Revit 软件所具有的钢筋设计功能的基础上，构建桥墩模型。在该桥梁箱梁主体结构中，钢筋主要有两个部分：①结合功能要求的不同，在箱梁纵向配置的预应力筋钢束，主要为顶板钢束、底板钢束等；②为强化箱梁的整体结构，并承受横向的弯矩，在桥墩的中横梁以及端横梁之上布置横向的预应力筋钢束。考虑到该桥梁中的纵向预应力筋不仅数量较多，同时钢筋的类型和结构也十分复杂。因此，桥梁设计采用了先在 CAD 软件中构建起钢筋的模型，然后将其导入至 Revit 软件中形成对应的钢筋"族"，之后再将其插入至桥梁模型之中，采用这种方式实现了对复杂化钢筋的三维可视化建模。

三、BIM 技术在桥梁核心模型协同创建中的应用

由于该桥梁的造型结构较为复杂，箱梁截面的高度沿着桥梁的纵向延伸而发生改变，且梁体在横桥向底板为圆弧曲线，因此，在对该桥梁模型进行创建时采用了 SoftImageXSI 软件，将箱梁模块定义为圆弧曲线，构建的模型文件可以直接导入到 Revit 软件之中形成一个整体的"族"。由于桥梁下部结构中的桥墩轮廓为曲面，因此，在 Rviet 的体量环境中可以创建和编辑曲面轮廓。在创建桥墩模型的体量环境的过程中，可以通过三维空间位置定位到生成的桥梁模型中。

桥梁的桩、承台、桥台等构件可以直接在 Rveit 软件里面制作，构建"族"模型。其具体的流程为：①需要在 Rveit 软件中的族样板文件中设置好对应的参照面和参照线，为绘制桥台、桥墩的平面尺寸做好准备；②通过采用拉伸、融合、旋转、空心形状等具体功能来建立起桥台和桥墩的三维实体模型；③在 Rveit 族属性中添加对应的参数和部件材质信息数据。在对朝阳街石门河桥梁进行建模的过程中，不仅应用了 Revit 软件中的"族"功能创建桥墩以及桥台等 BIM 模型，同时还将 BIM 的核心建模软件 Revit 和 XSI 进行有机结合，将两者所具有的优势整合到 Revit 平台上，使 BIM 技术所拥有的多软件协同合作功能在桥梁建模的过程中得到了充分的体现和应用。

第五章 梁桥设计与建设

第一节 梁桥及其构造

一、梁桥概述

梁桥是对结构在垂直荷载作用下，支座只产生垂直反力而无水平推力的梁式体系桥的总称，它以主梁受弯来承担自重和使用荷载。按照静力特性，梁桥分为简支梁桥、连续梁桥、悬臂梁桥、T形刚构桥及连续—刚构桥五种体系。

用混凝土和钢筋结合在一起建成的梁式体系桥统称为钢筋混凝土梁桥，简称混凝土梁桥。钢筋混凝土梁桥和预应力混凝土梁桥按照施工方案的不同，可分为整体式梁桥和节段式梁桥。经装配而成的梁桥又称为装配式梁桥。

钢筋混凝土梁桥就其混凝土集料的特点而言，有这些优点：可就地取材，成本较低；可塑性强；耐久性及耐火性好，建成后维修费用少；结构刚度大，整体性好，变形小；可以采用装配式结构，将桥梁构件标准化，施工干扰小，质量可靠，生产效率高。预应力混凝土是一种预先储备了足够压应力的新型混凝土结构。对混凝土施加预应力的高强度钢筋，既是加力工具，又是抵抗荷载而引起构件内力的受力钢筋。考虑混凝土的收缩和徐变作用会导致预应力损失，所以必须使用高强度、低松弛的材料。只有这样，才能使预应力混凝土获得良好的使用效果。目前，预应力混凝土简支梁的跨径已达 50~70 m，悬臂梁、连续梁的最大跨径已达 260 m。

（一）梁桥的结构体系

在钢筋混凝土梁桥与预应力混凝土梁桥体系中，简支梁、悬臂梁和连续梁是三种古老的梁式结构体系，早为人们所采用。20 世纪 50 年代以后，设计师们以传统的钢桥悬臂拼装方法为基础，对其加以改进，预应力混凝土梁桥中的悬臂体系由此获得了新的发展，形成了 T 形刚构桥。连续梁体系也因采用了悬臂施工方法获得了新的竞争力。随后又将 T 形刚构桥粗厚桥墩减薄，形成柔性桥墩，将墩梁连固，从而形成连续—刚构桥。它是 T 形刚构与连续梁相结合形成的一种新体系。它与一般连续刚架的区别在于柔性桥墩的作用，结构基本上属于无推力体系，而上部梁结构主要具有连续梁的特点。因此，梁桥体系基本上可归纳成五种类型，即简支梁桥、悬臂梁桥、连续梁桥、T 形刚构桥与连续—刚构桥。

1. 简支梁桥

简支梁桥是梁桥中应用最早、使用最广泛的一种桥型。它构造简单，最易设计为各种标准跨径的装配式结构，施工工序少，架设方便；在多孔简支梁桥中，由于各跨构造和尺寸统一，从而可简化施工管理工作，降低施工费用；因相邻桥孔各自单独受力，故桥墩上须设置相邻简支梁的两个支座；简支梁桥的构造因较易处理而常被选用。

简支梁桥是静定结构，结构内力不受地基变形等的影响，因而适合在地基条件较差的桥位上建桥。简支梁桥的设计主要受跨中正弯矩的控制。当跨径增大时，跨中恒荷载和活荷载弯矩将急剧增加。当恒荷载弯矩所占比例相当大时，结构能承受活荷载的能力就减弱。为了提高简支梁桥的跨越能力，可采用预应力混凝土结构。预应力使梁全截面参与工作，减小了结构恒荷载，增强了抵抗活荷载的能力。我国预应力混凝土简支梁的标准跨径一般在 40m 以内。

2. 悬臂梁桥

将简支梁梁体加长并越过支点，就形成了悬臂梁桥。梁仅一端悬出时称为单悬臂梁，两端均悬出时称为双悬臂梁。使用悬臂梁的桥型至少有三孔，或是采用一双悬臂梁结构的跨线桥，或是采用由单悬臂梁、简支挂梁组中孔合成的悬臂梁桥。在较长桥中，可由单悬臂梁、双悬臂梁与简支挂梁联合组成多孔悬臂梁桥，习惯上称悬臂梁主跨为锚跨。"悬臂梁桥因布置伸臂梁，可使梁的最大正负弯矩值明显减小，从而减少材料的用量。"[①]

悬臂梁利用悬出支点以外的伸臂，使支点产生负弯矩，从而对锚跨跨中的正弯矩产生有利的卸载作用。简支梁的各跨跨中恒荷载弯矩最大，但无论是单悬臂梁还是双悬臂梁，锚跨跨中弯矩均因支点负弯矩的卸载作用而显著减小。而悬臂梁跨中因简支挂梁的跨径缩短，其跨中正弯矩同样显著减小。在标志材料用量的弯矩图面积大小（绝对值之和）上，悬臂梁也比简支梁小。悬臂梁桥一般为静定结构，可在地基条件较差的情况下使用。在多孔桥中，墩上均只须设置一个支座，从而减小了桥墩尺寸，也节省了基础工程的材料用量。

无论是钢筋混凝土悬臂梁桥还是预应力混凝土悬臂梁桥，在实际桥梁工程中均较少采

① 刘春雷，戴素娟，刘春晖. 悬臂梁桥中铰最佳位置的确定 [J]. 安徽建筑，2014，21（6）：102-103.

用。悬臂梁虽然在力学性能上优于简支梁，可适用于更大跨径的桥型方案，但因跨径较大时梁体质量过大而不易进行装配化施工，往往要在工费昂贵的支架上现浇。钢筋混凝土悬臂梁桥因支点负弯矩区段的存在，将不可避免地产生裂缝，顶面虽有防护措施，也常因雨水侵蚀而降低使用年限。预应力混凝土悬臂梁桥虽无此患，并可采用节段悬臂方法，但它同连续梁一样，因支点是简单支承，施工时必须采用临时固定措施。与连续梁相比，其跨中还要增加悬臂梁与挂梁间的牛腿、伸缩缝构造，使用时行车不及连续梁平顺。

3. 连续梁桥

使简支梁梁体在支点上连续，从而形成连续梁。连续梁可以做成两跨或三跨一联，也可做成多跨一联。每联跨数太多，联长就要加大，受温度变化及混凝土收缩等的影响而产生的纵向位移也就较大，使伸缩缝及活动支座的构造复杂化；若每联长度太短，则使伸缩缝的数目增多，不利于高速行车。为充分发挥连续梁高速行车平顺的优点，现代的伸缩缝及支座在不断改进，最大伸缩缝长度已达 660 mm，梁体的连续长度已达 1 000 m 以上。连续梁中间墩上也只需设置一个支座，而在相邻两联连续梁的桥墩上仍需设置两个支座。

连续梁在恒荷载作用下，由于支点负弯矩的卸载作用，跨中正弯矩显著减小，其弯矩图形与同跨悬臂梁相差不大。然而，连续梁在活荷载作用下，因主梁连续，产生的支点负弯矩对跨中正弯矩仍有卸载作用，故其弯矩分布要比悬臂梁合理。

钢筋混凝土连续梁桥同悬臂梁桥一样，因存在施工和使用上的前述缺点而应用甚少，但预应力混凝土连续梁桥的应用却非常广泛。尤其是悬臂法、顶推法、逐跨施工法在连续梁桥中的应用，充分发挥了预应力技术的优点，使施工设备机械化、生产工厂化，从而提高了施工质量，降低了施工费用。

连续梁桥的突出优点是：结构刚度大，变形小，动力性能好，主梁变形挠曲线平缓，有利于高速行车。预应力混凝土连续梁桥是超静定结构，因受墩台基础不均匀沉降等的影响，将在结构内产生附加内力（又称为次内力），通常用于桥基较为良好的场合。

4. T 形刚构桥

T 形刚构桥是一种具有悬臂受力特点的梁桥，最早采用钢筋混凝土结构，从墩上伸出较短的悬臂，跨中用简支挂梁组合而成。因墩上在两侧伸出悬臂，因形同英文字母 T 而得名。由于钢筋混凝土梁式结构承受负弯矩，不可避免地会在顶面处出现裂缝，因此钢筋混凝土 T 形刚构桥不可能做到较大的跨径。而预应力混凝土结构采用悬臂施工方法，适宜做成长悬臂结构。20 世纪 50 年代以后，预应力混凝土 T 形刚构桥获得了发展，最大跨径已达 270 m。预应力混凝土 T 形刚构桥分为跨中带剪力铰和跨中设挂梁两种基本类型。

5. 连续—刚构桥

连续—刚构桥是预应力混凝土梁式桥型之一。它综合了连续梁和 T 形刚构桥的受力特点，将主梁做成连续梁体，与薄壁桥墩固结。它同连续梁一样，可以做成一联多孔，在长桥中可以在若干中间孔以剪力铰相连接。在 20 世纪 60 年代，联邦德国的本道夫桥就采用薄壁桥墩来代替 T 形刚构桥的粗大桥墩，中孔仍采用剪力铰，边孔做成连续体系。这种桥型就是连续—刚构桥的雏形，它的主要受力特性接近 T 形刚构桥。典型的连续—刚构体系如同 T 形刚构体系一样，对称布置并采用悬臂施工方法施工。随着墩高的增加，薄臂桥墩对上部梁体的嵌固作用愈来愈弱，逐步蜕化为柔性墩的作用。

连续—刚构体系除具有连续梁的优点外，墩梁固接节省了大型支座的费用，减小了墩及基础的工程量，改善了结构在水平荷载（如地震荷载）作用下的受力性能，即各柔性墩按刚度比分配水平力。柔性墩的设计必须考虑上部梁体变形（如转动与纵向位移）对它的影响。

以上介绍的是梁桥体系中的五种基本体系，在实际桥梁工程中还有新的梁式体系，如 V 形墩连续梁、双薄壁墩连续梁、桁架式悬臂梁、T 型刚构、空间桁式连续梁等。它们的出现和发展与材料工艺水平和性能的提高、预应力工艺的改进、现代化施工技术的发展、设计理论的完善以及先进计算工具的应用是分不开的。

（二）梁桥的截面形式

梁桥根据其截面形式的不同，可以分为三种类型，即板桥、肋梁桥和箱形梁桥。

1. 板桥

板桥的截面特点是建筑高度小，构造简单，施工方便；采用预制装配施工时，预制构件质量小，架设方便。板按截面形式可划分为整体式实心板、装配式实心板、装配式空心板、装配—整体组合式板及异形板。前四种板主要用于小跨径板桥，包括简支板桥、连续板桥和斜板桥等。异形板截面形式主要用于城市高架桥及跨度为 20~30 m、桥面较宽的预应力混凝土连续板桥。

整体式实心板截面形状简单，结构刚度大，整体性好，适用于各种道路线形复杂的桥梁，如斜、弯、坡、S 形和喇叭形桥梁等，通常采用现浇混凝土施工。在车辆荷载作用下，整体式实心板多为双向受力板。实心板截面因材料利用不够合理，一般仅用于跨径不超过 8m 的小跨径板桥。有时为了减轻自重，挖去其部分受拉区的混凝土，做成矮肋式截面。

装配式板截面避免了现场浇筑混凝土造成的弊端，一般由数块一定宽度的实心或空心预制板组成，各板利用板间企口缝填充混凝土相连接。在荷载作用下，每块板相当于单向受力的梁式窄板，除在主跨径方向承受弯曲外，还承受通过板间的结构整体性较差，但施工方便，工期较短。

钢筋混凝土实心预制板一般用于跨径不超过 8 m 的小跨径板桥，钢筋混凝土空心预制板一般用于跨径为 6~13 m 的小跨径板桥，预应力混凝土空心预制板常用于跨径为 8~20 m 的中、小跨径板桥。

装配—整体组合式板是将小型预制构件安装就位作为底模，然后在其上现浇桥面混凝土，使之组合成整体。这种组合式板桥施工简单，适用于缺乏起吊设备的场合或小跨径板桥。

异形板是现代城市高架桥经常采用的一种截面形式。其特点是结构受力合理，建筑高度小，桥下净空大，能够满足城市跨线桥跨度较大的要求，且能与桥梁墩柱很好地匹配，形成美观的造型，但施工较复杂。

2. 肋梁桥

肋梁桥主梁截面的基本形式是 T 形截面，根据其施工方式可分为整体肋梁式截面和装配肋梁式截面。前者一般为现浇混凝土施工，大多采用双 T 形截面布置，以便简化施工，降低工程造价。后者采用工厂或现场预制，然后装配形成整体。

肋梁桥的主要特点是挖去了受拉区的混凝土，减轻了主梁自重，增强了跨越能力。肋梁式截面适合预制安装，主梁质量易于控制，施工速度快，桥梁部分构件损坏后容易修复和更换。其主梁除采用 T 形截面外，也可采用 Ⅱ 形或 Ⅰ 形截面。将其组合成整体时，桥梁横截面仍类似于 T 形截面主梁组合的桥梁横截面。从主梁结构受力角度分析，由于 T 形截面上翼缘面积较大，其截面重心位置偏上，故 T 形截面特别适合承受上翼缘受压、下翼缘受拉的单向弯矩荷载。这与钢筋混凝土简支梁和预应力混凝土简支梁的受力模式相当吻合。T 形截面上翼缘恰好提供了较大的混凝土受压区，而下翼缘只要能满足受拉钢筋或预应力钢筋的布置就可以了。T 形截面的重心至下翼缘的距离较大，对有效利用受拉钢筋和预应力钢筋非常有利。承受同样拉力的钢筋或预应力钢筋力臂越大，所能承受的弯矩越大，T 形截面能为受拉钢筋或预应力钢筋提供的力臂也就越大。因此，肋梁桥大多用于跨径为 13~20 m 的钢筋混凝土简支梁桥或跨径为 20~40 m 的预应力混凝土简支梁桥，以及少数跨径不大，正、负弯矩绝对值相差不大的悬臂梁桥或连续梁桥。

3. 箱形梁桥

箱形截面是大跨径预应力混凝土梁桥及弯桥、斜桥普遍采用的截面形式之一。其特点是全截面参与工作，截面抗弯、抗扭刚度大；材料在截面上分布合理，能有效地抵抗正、负弯矩和较大的扭矩，同时有良好的横向抗弯能力。由于箱形截面横向刚度大，故在车辆荷载作用下各主梁受力均匀，其荷载横向分布系数较小。箱形截面不仅适用于较大跨径的预应力混凝土简支梁桥，还特别适用于大跨径的连续梁桥、悬臂梁桥和 T 形刚构桥等。

箱形截面一般分为单箱单室、单箱双室、单箱多室、双箱单室、双箱双室、多箱单室及长悬臂斜腹箱形截面等，通常根据桥面宽度、桥梁跨度和所采用的施工方式等选用。单箱单室截面受力明确，计算简单，施工方便，材料用量较节省。单箱多室和双箱双室等截面内力分布较均匀，但计算较复杂，施工也较困难。由于其施工模板复杂，实际工程中较多选用单箱单室或双箱单室等截面。中等宽度的桥梁一般选用单箱单室或单箱双室截面，宽桥一般选用单箱多室、双箱单室或直接采用两个分离的单箱单室或单箱双室截面。分离的箱形截面受力明确、施工方便，可分开施工，以降低施工成本。长悬臂斜腹箱形截面是现代城市高架桥经常采用的截面形式之一。其造型美观，箱形底板较窄，能减小桥墩截面尺寸，增加桥下净空，材料用量较节省，但其截面形心偏上，对承受负弯矩稍不利。

箱形截面形式是大跨径桥梁优先选用的截面形式之一。它不仅适用于大跨径梁桥，还适用于其他大跨径桥梁结构，如悬索桥、斜拉桥、箱形拱桥等。目前，跨径超过 50m 的大跨径桥梁绝大多数采用箱形截面。

二、梁桥的一般构造

常用的钢筋混凝土简支梁桥和预应力钢筋混凝土简支梁桥，有现浇整体式板梁桥、装配式钢筋混凝土空心板梁桥、装配式钢筋混凝土 T 形梁桥、装配式预应力混凝土 T 形梁桥、装配式预应力混凝土箱形梁桥和组合梁桥等构造形式。

（一）简支板桥的构造

1. 整体式简支板桥

整体式简支板桥常用在 4~8 m 跨径的不规则桥梁上，其横截面一般设计成等厚度的矩形截面。板的厚跨比一般取 1/22~1/16，有时为了减小自重，也可将受拉区稍加挖空做成矮肋式板桥。

对于城市桥梁，由于桥面较宽，为了防止因温度变化和混凝土收缩而引起纵向裂缝，以及活荷载在板的上缘产生过大的横向负弯矩，常将板沿桥中线断开，做成上下行并列的两座桥。为了缩短桥梁墩台的长度，也可将人行道做成悬臂形式，从板的两侧挑出。整体式简支板桥的跨径通常与板宽相差不大，故在荷载作用下常处于双向受力状态。因此，除了配置纵向受力钢筋以外，还要在板内设置垂直于主钢筋的横向分布钢筋。横向分布钢筋设在主钢筋的内侧，其数量一般不少于主钢筋的15%，直径不应小于8 mm，间距应不大于200 mm。

考虑当车辆在靠近板边行驶时参与受力的板宽要比中间的小，因此，板中间2/3板宽范围内须按计算进行配筋，在两侧各1/6板宽范围内应比中间板宽增加15%进行配筋。板的主钢筋直径不应小于10 mm，间距应不大于200 mm；在一般环境下，钢筋的保护层厚度应不小于30 mm；按计算可以不设弯起的斜钢筋，习惯上仍然将一部分主钢筋按30°或45°的角度在跨径1/6~1/4处弯起。通过支点处时不弯起的主钢筋，每米板宽内不应少于三根，并不应小于主钢筋截面面积的1/4。

2. 装配式简支板桥

我国常用的装配式简支板桥，按其截面形式可分为实心板和空心板两种。

（1）实心板桥。装配式实心板桥一般用在跨径不超过8 m的小桥中。我国交通运输部颁布的装配式钢筋混凝土实心板桥标准图的跨径有3.0 m、4.0 m、5.0 m、6.0 m和8.0 m，板高为0.16~0.36 m。实心板桥形状简单，施工方便，建筑高度小，施工质量易于保证，在实际工程中得到了普遍的应用。但当跨径增大时，其恒荷载内力占总内力的比重增加，实心板截面就显得不很合理，宜采用截面中部部分挖空的空心板截面。

（2）空心板桥。钢筋混凝土空心板桥的跨径一般为6~13 m，板厚为0.4~0.8 m；预应力混凝土空心板桥的跨径可做到8~20 m，板厚为0.4~0.85 m。与实心板相比，空心板的自重轻，材料利用合理，运输安装方便，建筑高度较同跨径的T形梁小，在实际工程中应用很广泛。

开单孔型空心板，挖空率大，自重最小，但顶板跨度大，须配置横向受力钢筋以承担荷载的作用。

开双孔型空心板，施工时可用充气囊或无缝管材做芯模，制作及脱模方便，但挖空率小，自重较大。

当空心板的厚度改变时，只需更换两块侧板以适应其变化。空心板桥的顶板和底板厚度均不应小于80 mm，空心板的空洞端部应予以填封。为了保证抗剪强度，空心板应在截面内按计算需要配置弯起钢筋和箍筋。

（3）装配式板桥的横向连接。为保证板块共同承受车辆荷载，装配式板桥的板块之间必须设置横向连接构造，常用的有企口混凝土铰接和钢板焊接两种横向连接方式。

企口混凝土铰接形式有圆形、菱形和漏斗形等，预制板内应预留钢筋伸入铰内。块件安装就位后，在铰缝内填充细骨料混凝土，铰槽的深度宜为预制板高度的2/3，以保证铰缝有足够的刚度来传递剪力，使各板块共同受力。在铰接板顶面应铺设厚度不小于 80 mm 的现浇混凝土，可以先将预制板中的伸出钢筋与相邻板的同类钢筋互相绑扎，再一起浇筑在铺装层内。

企口缝内的混凝土需要达到设计强度后才能承受荷载，当需要提前通车而加快工程进度时也可采用钢板焊接连接。

3. 装配—整体式组合板桥

装配—整体式组合板桥是为了减小预制构件的安装质量，加强板跨结构的整体工作性能而设计的一种半装配式桥型。它的特点是将板的一部分提前预制，构件轻巧，便于装运；装配部分安装完毕后，又可成为其余部分现浇混凝土的底模。

（二）简支梁桥的构造

1. 装配式简支梁桥

（1）装配式简支梁桥的截面形式。对于一定跨径及宽度的桥梁而言，主梁采用何种截面形式及主梁的间距多大，应从受力的合理性、经济的材料用量，尽可能减少预制工作量，单片主梁的吊装质量等方面加以综合考虑。

装配式简支梁桥主梁的截面形式主要有三种基本类型，即Ⅱ形、T形和箱形。

第一，Ⅱ形截面主梁堆放、运输方便，块件之间用穿过腹板的螺栓连接。这种构件的制造较复杂，梁肋被分成两片薄腹板，通常用钢筋网来配筋，难以做成刚度大的钢筋骨架。跨度较大Ⅱ形梁桥的混凝土和钢筋用量都比T形梁桥大，而且构件也重，故Ⅱ形梁一般只适用于 6~12 m 的小跨径桥梁。

第二，装配式T形梁桥外形简单，制造方便，梁肋内有刚劲的钢筋骨架，主梁之间借助间距为 5~8 m 的横隔梁来连接，整体性好，接头也较方便。但T形截面在运输、安装过程中稳定性差，特别是预应力混凝土T形梁，不能斜置、倒置或在安装过程中倾斜；构件在桥面板的跨中接头对板的受力不利。我国交通运输部编制的标准图中，装配式钢筋混凝土T形梁的跨径为 10~20 m，装配式预应力混凝土T形梁的跨径为 25~40 m。T形梁的梁肋（或称腹板）厚度在保证抗剪条件下要尽可能减小，以减轻构件自重，但从施工角度考虑又不宜小于 150 mm。为了增加截面有效高度，或为了满足预应力的受压需要，应使受拉钢筋或预应力筋尽量在梁肋底部较集中地布置，形成呈马蹄形的梁肋底部。但马蹄形的梁肋底部使模板结构和混凝土的浇筑难度增加。

当横隔梁的高度较大时，为减轻自重，可将其中部挖空，但挖空部分的边缘应做成钝角并配置钢筋，挖空面积也不宜过大，以免内角处裂缝过多而削弱其刚度。对于箱形梁桥，由于其本身抗扭能力强，可以少设或不设跨中横隔梁，但端横隔梁通常是必须设置的。

为了简化预制工作，并避免操作困难的接头集整工作，在跨度内无横隔梁的T形简支板桥的横截面形式，在此情况下，主梁间的横向联系主要靠加强的桥面板来实现。无横隔梁将导致桥跨结构的横向刚度降低，整体性差，须通过增加翼板厚度，加强板的配筋和接缝强度来满足受力与使用要求。

装配组合肋梁式横截面，这种截面形式的预制主梁采用钢筋混凝土或预应力混凝土的I字形构件。I字形截面的主要特点是主梁构件较轻，便于集中制造和运输吊装。施工时可先架设I形梁肋，再通过现浇整体桥面板使结构连接成整体，其结构整体性好，桥面板受力合理；或安装预制板（有时采用微弯板），最后在接缝内现浇混凝土，将结构连成整体。在I形梁上搁置轻巧的预制微弯板或空心板构件，作为现浇桥面混凝土的模板，既简化了现浇混凝土的施工程序，又大大减小了预制构件的吊装质量。

第三，箱形梁一般不适用于普通钢筋混凝土简支梁桥，因为箱梁底部受拉，混凝土不参与工作，箱梁底部多余的混凝土反而增加了自重。然而对于全截面参与受力的预应力混凝土梁来说，情况就完全不同。箱形截面的最大优点是纵、横向的抗弯和抗扭能力强，其抗扭惯性矩为相应T形梁截面的十几倍甚至几十倍。因此，在横向偏心荷载作用下，箱形梁桥的受力要比T形梁桥均匀得多，而且预加应力、运输、安装阶段单梁的稳定性要比T形梁好得多。但箱形梁薄壁构件的预制施工比较复杂，单根箱形梁的安装质量也比T形梁大，这是在确定梁桥截面类型时必须加以考虑的。

（2）块件的划分方式。一座装配式梁桥划分成什么样的预制拼装单元，直接影响着结构的受力，构件的预制、运输和安装及拼装接头的施工等问题，而且这些问题往往又彼此影响、相互矛盾。同时，块件的划分方式与所选用的横截面形式紧密相关。因此，在设计中必须考虑施工过程中的各种具体条件，通过综合比较，选择经济合理、技术先进、施工方便的块件划分方案。

块件划分时应考虑这些问题：①根据预制、运输和吊装等条件，确定拼装单元的尺寸和质量；②接头应尽量设置在内力较小处；③拼装接头的数量要少，接头类型要少，形式要牢固、可靠，施工要方便；④构件要便于预制、运输和安装；⑤构件的形状和尺寸应力求标准化，以增强互换性，构件的种类应尽量减少。

2. 装配式钢筋混凝土简支梁桥

装配式钢筋混凝土简支T形梁桥是使用最为普遍的一种结构形式。

（1）主梁布置。当桥面宽度确定后，如何选定主梁的间距（或片数）是主梁布置中首先要解决的问题。主梁间距的大小不仅与钢筋和混凝土的材料用量及构件的吊装质量有关，还涉及翼板的刚度等问题。一般说来，如果建筑高度不受限制，适当加大主梁间距，则钢筋混凝土用量减少，比较经济。但此时桥面板的跨径增大，可能引起桥面在接缝处产生纵向裂缝。同时，构件质量的增大会使运输和架设工作难度增加。

（2）横隔梁布置。横隔梁使每根主梁相互连接，以形成整体。横隔梁的刚度愈大，桥梁的整体性愈好，在荷载作用下每根主梁愈能更好地共同工作。端横隔梁是必须设置的，它不仅能加强全桥的整体性，使荷载横向分布得比较均匀，还有利于制造、运输和安装阶段时构件的稳定性。中横隔梁每隔 5~8 m 设置一道。

横隔梁的高度一般为主梁高度的 75% 左右，肋宽通常采用 150~180 mm。为便于施工脱模，横隔梁一般做成上宽下窄和内宽外窄的楔形。根据运输和安装时稳定性的要求，宜将端横隔梁做成与主梁同高，但这样不利于支座的检查和更换，工程中应视具体情况而定。

（3）装配式主梁的连接构造。装配式 T 形简支梁桥一般由多根主梁组成，为了将所有主梁连接成整体，通常设有端横隔梁和中横隔梁，以保证结构的整体性。

3. 装配式预应力混凝土简支梁桥

装配式预应力混凝土简支梁桥的横截面类型与钢筋混凝土简支梁桥基本相似，通常也做成 T 形和箱形，T 形截面在预应力混凝土体系中应用得最广。

装配式构件的划分方式也与钢筋混凝土简支梁桥基本相同，最常用的是以纵向竖缝划分的 T 形梁和小箱梁。鉴于预应力钢筋预加力的特点，还常做成纵、横向竖缝划分的串联梁。

下面将从主梁布置、截面尺寸、配筋特点等方面介绍预应力混凝土简支梁桥的构造：

（1）主梁布置。主梁的高度随截面形式、主梁间距、主梁跨径及建筑高度的不同而不同。

（2）截面尺寸。为了便于预应力钢束的布置和满足承受预压力的需要，预应力混凝土简支 T 形梁的梁肋下部通常加宽做成马蹄形。为了配合钢束的起弯及梁端布置钢束锚固端与安放张拉千斤顶的要求，在靠近支点处腹板也要加宽至与马蹄部分同宽，腹板厚度沿纵向是变化的，马蹄部分也逐渐加高。一般在跨径中部肋宽采用 180 mm，且不宜小于肋板高度的 1/15。

（3）配筋特点。装配式预应力混凝土简支梁桥的配筋，除纵向预应力筋外，还有架立钢筋、箍筋、水平分布钢筋、承受局部应力的非预应力钢筋和其他构造钢筋等。

（4）横向连接构造。装配式预应力混凝土梁桥的横向连接构造一般与钢筋混凝土梁桥相同，也可在横隔梁内预留孔道，采用横向预应力筋张拉集整。但其对梁的预制精度要求较高，施工较复杂。

（三）钢筋混凝土连续梁桥的构造

钢筋混凝土连续梁桥的适用情况：一般当跨径小于 16 m 时可采用矩形截面，跨径为 15～30 m 时可采用 T 形或工字形截面，跨径大于 20 m 时可采用现浇箱形截面；或用于中等跨径桥梁，如高速公路的跨线立交桥、互通立交的匝道桥等。

1. 钢筋混凝土连续梁桥的立面构造

（1）截面高度。跨径在 20 m 左右及 20 m 以下的钢筋混凝土连续梁桥可采用等高截面，在 30 m 以上时可采用变高度截面。梁的根部高度约为最大跨径 L 的 1/15；梁的跨中高度可按构造选用，一般为最大跨径 L 的 1/25～1/12。

（2）跨径比例。钢筋混凝土连续梁的边跨一般为中跨的 60%～100%，其中较大值适用于五跨及五跨以上的连续梁桥。当边跨小于中跨的 50% 时，桥台上必须设拉力支座或压重。

2. 钢筋混凝土连续梁桥的横断面构造

钢筋混凝土连续梁桥跨径不大时，可首先考虑采用板式（包括空心板）和 T 形截面。当需要采用箱形截面时，多采用低矮的多室箱形，翼板的悬臂长度一般小于 2m，很少采用宽的单室箱形截面。其次，采用 T 形截面时，可考虑采用宽矮 T 形截面带宽翼板的翼形（或称鱼脊）结构，也可采用宽外翼板的 Π 形或空心结构。最后，沿梁长可以根据内力变化采用不同的截面形式。

（四）预应力钢筋混凝土连续梁桥的构造

预应力钢筋混凝土连续梁桥适用于跨径为 30～200 m 的中、大跨径桥梁，跨径的选取与施工方法密切相关。

1. 预应力钢筋混凝土连续梁桥的立面构造

（1）桥跨布置

第一，等跨布置。对于长桥和选用顶推法及简支转连续施工的预应力混凝土连续梁桥，为了使构造简单、预制定型、施工方便，多采用等跨布置。等跨布置的跨径大小主要取决于经济分孔和施工设备条件。

第二，不等跨布置。大、中跨径预应力混凝土连续梁桥为了减小边跨跨中正弯矩，宜采用不等跨布置。这样有利于对称悬臂施工。但对于多于三跨的预应力混凝土连续梁桥，中间跨一般采用等跨布置。边中跨比的选用与施工方法有关：悬臂施工变高度连续梁桥时，一般边中跨比为 0.5~0.6；满堂支架现浇施工连续梁桥时，一般边中跨比为 0.6~0.8；顶推法施工等高度连续梁桥时，一般边中跨比为 0.7~1。当边跨为中跨跨径的 50% 或更小时，桥台上须设拉力支座或压重。两种跨径的多跨连续梁桥相衔接时，宜设过渡跨。过渡跨的跨径一般为相邻跨径的平均值。

（2）梁高选择。连续梁桥的支点处，设计负弯矩值一般比跨中设计正弯矩值大，采用变高度形式符合连续梁桥的受力分布规律。但在某些条件下，如当桥梁总长度很大，采用顶推法或简支转连续施工时，等跨结构受力性能较差所带来的欠缺完全可以由施工经济效益的提高来得到补偿。

2. 预应力钢筋混凝土连续梁桥的横截面构造

预应力混凝土连续梁桥常用的主梁横截面按制造工艺分为预制式和现浇式两类。预制式按横截面形式分为 T 形梁横截面和箱形梁横截面。现浇式一般采用箱形截面。

（1）T 形梁横截面。T 形梁横截面适用于跨径为 20~50 m 的预应力混凝土连续梁桥，梁高为 1.6~2.5 m。双肋式 T 形梁横截面也可用于跨径为 40~60 m 的连续梁桥。

（2）箱形梁横截面。当连续梁桥跨径超过 40~60 m 时，主梁多采用箱形截面。箱形截面的特点有：①箱形截面为闭口截面，抗扭刚度大；②顶板和底板有较大的面积，可以在跨中或支座部位有效地抵抗正、负弯矩；③适应现代化施工方法的要求；④随着箱、室数量的增多，施工难度加大。

常用的箱形截面形式是单箱单室、单箱双室和分离式双箱单室。

各种形式箱梁的选择视具体情况而定，主要与桥宽直接相关。在大、中跨径连续梁桥中，箱梁形式的选择与跨径的关系不太大；而在中、小跨径连续梁桥中，在桥面较宽的情况下，选择肋板较少的箱可能导致箱高与腹板厚度不协调。

一般情况下，横隔板都与箱形梁整体浇筑在一起，但也有些后期浇筑的横隔板（如顶推法施工的连续梁）。整体浇筑的横隔板基本可分为三种类型，即桁架式、实体式和框架式。由于连续梁的支点传递荷载较大，大多采用实体式的刚性横隔板，并应在中部设置入孔，以便于检修和维护。中间横隔板较少采用，有时将中间横隔板做成加劲型的桁架和框架式，可以作为中间腹板的加劲，并作为体外束预应力筋的锚固，常作为体外束预应力筋的锚固，也可在施工过程中作为临时预应力筋的锚固。

第二节 梁桥的总体设计

一、简支梁桥的总体设计

简支梁桥及先简支后连续梁桥一般在 50 m 跨径以下应用广泛。

简支梁桥及先简支后连续梁桥的上部结构可以直接套用上述标准图。本节主要介绍该类型桥梁的桥跨布置、上部结构标准图的选择及下部一般构造尺寸的确定。

（一）桥孔布置

第一，按照跨越的道路、铁路、河道、管线等规划线位及断面要求，结合现场条件，合理布置桥孔。在满足交通功能的同时，还应满足所跨越构筑物的使用和维护等方面的要求。

第二，立交桥梁布孔长度应结合桥梁所处地区的环境布置。一般在市区要考虑街道两侧的通透；在山区要结合路基填土高度及地形、地质条件来确定桥孔长度；在软土地基上应考虑路基沉降及稳定性等因素，可适当加大桥孔长度。当为路口转向处及斜桥、弯桥时，还应考虑行车视线的要求。

第三，山区桥梁布孔应充分考虑桥宽及坡脚范围内地形变化对布孔及基础的影响。

第四，对于跨越河道或沟渠的桥梁宜布置为奇数孔。河道中桥跨布置及墩柱布设情况应征得河道管理部门的同意。

（二）上部结构标准图主梁

上部结构选择时，应充分考虑施工的方便，优选标准跨径结构，同一标段、同一跨径的桥梁应尽量采用同种结构形式。跨径为 20~40 m 的桥梁宜采用预应力混凝土先简支后连续 T 形梁或箱梁形式。构件质量应考虑当地起吊条件，一般不宜超过 500~600 kN，同时应考虑预制梁的运输问题。当采用架桥机架设时，还应验算架设过程中对桥梁上、下部结构的影响。一般桥下道路有净空要求的高架桥采用预应力混凝土组合箱梁，无净空要求的高架桥采用预应力混凝土 T 形梁。

（三）桥面铺装、护栏、伸缩缝等附属设施

第一，桥面铺装。预制结构桥梁桥面铺装组成一般为 10 cm 沥青混凝土+防水层+10

cmC50 混凝土，防水层防水等级一般为 P6。桥面混凝土铺装层内采用 HRB335（Φ10）钢筋补强，布设在距顶面净保护层 3 cm 处。桥面铺装应有完善的桥面防水、排水系统。

第二，护栏。单孔跨径大于 16 m 的桥梁外侧采用墙式护栏，内侧采用波形梁护栏；单孔跨径小于或等于 16 m 的中、小桥内、外侧均采用波形梁护栏，护栏长度算至侧墙墙尾。墙式护栏每 6 m 设一道暗缝，并在墩台中心位置处断开。

第三，伸缩缝。①空心板桥：跨径小于或等于 16 m 的单孔桥梁一般只设一道伸缩缝，另一端采用桥面连续形式；对于两跨、单孔跨径在 16 m 以下（不包括 16 m）的桥梁，伸缩缝设于桥墩处，两侧桥台处连续；对于三跨及三跨以上多跨桥梁，每联端部设置伸缩缝。薄壁式桥台处设一道伸缩缝。②组合箱梁、T 形梁及连续箱梁：桥跨长度或一联长度小于或等于 160 m 时，采用 160 型伸缩缝。

（四）下部结构的一般规定

第一，桩柱式桥墩。墩柱、系梁、盖梁及挡块采用 C40 混凝土，承台采用 C25 混凝土，桩基采用 C30 水下混凝土，扩大基础采用 C30 混凝土。墩柱采用双柱式还是三柱式根据桥梁的具体宽度而定。

第二，桥墩盖梁。盖梁宽度依上部结构形式、支座间距和尺寸及支座边缘至盖梁边缘的最小距离来确定。另外，考虑抗震措施因素，简支梁梁端至墩台帽边缘应有一定的距离，其最小值 a（cm）$\geqslant 70+0.5L$（L 为梁的计算跨径，以 m 为单位）。盖梁高度一般为盖梁宽度的 80%~120%。

第三，桥墩系梁。设置横系梁的目的主要是为了加强柱（桩）式墩的整体性。柱式墩墩柱系梁高度同柱径，系梁宽度按柱径的 80% 取整数值。为便于统一，桩顶系梁尺寸应等同墩柱系梁。

第四，桥墩基础。桥墩桩基常采用摩擦桩和端承桩两种形式。钻孔桩（挖孔桩）的摩擦桩中距不得小于成孔直径的 2.5 倍，支承或嵌固在基岩中的钻孔桩（挖孔桩）中距不得小于实际桩径的 2 倍。

第五，桥台。桥台及基础形式的确定应综合考虑填土高度、路基形式及地基条件等。具体内容如下：①当采用埋置式桥台且地基条件较好时，填土高度小于 5 m，可采用单排柔性桩墩；填土高度大于或等于 5 m，宜采用肋板式桥台，肋板式桥台的承台顶一般与地面等高即可，桥台较高时可适当上抬。②当无条件放坡，且填土高度大于 5 m 时，可采用边墩盖梁，周边设挡墙板与道路挡墙相接，形式应与道路挡墙一致，否则应采用双排桩基重力式桥台。③基础可为桩基，地基条件允许时也可采用天然地基上的扩大基础。

二、连续梁（刚构）桥的总体设计

简支梁桥及先简支后连续梁桥一般在 50 m 跨径以下应用广泛。其设计已实现了标准化，有交通运输部颁布的通用图作为参考。而悬臂梁桥因行车不适，耐久性差，现较少采用。以下对目前使用较多的连续梁桥、连续刚构桥的总体设计进行介绍：

（一）连续梁桥

连续梁桥在结构自重和汽车荷载等恒荷载、活荷载作用下，主梁受弯，跨中截面承受正弯矩，中间支点截面承受负弯矩。作为超静定结构，温度变化、混凝土收缩徐变、基础变位及预应力等会使桥梁结构产生次内力。

根据连续梁的受力特点，大、中跨径的连续梁桥一般宜采用不等跨布置，但多于三跨连续梁桥的中间跨一般采用等跨布置。当采用三跨或多跨连续梁桥时，为使边跨与中跨的最大正弯矩接近相等，以达到经济的目的，边跨跨径取中跨的 80% 为宜；当综合考虑施工和其他因素时，边跨一般取中跨的 55%~80%。对于预应力混凝土连续梁桥宜取偏小值，以增加边跨刚度，减小活荷载弯矩的变化幅度，减少预应力筋的数量。若采用过小的边跨，会在边跨支座上产生拉力，须在桥台上设置拉力支座或边跨压重。当受到桥址处地形、河床断面形式、通航（车）净空要求及地质条件等因素的限制，并且总长度受到制约时，可采取多孔小边跨与较大的中间跨相配合的方式，跨径从中间向外递减，以使各跨内力峰值相差不大。

桥跨布置还与施工方法密切相关。长桥、选用顶推法施工或者简支连续法施工的桥梁，多采用等跨布置。这样结构简单，可统一模式。等跨布置的跨径大小主要取决于经济分孔和施工设备条件。

连续梁跨数以三跨用得最为广泛。连续梁桥超过五跨时的内力情况虽然与五跨时相差不大，但会增大温度变化的附加影响，造成梁端伸缩量很大，须设置大位移量的伸缩缝。因此，连续梁跨数一般不超过五跨，但也有为减少伸缩缝道数而采用多于五跨的情形。当需要在宽阔的河流或旱谷上修建多孔多联连续梁桥时，通常可按 3~7 孔为一联分联布置。连续梁桥一般可分为等截面连续梁桥和变截面连续梁桥。等截面连续梁桥具有跨越能力较差、构造简单、施工快捷的特点，一般适用于中、小跨径连续梁桥；变截面连续梁桥具有受力合理、采用悬臂施工的特点，一般适用于中、大跨径连续梁桥。

（二）连续刚构桥

连续刚构桥是连续梁桥与 T 形刚构桥的组合体系桥，也称为梁墩固结的连续梁，是目前应用最为广泛的桥型之一。

连续刚构桥在桥墩抗推刚度较小时，工作状态接近连续梁桥。与连续梁桥相比，它在采用悬臂法施工阶段和运营阶段，墩顶与梁一直保持固结状态。根据桥墩的形式，其又分为双肢薄壁墩、单柱式墩和 V 形墩（或 Y 形墩）。连续刚构桥适用于桥墩较柔的中、大跨径桥梁，因此桥墩较矮时不宜采用梁墩固结。连续 V 形刚构桥（采用 V 形墩或 Y 形墩）具有构造复杂、造型美观的特点，适用于对造型要求较高的中等跨径桥梁。

大跨径连续刚构桥结构的受力特点主要为梁体连续，且墩、梁、基础三者固结为一个整体协同受力。由于桥墩参与工作，故连续刚构桥与连续梁桥的工作状态有一定区别。连续刚构梁体内的恒荷载、活荷载产生的轴向拉力随着桥墩的加高而减小，但墩高达到 30 m 以上时减小的速率变得很小。

在桥墩采用双肢薄壁墩的连续刚构桥中，墩顶截面的恒荷载负弯矩要较相同跨径的连续梁桥小；由于梁墩固结共同参与工作，连续刚构桥由活荷载引起的跨中正弯矩较连续梁桥小，因而可以降低跨中区域的梁高，使恒荷载内力进一步降低。因此，连续刚构桥的主跨跨径可以比连续梁桥设计得更大一些。当跨径超过 100 m 时，预应力混凝土连续刚构桥可作为连续梁桥的比选方案。

第三节　梁桥的桥面设计建设

桥面构造通常包括桥面铺装、防水和排水设施、伸缩缝、人行道（或安全带）、缘石、栏杆和灯柱照明设备等。桥面构造多属于天然敞露部分，对自然因素的影响十分敏感，且直接与车辆、行人接触，虽然不是主要承重结构，但它对桥梁功能的正常发挥，对主要构件的保护，对车辆、行人的安全以及桥梁的美观等都十分重要。因此，必须了解桥面构造各部件的工作性能，合理选择，认真设计，精心施工，以降低桥梁在使用阶段桥面构造部分的维修、更换费用。

一、梁桥的桥面铺装设计

桥面铺装可采用沥青表面处置、沥青混凝土和水泥混凝土等类型。公路桥梁桥面铺装的结构形式宜与所在位置的公路路面相协调，桥面铺装应综合考虑桥梁的上部结构、协调设计。沥青表面处置桥面铺装耐久性较差，仅在中级或低级公路桥梁上使用。水泥混凝土和沥青混凝土桥面铺装性能良好，应用较广。

沥青表面处置桥面铺装是用沥青、集料按层铺装或拌和法铺筑而成的厚度不超过 30 mm 的沥青面层，供车轮磨耗之用。

沥青混凝土桥面铺装是按级配原理选配原料，加入适量的沥青均匀拌和，并经摊铺与压实而成的桥面铺装。沥青混凝土桥面铺装宜由黏层、防水层、保护层及沥青面层组成。考虑大桥和特大桥中，由于结构体系的原因，桥面板常受拉、压应力的交替作用，为防止桥面铺装参与受力而导致开裂，高速公路和一级公路上的特大桥、大桥的桥面铺装宜采用沥青混凝土桥面铺装，高速公路和一、二级公路上桥梁的沥青混凝土桥面铺装厚度不宜小于 70 mm，二级以下公路铺装层厚度不宜小于 50 mm。

沥青混凝土桥面铺装维修、养护方便，铺筑后几小时就能通车，但易老化和变形。因此，沥青材料应采用重交通沥青或改性沥青。改性沥青混凝土是近年来国内开展研究和铺筑的高性能沥青混凝土材料，它具有抗滑、密水、抗车辙、减少开裂等优点，值得推广应用。

水泥混凝土桥面铺装是以水泥和水合成的水泥浆为结合料，碎（砾）石为粗集料，砂为细集料，经过拌和、摊铺、振捣和养护所形成的桥面铺装。水泥混凝土的耐磨性能好，适合重载交通，但养护期长，使用阶段修补较麻烦。

桥面铺装层直接承受车辆轮压的作用，既是保护层，又是受力层，要减少和消除桥面铺装层在预定的设计试用期内的早期破坏，满足行车荷载和环境因素作用下的使用功能等，必须强化铺装层结构的抗裂性能和耐疲劳特性。水泥混凝土桥面铺装直接铺设在防水层或桥面板上，层厚不宜小于 8 cm，其混凝土强度等级应尽量与桥面板的混凝土强度等级接近，且不应低于 C40，铺设时应避免二次成形。水泥混凝土铺装层内应配置钢筋网，钢筋直径不应小于 8 mm，间距不宜大于 10 cm。

二、梁桥的桥面防水设计

混凝土结构无论施工质量如何好，均不能完全保证在使用阶段不开裂，雨水渗入混凝土结构的裂缝中会导致钢筋锈蚀，在气温较低时会产生冻胀破坏，降低混凝土结构的耐久性。防止桥面结构受降水侵蚀，应设置完善的桥面防水和排水设施。

桥面的防水层一般设置在行车道铺装层和桥面板之间，防水层不但本身要起到防水的作用，而且要求与水泥混凝土和沥青混凝土都有很好的亲和性，附着力好，使其与铺装层和桥面板牢固黏结，避免形成一个层间抗剪力很低的夹层而导致桥面铺装出现壅包、滑移，甚至松散、破坏。

桥梁上部结构应设置防水层，圬工桥台背及拱桥拱圈与填料间应设防水层，并设盲沟排水。沥青混凝土和水泥混凝土都是不能完全防水的。防水层的设置可避免或减少钢筋的锈蚀，保证桥梁结构的质量。

防水层有三种类型，分述如下：

第一，沥青涂胶下封层，即撒布薄层沥青或改性沥青，其上布一层砂，然后经碾压形成。

第二，高分子聚合物涂胶，如聚氨酯胶泥、环氧树脂、阳离子乳化沥青和氯丁胶乳等。

第三，沥青或改性沥青防水卷材，以及浸渍沥青的无纺土工布等。

对于特殊情况如无专门防水层，应采用防水混凝土铺装或加强排水和养护。

三、梁桥的桥面伸缩缝设计

桥面伸缩装置是为使车辆平稳通过桥面，并满足桥梁上部结构在气温变化，活荷载作用，混凝土收缩、徐变等因素的影响下变形的需要，一般设在两梁端之间以及梁端与桥台背墙之间的各种装置的总称。通常工程技术人员所指的伸缩缝是桥梁接缝处安设的一整套伸缩装置。特别要注意，在伸缩缝附近的栏杆、人行道结构也应断开，以满足梁体的自由变形要求。

桥梁伸缩装置暴露在大气中，直接经受车辆或人群荷载的反复摩擦、冲击作用，稍有缺陷或不足，就会引起跳车等不良现象，严重时还会影响桥梁结构本身和通行者的生命安全，是桥梁中最易损坏而又较难修缮的部位。需要经常维护，清除缝内杂物，并及时更换。为减少、避免桥梁伸缩装置在使用阶段遭到破坏，保证行车的舒适性和安全性，在设计、施工和养护管理方面应满足以下基本要求：

（一）设计施工的基本要求

梁桥桥面伸缩缝的设计与施工是桥梁工程中的关键环节，其基本要求涵盖多个方面，确保桥梁在运行过程中能够适应各种外部变化并保持结构的稳定性和耐久性。以下是梁桥桥面伸缩缝设计施工的基本要求的详细论述：

第一，适应温度变化引起的伸缩。梁桥桥面伸缩缝的设计必须考虑到桥梁由于温度变化引起的伸缩现象。在不同气候条件下，桥梁的温度可能发生显著变化，因此伸缩缝的材料和结构必须能够有效地吸收或释放由温度变化引起的变形，以防止桥梁结构因热胀冷缩而受到损害。

第二，适应挠度变化引起的变位。桥梁在使用过程中由于荷载变化等原因会发生挠度的变化，伸缩缝的设计应该能够适应这种变位。选用具有良好弹性和变形能力的材料，确保伸缩缝在桥梁挠度变化时能够灵活地响应，从而减缓桥梁结构的疲劳和损伤。

第三，选用行驶性能良好的构造。伸缩缝的构造应具有良好的行驶性能，确保车辆在通过伸缩缝时平稳、安全。此外，构造的设计还须考虑到交通荷载对伸缩缝的影响，以确保桥梁在正常使用条件下具备良好的交通运行性能。

第四，具有良好的整体性、高刚度和耐久性。伸缩缝的设计必须确保整个桥梁具有良好的整体性，以防止伸缩缝处发生结构性破坏。此外，伸缩缝的刚度要足够高，以保持桥梁的稳定性，并具备长期耐久性，减少维护和修复的频率。

第五，具有良好的排水性和防水性。为防止水分侵入伸缩缝内部，造成腐蚀和结构损害，伸缩缝的设计应包括良好的排水系统和有效的防水措施。这有助于延长伸缩缝的使用寿命，减少维护成本。

第六，加强设置伸缩装置的桥面板端。伸缩缝的设计要特别加强桥面板端的伸缩装置，确保在伸缩过程中能够保持连接的稳定性，防止桥梁结构出现裂缝或变形。

第七，选用简单，施工、维修容易的构造。伸缩缝的构造应该尽量简化，以便在施工和维修过程中更加容易操作。简单的构造不仅能够降低施工成本，还有助于提高维护效率，减少桥梁停用时间。

通过综合考虑以上要求，可以确保梁桥桥面伸缩缝的设计施工达到最佳的工程效果，提高桥梁的使用寿命和整体性能。

（二）维护管理的基本要求

第一，建立桥梁档案。"桥面伸缩缝由于设置在梁端构造薄弱部位，直接承受车辆反复荷载的作用，又大多暴露于大自然中，受到各种自然因素的影响，经常发生各种不同程度的缺陷。"[①]

第二，常规检查及处理：伸缩缝装置前后桥面出现凸凹不平大于 5 mm 时，最好及时进行修补；在伸缩装置的前后，看到裂缝或发出响声时，可从桥面板下面的状况、伸缩装置的状态和声音、振动等方面进行观察调查，以确定破损的具体部位和严重程度，提出修补方案，及时进行修补；伸缩装置上表面间，如填塞泥沙或杂物，应立即清除干净；对表面裂缝，清除泥沙或杂物后，再灌注填充材料，特别在冬季应及时处理；对钢制梳齿板和钢平板叠合式伸缩装置，通常容易被砂土堆积、堵塞，妨碍自由伸缩，应经常巡视，及时

---

① 郭剑，金青．论桥面伸缩缝的养护维修问题［J］．商品与质量，2018（29）：91，108．

清扫;雨季前,要全面检查,及时清除排水装置中的砂、土和杂物,对已锈蚀部分做防护处理,以确保排水通畅;伸缩装置的隅角处的裂缝、坑槽和破坏处,要尽快清除,并填筑修补。

第六章　拱桥设计与建设

第一节　拱桥及其适用范围

一、拱桥特点及其适用范围

"拱桥桥型具有结构简单、承载能力好、后期维护费用少、使用寿命长、造价低廉等特点，被广泛运用于现代铁路、公路、水利等行业建设中。"[①] 拱桥是我国公路上使用广泛且历史悠久的一种桥梁结构形式，它的外形宏伟壮观且经久耐用。拱桥与梁桥不但外形上不同，而且在受力性能上有着较大的区别。由力学知识可知，在竖向荷载作用下，梁在支承处将仅受到竖向反力作用，而拱桥在竖向荷载作用下，两端支承处除有竖向反力外，还产生水平推力。正是这个水平推力的作用，使拱承受的弯矩将比相同跨径的梁小很多，使之成为偏心受压构件，截面上的应力分布与受弯梁的应力相比较为均匀，因而可以充分利用主拱截面的材料强度，使跨越能力增大。

第一，拱桥的优点主要包括：①能充分做到就地取材，与钢筋混凝土梁桥相比，可节省大量的钢材和水泥；②跨越能力较大；③构造较简单，尤其是圬工拱桥，技术容易被掌握，有利于广泛采用；④耐久性能好，维修、养护费用少；⑤外形美观。

第二，拱桥的缺点主要包括：①自重较大，相应的水平推力也较大，增加了下部结构的工程量，当采用无铰拱时，基础发生变位或沉降所产生的附加力是很大的，因此，对地基条件要求高；②多孔连孔的中间墩，其左右的水平推力是相互平衡的，一旦一孔出现问题，其他孔也会因水平力不平衡而相继毁坏；③与梁桥相比，上承式拱桥的建筑高度较高，当用于城市立交及平原区的桥梁时，因拱面标高提高，而使桥两头接线的工程量增大，或使桥面纵坡增大，既增加了造价又对行车不利；④混凝土拱桥施工需要劳动力较多，建桥时间较长；等等。

---

①　刘静.上承式拱桥拱圈混凝土施工技术研究［J］.价值工程，2022，41（6）：65.

混凝土拱桥虽然存在这些缺点，但由于它的优点突出，在我国公路桥梁中得到了广泛的应用，而且，这些缺点也正在得到改善和克服。如在地质条件不好的地区修拱桥时，可从结构体系、构造形式上采取措施，以及利用轻质材料来减轻结构自重，或采取措施提高地基承载能力。为了节约劳动力，加快施工进度，可采用预制装配及无支架施工。这些都有效地扩大了拱桥的适用范围，提高了跨越能力。

二、拱桥的组成和类型

（一）拱桥的主要组成

拱桥和其他桥梁一样，也是由上部结构和下部结构组成的。拱桥的桥跨结构的主要承重构件是曲线形的拱圈，也称为主拱圈或主拱。拱圈在横桥向有整体式和分离式两种构造方式：整体式拱圈的顶曲面称为拱背，底曲面为拱腹；分离式拱圈通常由两条以上的拱肋组成。根据桥面系或桥面结构在拱桥上部结构中的位置，拱桥可以分为以下形式：

1. 上承式拱桥

上承式拱桥的上部结构由主拱圈和拱上建筑组成。主拱圈是拱桥的主要承重结构。由于拱圈是曲线形，一般情况下车辆无法直接在弧面上行驶，所以在桥面系与拱圈之间需要有传递压力的构件和填充物，以使车辆能在平顺的桥道上行驶。桥面系和这些传力构件或填充物统称为拱上结构或拱上建筑。拱上建筑完全填实充满的上承式拱桥，称为实腹式拱桥。

2. 中承式拱桥

中承式拱桥的拱圈由分离的拱肋所组成，由横梁及支承于其上的桥面板等构成的桥面结构位于拱肋立面的中部，并利用设在横梁处的吊杆将荷载传递到拱肋，桥面结构位于拱肋以上的部分则由立柱支撑在拱肋及墩、台上。

3. 下承式拱桥

下承式拱桥的拱圈也由分离的拱肋所组成，桥面结构与中承式拱桥相似，但其位于拱肋立面的底部且均由吊杆悬吊在拱肋上。

拱圈的最高处称为拱顶，拱圈与墩台连接处称为拱脚（或起拱面）。拱圈各横向截面（或换算截面）的形心连线称为拱轴线。拱圈的上曲面称为拱背，下曲面称为拱腹。起拱面和拱腹相交的直线称为起拱线。拱顶截面形心至相邻两拱脚截面形心的连线的垂直距离称为计算矢高。拱顶截面下缘至起拱线连线的垂直距离称为净矢高。相邻两拱脚截面形心点之间的水平距离称为计算跨径。每孔拱跨两个起拱线之间的水平距离称为净跨径。

拱桥的下部结构由桥墩、桥台及基础等组成，用以支承桥跨结构，将桥跨结构的荷载传至地基。桥台还起着与两岸路堤相连的作用，使路桥形成一个协调的整体。

（二）拱桥的主要类型

1. 按结构体系分类

（1）简单体系拱桥。在简单体系拱桥中，桥面系结构（拱上结构或拱下悬吊结构）与拱圈之间无刚性连接或连接较弱，不参与主拱肋（圈）一起受力或与拱圈的共同作用可以近似不计，主拱肋（圈）以裸拱的形式作为主要承重结构。

（2）桁架拱桥。桁架拱桥的主要承重结构是桁架拱片。桁架拱桥由拱和桁架两种结构体系组合而成，因此具有桁架和拱的受力特点。即由于受推力的作用，跨间的弯矩得以大大减小；由于把一般拱桥的传力构件（拱上建筑）与承重结构（拱肋）联合成整体桁架，结构整体受力，能充分发挥各部分构件的作用，结构刚度大，自重小，用钢量省。桁架拱的拱脚一般采用铰接方式，以减少次内力影响。

（3）刚架拱桥。刚架拱桥是在桁架拱桥、斜腿刚架桥等基础上发展起来的另一种桥型，属于有推力的高次超静定结构。它具有构件少、质量小、整体性好、刚度大、施工简便、造价低和造型美观等优点。

（4）梁拱组合体系桥。梁拱组合体系桥是将梁和拱两种基本结构组合起来共同承受荷载，充分发挥梁受弯、拱受压的结构特性。

2. 按主拱截面形式分类

拱圈沿拱轴线可以构成等截面或变截面的形式。沿桥跨方向，等截面拱圈的横截面是相同的，变截面拱圈的横截面是逐渐变化的。无铰拱通常采用从拱顶向拱脚逐渐增大的截面形式；在三铰拱或两铰拱中，由于最大内力的截面位置分别约在1/4跨径或跨中处。由于等截面拱的构造简单、施工方便，因此它是目前采用最为普遍的形式。拱圈的横截面形式是多种多样的，最常用的形式如下：

（1）板拱桥。主拱圈采用矩形实体截面的拱桥称为板拱桥，其宽度和与之相配的道路宽度相当。它的构造简单，施工方便。但在相同的截面条件下，实体矩形截面比其他形式的抵抗矩小。如果为了获得与其他形式截面相同的截面抵抗矩，必须增大截面尺寸，这就相应地增加了材料用量和结构自重，这是不经济的。通常只在地基条件较好的中、小跨径圬工拱桥中采用板拱形式。为提高拱圈的抗弯刚度，可以在较薄的拱板上增加几条纵向肋，这就构成板拱的另一种形式，即板肋拱。

（2）肋拱桥。肋拱桥通常由两个（布置在桥面两侧）或三个（桥面两侧和中间分隔带各一个）相对较窄而高的截面组成，肋与肋之间由横系梁相连。其优点是用料不多，而抗弯刚度大大增加，从而减轻了拱桥的自重，因此多用于大、中跨径的拱桥。

（3）双曲拱桥。主拱圈的横截面是由数个横向小拱组成，使主拱圈在纵向及横向均是曲线形，故称之为双曲拱。这种截面抵抗矩较相同材料用量的板拱大，它的预制部件分得细，吊装质量轻，在公路桥梁上曾获得广泛应用。但其截面组成划分过细，整体性能较差，建成后出现裂缝较多。

（4）箱形拱。箱形截面拱圈的拱桥，外形与板拱相似，由于截面挖空，箱形拱的抵抗矩较相同材料用量的板拱大很多，故节省材料较多，对于大跨径拱则效果更为显著。又由于它是闭口箱形截面，截面抗扭刚度大，横向整体性和结构稳定性均较双曲拱好，故特别适用于无支架施工，因此，它是国内外大跨径钢筋混凝土拱桥主拱圈截面的基本形式。

第二节　拱桥的设计与构造

一、拱桥的总体布置

（一）明确桥梁长度及分孔

当通过水文水力计算和技术经济等方面的比较，确定了两岸桥台台口之间的总长度之后，在纵、平、横三个方向综合考虑桥梁与两头路线的衔接，可以确定桥台的位置和长度，桥梁的全长便被确定下来。在桥梁全长确定后，再根据桥址所处的地形、地质等情况，并结合选用的结构体系、结构形式、施工条件等，可以进一步确定选择单孔还是多孔。

采用多孔拱桥的形式时，分孔是总体布置中一个比较重要的问题。如果跨越通航河流，在确定孔数与跨径时，一般分为通航孔和不通航孔两部分。分孔时，除应保证净孔径之和满足设计洪水安全通过的需要外，还应确定是一孔还是两孔作为通航孔。通航孔跨径和通航标高的大小应满足航道等级规定的要求，并与航道部门协商。通航孔的位置多半布置在常水位时的河床最深处或航行最方便的地方。对于航道可能变迁的河流，必须设置几个通航的桥跨，一旦主流位置变迁，也能满足通航的要求。对于不通航孔或非通航河段，桥孔划分可按经济原则考虑，尽量使上下部结构的总造价最低。

在分孔中，为了避开深水区或不良的地质地段（如软土层、溶洞、岩石破碎带等）而可能将跨径加大。在水下基础结构复杂、施工困难的地方，为减少基础工程，也可考虑采用较大跨径。对跨越高山峡谷、水流湍急的河道或宽阔水库的拱桥，建造多孔小跨不如建造大跨来得经济合理。在条件允许时，通过技术经济比较，甚至可采用单孔大跨拱桥。

分孔中，还应考虑施工的方便性和可能性。通常，全桥宜采用等跨的或分组等跨的分孔方案，并尽量采用标准跨径，既便于施工和修复，又能改善下部结构的受力和节省材料。分孔时还须注意整座桥的造型和美观，有时，这可能作为一个主要因素加以考虑。

（二）明确桥梁的设计标高和矢跨比

1. 桥梁设计标高和矢跨比的确定

拱桥的标高主要有四个，即桥面标高、拱顶底面标高、起拱线标高、基础底面标高。这几项标高的合理确定对拱桥设计有直接的影响。

拱桥桥面标高是指桥面与缘石相接处的高程，一方面由两岸线路的纵断面设计来控制，另一方面还要保证桥下净空能满足泄洪及通航的要求。设计时应按规定，综合考虑有关因素，并与有关部门（如航运、防洪、水利等）商定。当桥面标高确定之后，由桥面标高减去拱顶处的建筑高度即可得到拱顶底面的标高。拱顶处的建筑高度包括拱顶填料厚度（30~50cm）及拱圈厚度。

拟定起拱线标高时，为了减小墩台基础底面的弯矩，节省墩台的圬工数量，一般宜选择低拱脚设计方案。但在具体设计时，拱脚的位置往往又受到通航净空、排洪、流水等条件的限制。对于有铰拱桥，拱脚需高出设计洪水位以上0.25 m，有铰拱的拱脚允许被洪水淹没，但不宜超过拱圈高度的2/3，且拱顶底面至计算水位的净高不得小于1.0 m。为了防止冰害，不管是有铰拱还是无铰拱，拱脚均应高出最高流水冰面至少0.25 m。

至于基础底面的标高，主要根据冲刷深度、地质情况及地基承载能力等因素确定。当拱顶、拱脚的标高确定后，根据分孔时拟定的跨径，即可确定拱的矢跨比。拱桥主拱圈的矢跨比是拱桥设计的主要参数之一。它不仅影响拱圈内力、拱桥施工方法的选择，还与拱桥的外形能否与周围景物相协调有很大关系。

当矢跨比减小时，拱的推力增大，反之则推力减小。推力大，相应地在主拱圈内产生的轴向力也大，这对主拱圈自身的受力状况是有利的，但对墩台基础不利。同时，当拱圈受力后因其弹性压缩，或因温度变化、混凝土收缩、墩台位移等原因，都会在无铰拱的拱圈内产生附加内力，而拱愈平坦（矢跨比愈小），附加内力愈大，对主拱圈就愈不利。对于多孔拱桥，矢跨比小的连拱作用较矢跨比大的连拱作用显著，对主拱圈也不利。当拱的矢跨比过大时，拱脚区段过陡，给拱圈的砌筑或混凝土的浇筑都带来困难。因此，在设计时，矢跨比的大小应经过综合比较，然后进行合理选择。

2. 不等跨连续拱桥的处理方法

多孔连续拱桥最好选用等跨分孔的方案。仅在受到地形、地质、通航等条件的限制，或引桥很大，考虑与桥面纵坡协调一致时，或对桥梁的美观有特殊要求时，可以考虑采用不等跨的分孔。

由于不等跨拱桥相邻孔的恒荷载推力不相等，使桥墩和基础承受由两侧拱圈传来的恒荷载不平衡推力。这种不平衡推力不仅使桥墩和基础的受力极为不利，还在采用柔性墩的多孔连续拱桥中产生连拱作用，使计算和构造复杂。为了减小这个不平衡推力，改善桥墩、基础的受力状况，可采用以下措施：

（1）采用不同的矢跨比。在跨径一定时，推力的大小与矢跨比成反比。在相邻两孔中，大跨径孔采用较陡的拱（矢跨比较大），小跨径孔采用较坦的拱（矢跨比较小），使相邻孔在恒荷载作用下的不平衡推力尽量减小。

（2）采用不同拱脚标高。由于采用了不同的矢跨比，两相邻孔的拱脚标高不在同一水平线上。因大跨径孔的矢跨比较大，拱脚降低，减小了拱脚水平推力对基底的力臂，这样可以使大跨与小跨的恒荷载水平推力对基底所产生的弯矩得到平衡。但因拱脚不在同一水平，使桥梁外形欠美观，构造也稍复杂。

（3）调整拱上建筑的恒荷载重量。在相邻两孔中，大跨径采用轻质的拱上填料或空腹式拱上建筑，小跨径采用重质拱上填料或实腹式拱上建筑，以改变恒荷载重量来调整拱桥的恒荷载水平推力。

（4）采用不同类型的拱跨结构。小跨径孔采用板拱结构，大跨径则采用分离式肋拱结构，以减轻大跨径孔的恒荷载重量来减小恒荷载的水平推力。有时，为了进一步减小大跨径孔的恒荷载推力，可加大大跨径拱肋的矢高，而做成中承式肋拱桥。

二、主拱的构造

（一）肋拱

用两条或多条分离式的平行拱肋来代替拱圈，即为肋拱桥。由于肋拱更多地减轻了拱体重量，拱肋恒荷载内力减小，相应活荷载内力的比重增大，钢筋可以较好地承受拉应力能充分发挥建筑材料的作用。肋拱常常用于一些矢跨比很大的高桥中，其跨越能力较大。

拱肋是肋拱桥的主要承重结构，通常由混凝土或钢筋混凝土做成。拱肋的数目和间距以及拱肋的截面形式等，均应根据使用要求（跨径、桥宽等）、所用材料和经济性等条件综合比较选定。为了简化构造，宜选用较少的拱肋数量。同时，与其他形式拱桥一样，为了保证肋拱桥的横向整体稳定性，肋拱桥两侧的拱肋最外缘间的距离，一般也不应小于跨径的 1/20。

拱肋的截面，根据跨度的大小和载重的等级，可选用矩形、工字形或箱形等，矩形截面施工简单，常用于中、小跨度的肋拱桥中，其肋高为跨径的 1/60～1/40，肋宽为肋高的 1/2～2。在较大跨径中，拱肋常做成工字形或箱形截面，由于截面核心距比矩形的大，可以降低截面拉应力的数值，从而适应拱内弯矩更大的场合，但其构造复杂，施工比较麻烦；而在材料的使用上，它比矩形截面经济、合理，可减小更多的圬工体积。工字形和箱形截面的肋高为跨径的 1/35～1/25，肋宽为肋高的 2/5～1/2。工字形截面腹板厚度常采用 0.3～0.5 m。箱形截面的腹板或翼板厚度，一般不小于 0.25～0.3 m，以便布置钢筋和浇筑混凝土。对于箱肋，还必须在立杆支承处按一定的间距设置内隔板，以保证拱肋截面局部稳定的需要。隔板厚度为 0.2～0.3 m。在立柱支承处隔板的厚度还应满足立柱与箱肋固结的需要。

在分离的拱肋间需设置横系梁，以增强肋拱桥的横向稳定性。横系梁的截面一般采用矩形或工字形。横系梁高度可取拱肋高度的 0.8～1.0，宽度可取拱肋高度的 0.6～0.8。

拱肋的钢筋配置按计算确定。无铰拱肋的受力钢筋应与墩台牢固地固结，其锚入深度为：拱肋为矩形截面时，应不小于拱脚截面高度的 1.5 倍；拱肋为工字形或箱形截面时，不小于截面高度的 1/2。横系梁四角应设置直径不小于 16 mm 的纵向钢筋，并设直径不小于 8 mm 的箍筋。其间距不应大于横系梁短边尺寸或 40 cm。

除钢筋混凝土结构外，也可因地制宜，就地取材，采用石料砌筑拱肋。常用石肋拱截面形式有两种：①板肋拱，是在石板拱的基础上稍做改进而成的，不但能增大截面抵抗矩，减轻自重，节省圬工量，而且保持了石板拱施工简便的优点，适用于中、小跨径石拱桥；②分离式肋拱，如我国已建成的一座净跨 78 m 的石肋拱桥，拱肋就是由两条分离的等截面石砌拱肋所构成的。拱肋为厚 1.5 m、宽 2.0 m 的矩形截面，两肋中距为 5 m。其采用 M15 砂浆来砌筑 MU60 粗料石。两肋间设置了 13 根钢筋混凝土横系梁，用 20 号（强度等级接近 C20）钢筋混凝土桥面板跨盖分离式拱上建筑。这座桥与相同跨径的空腹式石板拱桥相比，可减轻重量 1/2，节省料石 50%，节省拱架 60% 以上。

（二）板拱

板拱桥多为石砌拱桥，其主拱圈通常都是做成实体的矩形截面，所以又称为石板拱。

用来砌筑拱圈的石料，要求是未经风化的，其强度等级不得小于 MU30。砌筑用的砂浆强度等级，对于大、中跨径拱桥不得小于 M7.5，小跨径拱桥不得小于 M5。为了节省水泥，在有条件的地方，可以用小石子混凝土代替砂浆砌筑片石或块石拱圈。小石子粒径一般不宜大于 2 cm。采用小石子混凝土砌筑片石板拱，其砌体强度比用相同强度等级的水泥砂浆的砌体强度高，而且一般可以节省水泥用量 1/4~1/3。

拱石的规格为：对于粗料石拱石，其厚度（拱轴方向）不小于 20 cm，高度应为厚度的 1.5~2.0 倍，长度为厚度的 1.5~4.0 倍。当拱石上下砌缝宽度相差超过 30%时，拱石宜制成楔形，否则可制成矩形。对于块石拱，拱石可制成大致方正的形状，厚度不小于 20 cm，宽度为厚度的 1.0~1.5 倍，长度为厚度的 1.5~3.0 倍。拱石上下的弧线差可用灰缝宽度调整。对于片石拱，其拱石的厚度不小于 15 cm，将尖锐突出部分敲掉即可。各类拱石，石料层面应与拱轴线垂直。由于料石加工要求较高，因此对于中、小跨径的公路石拱桥，如果条件允许，应尽量采用片石拱，以节省劳动力，降低工程造价。

根据设计的要求，石拱圈可以采用等截面圆弧拱、等截面或变截面的悬链线拱。用粗料石砌筑拱圈时，为便于拱石的加工，根据拱轴线和截面形式的不同，须将拱石分别进行编号。等截面圆弧线拱圈，因截面相等，又是单心圆弧线，拱石规格较少，编号比较简单。当采用变截面悬链线拱圈时，由于截面发生变化，拱石类型较多，编号较复杂，给施工带来很大的麻烦。

等截面悬链拱圈，内外弧线与拱轴线平行，拱石编号大为简化；同时，还可以采用多心圆弧线代替悬链线放样。因此，目前修建等截面石拱桥较为普遍。

（三）箱形拱

大跨径拱桥的主拱圈，可以采用箱形截面。为了采用预制装配的施工方法，在横向将拱圈截面划分成一些箱肋，在纵向箱肋分段，待箱肋拼装成拱后，再用现浇混凝土把各箱肋连成整体，形成箱形截面的主拱圈。

1. 箱形桥的主要特点

（1）截面挖空率大，可达全截面的 50%~70%，因此，与板拱相比，可节省大量圬工体积，减轻重量。而双曲桥的挖空率一般只占全截面的 30%~40%。

（2）箱形截面的中性轴大致居中，对于抵抗负弯矩具有几乎相等的能力，能较好地适应主拱各截面正负弯矩变化的情况。

（3）由于是闭合空心截面，抗弯抗扭刚度大，拱圈的整体性好，应力分布比较均匀。

（4）主拱圈横截面由几个闭合箱组成，可以单箱成拱，单箱的刚度较大，构件间接触面积大，便于无支架吊装。

（5）预制箱肋的宽度较大，施工操作安全，易保证施工质量。

（6）预制构件的精度要求较高，起吊设备较多，适用于大跨径拱桥的修建。

因此，箱形截面是大跨径拱桥中一种比较经济、合理的截面形式，国外修建的大跨径钢筋混凝土拱桥，绝大多数采用箱形截面。

2. 箱形拱的组合形式

箱形拱截面由底板、箱壁、顶板、横隔板等组成。无支架施工时，为了减轻吊装重量，将主拱圈分为预制箱肋和现浇混凝土两部分施工。其组合形式如下：

（1）U形肋多室箱组合截面。将底板和箱壁预制成U形拱肋（内有横隔板），纵向分段吊装合龙后安装预制盖板，再现浇顶板及箱壁接缝混凝土，组成多室箱截面。盖板可做成平板，也可以做成微弯板。U形肋预制时不需顶模，仅在拱胎上立侧模预制，虽是开口箱，但吊装时仍有足够的纵横稳定性。不足之处是现浇混凝土量大，盖板在参与拱圈受力时作用不大，且又增加了主拱圈的重量。

（2）工字形肋多室箱组合截面。由工字形拱肋组合的箱形拱，按其翼缘板的长度分为两种：①短翼缘工字形肋，拱肋合龙后在其肋上安装预制的底板，再现浇底板和盖板的加厚层混凝土，形成闭合箱；②宽翼缘工字形肋，翼缘板对接后，即组合成箱形截面，省去了现浇混凝土部分，减少了施工工序。

（3）闭合箱组合截面。此种箱肋的特点是在预制过程中，箱壁采用了分段预制再组合拼装成箱的工艺。首先将预制好的箱壁及横隔板按拱箱尺寸拼装起来；其次浇筑底板混凝土及接头混凝土，组合成开口的U形箱；最后在U形箱内立支架及上模板，浇筑顶板混凝土形成闭合箱肋。为了加强块件之间的连接，在箱壁和横隔板四周预留环状剪力钢筋及连接钢筋。闭合箱肋吊装拱后，在箱壁间浇筑填缝混凝土形成多室箱形截面（有的还在箱顶上现浇一层混凝土以加厚顶板）。闭合箱肋的优点是箱壁分块预制，可改为卧浇，采用干硬性混凝土、振动台、翻转脱模等工艺，节省大量模板，提高工效，厚度虽用得很薄（3~4cm），仍可保证质量（U形肋的箱壁是立浇的，在脱模之后常出现蜂窝现象）。闭合箱在吊装时，其抗弯抗扭的刚度均较开口箱大。

（4）单室箱形截面。主拱圈由一个单室箱构成，它采用桁架悬臂法施工时，将箱壁、底板、顶板分开预制，将整跨的箱壁、拱上立柱作为下弦杆和竖杆，再配上临时的上弦杆和斜杆组成桁架式的拱片，然后用横系梁和临时对角斜撑将两拱片组成一个整体框构，用人字扒杆向外分段悬拼，直到箱壁合龙成拱，再安装顶、底板及横隔板，接头处用现浇混凝土连接为整体，组成主拱单室箱形截面。顶板可用微弯板或平板，微弯板的矢跨比为

1/18~1/14。由于拱顶区段的顶板直接承受车辆荷载，其厚度要大一些，若采用平板，还可在板内设横向预应力钢筋，做成预应力混凝土板。

3. 拱肋的分段与接头形式

无支架吊装拱肋（箱），其纵向分段视跨径大小及吊装能力来确定。分段多，不但施工工序多，接头工作量大，而且也增加了拱肋（箱）稳定性控制和拱轴线调整的困难。在吊装能力许可时，分段宜少，一般为 3~5 段，对 100 m 以上的拱桥，可分为 7~9 段，但接头必须可靠，并采取加强预防侧向浪风等措施，以保证拱肋的施工稳定和拱轴线的控制。

拱肋的接头应满足的要求包括：①易于操作，便于就位；②有足够的刚度，保证接头点的固结；③受力均匀，避免局部受压或偏心。

拱肋接头的形式如下：

（1）拱座接头。一般在墩台帽上预留凹槽，槽深 30~40 cm，并将拱箱端部接头处的箱壁或顶底板局部加厚至 20~30 cm，以适应局部应力的需要。凹槽内预埋钢板，待拱箱定位合龙后与拱箱壁、板内的预埋钢板焊接，然后用混凝土封填凹槽。

（2）中间接头。接头处的箱壁、板应同样加厚并预埋角钢，拼装时角钢平抵平接。角钢上钻有螺栓孔，可以定位及用螺栓临时连接，定位合龙后，再在接头角钢上加盖钢板焊接，最后用混凝土封填。

4. 箱形拱的横向连接

为了加强箱壁的局部稳定性，提高拱箱抗扭能力，拱箱内每隔一定距离设一道横隔板。除在箱肋接头处、吊扣点及拱上立柱处必须设置外，其余部分每 3~5 m 设一道横隔板，其厚度为 6~8 cm。为了减轻重量并便于施工人员通行，横隔板中间应挖空或做成桁架式横隔板。

对于多室箱组合截面，为了加强拱箱的整体性，箱与箱之间要做横向连接。横向连接的做法主要有以下种类：

（1）在横隔板两侧的箱壁上、下预留孔洞，用短钢筋穿过，与横隔板上预埋钢板焊接，并用现浇混凝土将箱室连成整体。

（2）在横隔板位置的顶板上预埋钢板，用短钢筋搭焊连接，并在底板上预留横向分布钢筋，待拱箱合龙后，将分布钢筋弯起并交叉钩住，再现浇填缝混凝土。

（3）将拱箱之间的混凝土与顶板现浇混凝土一起浇筑，拱箱上的竖向筋外伸，埋入顶板的现浇混凝土中，并沿全拱宽设置通长钢筋网，浇筑在顶板上的现浇混凝土中。

三、拱上建筑和其他细部构造

（一）拱上建筑的构造

按照拱上建筑采用的不同构造方式，拱桥可分为实腹式和空腹式两种。由于实腹式拱上建筑的构造简单、施工方便，而填料的数量较多，恒荷载较重，一般情况下，小跨径拱桥多采用实腹式；大、中跨径拱桥多采用空腹式，以利于减小恒荷载，并使桥梁显得轻巧美观。

1. 空腹式拱上建筑

（1）空腹式拱上建筑的布置。大、中跨径的拱桥，特别是当矢高较大时，实腹式拱上建筑的填料用量多、重量大，因而以采用空腹式拱上建筑为宜。空腹式拱上建筑除具有与实腹式拱上建筑相同的构造外，还有腹孔和支承腹孔的腹孔墩。拱上腹孔的布置应结合主拱的类型、构造、几何尺寸以及施工方法和桥位处的具体情况来进行。其中，应注意以下方面：

第一，腹孔可以布置成梁式或拱式。前者重量轻，但用钢量大，后者重量较重。一般钢筋混凝土拱多用梁式，圬工拱桥多用拱式。近年来已逐步向梁、板框架式拱上建筑发展。

第二，腹孔可以对称地布置在主拱圈（肋）上建筑高度所容许的范围内。一般每半跨的腹孔总长宜超过主拱跨径的 1/4～1/3。一般情况下，主拱跨径小，腹孔数目宜少；反之，腹孔数目可多。每半跨一般以 3～6 孔为宜。有时，孔数过少会影响桥梁立面的美观。

第三，腹孔的跨径不宜过大或过小。腹孔跨径过大，腹孔墩处的集中荷载增大，对主拱的受力不利；腹孔跨径过小，对减轻拱上建筑的重量不利。腹孔跨径一般不大于主拱圈跨径的 1/15～1/8。腹孔的构造应统一，以便施工。

第四，无支架施工的悬链线主拱圈，宜采用轻型的拱上建筑布置，腹孔布置范围应适当加大。

第五，在软地基上，为减小基础的承压应力，应尽量采用轻型的拱上建筑布置，可以加大腹孔的布置范围。必要时，可以采用拱顶无填料的拱上建筑。

第六，靠墩台的腹孔有两种做法：①直接支承在墩台上；②跨过墩顶，使桥墩两侧的腹孔相连。

拱式腹孔应做成三铰拱，梁式腹孔应设缝分开。

（2）腹孔及腹孔墩的构造。

第一，腹孔。腹孔分为梁式腹孔和拱式腹孔。

采用梁式腹孔的拱上建筑，可以使桥梁造型轻巧美观，减轻拱上重量和地基的承压力，以便获得更好的经济效果。大跨径的钢筋混凝土拱桥绝大多数采用梁式腹孔。梁式腹孔的桥道梁体系可以做成简支、连续、连续刚架式等形式。在简单体系的大跨径钢筋混凝土拱桥中，由于拱内活荷载内力占总内力的比重较小，为了简化桥道梁及其支承立柱的设计计算，一般可不考虑拱上建筑与拱圈的联合作用，桥道梁的设计可按一般的方法进行，也可采用标准设计。桥道梁的截面可以做成箱形、T 形或空心板等形式，可以采用钢筋混凝土或预应力混凝土结构。

拱式腹孔拱上建筑，在一般的圬工拱桥上采用较多，外观显得笨重，对地基的要求也高。腹拱的跨径一般选用 2.5~5.5 m，且不宜大于主拱圈跨径的 1/15~1/8，其比值随主拱圈跨径的增大而减小。腹拱宜做成等跨，对腹拱墩的受力有利。

第二，腹孔墩。腹孔墩常采用横墙式或立柱式。横墙式通常用石料、混凝土预制块砌筑，或现浇混凝土做成实体墙，为了节省圬工，减轻重量或便于检修人员在拱上建筑内通行，横墙也可在横向挖空。横墙的厚度，用浆砌片、块石时，不宜小于 0.6 m；用混凝土浇筑时，一般应大于腹拱圈厚度的 1 倍。横墙施工简便，节省钢材，常用于基础较好及河流有漂浮物的情况。

立柱式腹孔墩是由立柱和盖梁组成的钢筋混凝土排架或钢架式结构。立柱较高时，在立柱间应设置横系梁，其上下间距不宜大于 6 m。立柱钢筋应向上伸入盖梁的中线以上，向下伸入拱轴线以下，并应有足够的锚固长度。立柱采用现浇，施工慢，耗用支架材料多，应尽量采用预制安装，此时接头钢筋必须焊接牢固，并用混凝土包住；也可在接头处预埋钢板，焊接装配，以加快进度。立柱与盖梁的接头，可在盖梁中留出空洞，把立杆预留钢筋伸入洞内，用高强度等级砂浆封口。

立柱沿桥向的厚度，一般采用 25~40 cm，横桥向的厚度通常大于纵桥向的厚度，一般用 50~90 cm。对于高度超过 10 m 的立柱，其尺寸应按其在拱平面内的纵向挠曲计算而定。为了施工方便，最好所有立柱采用相同的厚度，或按立柱高度分级采用。在河流有漂流物或流冰时，立柱式腹孔墩还应采取必要的防护措施。

为了使立柱或横墙传递下来的压力能较均匀地分布到主拱圈（肋）上，同时，为了有一个工作平面，便于横墙砌筑或立柱的安装，在立柱或横墙下面还设置了底梁（座）。底梁（座）高度不宜小于立柱间净距的 1/5，宽度每边较立柱或横墙放宽 5 cm，以便于施工放样。立柱的底梁一般仅布置构造钢筋，下与拱圈钢筋相连，上与立柱钢筋相连。横墙的底梁无须配筋。

2. 实腹式拱上建筑

实腹式拱上建筑由侧墙、拱腹填料、护拱以及变形缝、防水层、泄水管和桥面等部分组成。拱腹填料的做法，可分为填充和砌筑两种方式。填充的方式是在拱圈两侧砌筑侧墙，以承受拱腹填料及车辆荷载所产生的侧压力（推力）。侧墙一般用石块或片石砌筑。侧墙厚度一般按构造要求确定，其顶面宽 0.50~0.70 m，向下逐渐增厚，墙脚厚度一般为侧墙高度的 2/5。特殊情况下侧墙厚度由计算确定。填充用的材料尽量做到就地取材，通常采用砾石、碎石、粗砂或卵石夹黏土并加以夯实。这些材料的透水性较好，成本较低，而且还能减小对侧墙的推力。

在地质条件较差地区，为了减轻拱上建筑的重量，可以用其他轻质材料（如炉渣、石灰、黏土等混合料）做填料。填充材料不易取得时，可改用砌筑的方式，采用干砌圬工或浇筑贫混凝土作为拱腹填料。当用贫混凝土时，往往不另设侧墙，而在外露混凝土表面用砂浆饰面或设置镶面。在多孔拱桥中，为了便于敷设防水层和排出积水，又设置了护拱。护拱一般用现浇混凝土或砌筑块片石修筑。

（二）拱桥的其他细部构造

1. 拱上填料、桥面

拱上建筑中的填料，既能起扩大车辆荷载分布面积的作用，同时还能减小车辆荷载的冲击作用，但也增加了拱桥的恒荷载重量。一般情况下，无论是实腹式还是空腹式拱桥，主拱圈及腹拱圈的拱顶处，填料厚度（包括路面厚度）均不宜小于 0.30 m。

在地基条件很差的情况下，为了进一步减轻拱上建筑重量，可以减薄填料厚度，甚至可以不要填料，直接在拱顶上铺筑混凝土路面。但其行车道边缘的厚度至少为 8 cm。为了分布轮重，拱顶部分的混凝土桥面可设小直径的钢筋网。混凝土桥面应适当布置横向伸缩缝。计算时还应计入汽车荷载的冲击力。

对具有拱顶实腹段的梁式空腹拱（肋拱除外），拱及实腹段的拱上填料与上述相同。对全空腹梁式空腹拱不存在拱上填料问题。

拱桥行车道部分的桥面铺装，根据桥梁所在的公路等级以及使用要求、交通量大小等条件综合考虑，也可以根据交通量发展情况进行分期修建，逐步提高。目前，采用较多的是碎（砾）石路面沥青混凝土路面。为利于桥面排水，应根据桥面的不同类型设置 1.5%~30% 的横坡（单幅桥为双向，双幅桥为单向）。

2. 伸缩缝或变形缝

拱上建筑与主拱圈，在构造和受力上都有密切的联系。由于拱上建筑与主拱圈的共同作用，一方面，拱上建筑能够提高主拱圈的承载能力，但另一方面，它对主拱圈的变形又起约束作用，在主拱圈和拱上建筑内产生附加内力，而使构造的计算复杂。为了使结构的计算图示尽量与实际的受力情况相符合，避免拱上建筑不规则开裂，保证结构的安全使用和耐久性，除在设计计算上应做充分的考虑外，还须在构造上采取必要的措施。故用设置伸缩缝及变形缝来使拱上建筑与墩、台分离，并使拱上建筑和主拱圈一起自由变形。

对于实腹式拱桥，在主拱圈拱脚的上方设置伸缩缝，缝宽 2~3 cm，直线布置，纵向贯通侧墙全高。横桥向贯通全宽，从而使拱上建筑和主拱圈一起自由变形。目前，多将伸缩缝做成直线形，以使构造简单，施工方便。

对于大跨径主腹式拱桥的拱式腹拱拱上建筑，一般将紧靠墩、台的第一个腹拱圈做成三铰拱，并在靠墩（台）的拱铰上方的侧墙设置伸缩缝，在其余两铰上方的侧墙设置变形缝（断开而无缝宽）。特大跨径的拱桥，在靠近主拱圈拱顶的腹拱，宜设置成两铰或三铰拱，腹拱上方的侧墙仍须设置变形缝。

对于梁式腹孔，若边腹孔梁在与墩（台）衔接处使用端立柱，则用细缝与墩（台）分开；若边腹孔梁直接支承在墩（台）上，则必须用完善的活动支座，并设置伸缩缝。在设置伸缩缝或变形缝处的人行道、栏杆、缘石和混凝土桥面，均应设置相应的伸缩缝或变形缝。

在 2~3 cm 的伸缩缝缝内填料，可用锯末沥青，按 1:1 的重量比制成预制板，施工时嵌入缝内。上缘一般做成能活动而不透水的覆盖层。缝内填料亦可采用沥青砂等其他材料。变形缝不留缝宽，其缝可干砌，或用油毛毡隔开，或用低强度等级砂浆砌筑，以适应主拱圈的变形。

3. 防水层与排水管

修建在大自然中的拱桥，雨、雪水等自然因素对拱桥的耐久性、美观等均有较大影响，因此，对于拱桥，不但要求能够及时排除桥面的雨、雪水，而且要求将透过桥面铺装渗入到拱腹内的雨水也能及时排除。因为这些渗水不及时排出，会增大拱腹填料的含水量，降低承载能力，影响路面层的强度，使路面更易开裂破坏；并且渗水会沿着拱上结构的一些缝隙（如变形缝或裂缝等）渗透，在冬季冰冻时使结构产生冻胀损坏。

小桥的桥面雨水，可利用顺桥向的纵坡，将水引到两端桥台后面排出。大、中桥面应设横坡，并每隔适当距离设置泄水管，将桥面雨水排出。通过桥面铺装渗入到拱腹内的水，应通过防水层汇集于预埋在拱腹内的泄水管排出。防水层和泄水管的敷设方式，与上部结构的形式有关。

实腹式拱桥，防水层应沿拱背护拱、侧墙铺设。如果是单孔，可不设拱腹泄水管，积水沿防水层流至两个桥台后面的盲沟，然后沿盲沟排出路堤。如果是多孔桥，可在 1/4 跨径处设泄水管。对于空腹式拱桥，防水层应沿腹拱上方与主拱圈跨中实腹段的拱背设置，泄水管布置在 1/4 跨径处。

防水层在全桥范围内不宜断开，当通过伸缩缝或变形缝处时应妥善处理，使其既能防水又可以适应变形。防水层有粘贴式与涂抹式两种：粘贴式是由 2~3 层油毛毡与沥青胶交替贴铺而成，效果较好，但造价较高，施工麻烦；涂抹式是由沥青或柏油涂抹于砌体表面，施工简便，造价低，但效果较差，适合于少雨地区。当要求较低时，可采用石灰三合土（厚 15 cm，水泥、石灰、砂的配合比为 1:2:3）、石灰黏土砂浆、黏土胶泥等代替粘贴式防水层。

排水管可用铸铁管、混凝土管或陶瓷（瓦）管，其内径一般为 6~10 cm，严寒地区须适当加大，但不宜大于 15 cm。为便于排水管的检查和清理，排水管应用直管、短管，并尽可能减少管节数量；泄水管应伸出结构表面，以不小于 10 cm 为宜，以免雨水顺着结构物的表面流下。

排水管不宜设置在墩、台边缘附近，以免排水集中冲刷砌体。排水管在横桥向的位置，以离人行道（缘石）边缘 20 cm 左右为宜。也可在缘石侧面开孔斜向设置，排水管的数目，以每平方米桥面不小于 4 cm³ 的排水体积为宜。

排水管进口处周围的桥面应做成集水坡度，以利于雨水向排水管汇集。桥面上的排水管口要有保护设施，在拱腹内的进水口，须围以大块碎石做成倒滤层，以免杂物堵塞。

4. 拱桥中铰的设置

通常，拱桥中有四种情况须设铰：①主拱圈按二铰拱或三铰拱设计时；②空腹式拱上建筑，其腹拱圈按构造要求需要采用二铰或三铰拱，或高度较小的腹孔墩上、下端与顶梁、底梁连接处须设铰时；③在施工过程中，为消除或减小主拱圈的部分附加内力，以及对主拱圈内力做适当调整时，往往在拱脚或拱顶设临时铰；④主拱圈转体施工时，需要设置拱铰。前两种为永久性铰，必须满足设计要求，并能保证长期正常使用。后两种为临时性铰。永久性铰的要求较高，构造较复杂，又须经常养护，所以费用较高。临时性铰是为适应施工需要而暂时设置的，待施工结束时，将其封固，故构造较简单。拱铰的形式，按照铰所处的位置、受力大小、使用材料等条件综合考虑选择，目前常用的形式有弧形铰、铅垫铰、平铰、不完全铰、钢铰。

第三节　拱桥结构及其施工技术

一、拱桥的类型及施工方法

（一）拱桥的类型划分

拱桥的结构形式多样，最基本的组成部分包括基础、桥墩台、拱圈及拱上结构。其中，拱圈是拱桥最基本也是最重要的承力构件。拱桥可按照以下方式进行分类：

第一，按照拱圈所采用的建筑材料可以划分为圬工（砖、石板或石块、混凝土砌块）拱桥、钢筋混凝土拱桥、木拱桥、钢管混凝土拱桥及钢拱桥。

第二，按照拱圈上方的建筑形式可以划分为实腹式拱桥、空腹式拱桥。

第三，按照主拱圈的拱轴线形式可以划分为圆弧拱桥、抛物线拱桥和悬链线拱桥。

第四，按照桥面与主拱圈之间的相对位置可以划分为上承式拱桥、中承式拱桥和下承式拱桥。

第五，按照主拱圈的截面形式可以划分为实心板拱桥、空心板拱桥、肋拱桥、箱形拱桥、双曲拱桥。

第六，按照成拱的静力体系可以划分为无铰拱桥、双铰拱桥、三铰拱桥。

（二）拱桥的受力特点

对于拱桥来说，无论是哪种结构形式，其桥面都通过某种承压结构而支撑于拱圈之上，或者通过吊杆悬挂于拱圈之下。因此，当桥面承受荷载作用时，最终都通过承压结构或吊杆体系将荷载传递到拱圈之上。

当拱圈受到桥面荷载作用后其轴线长度必然缩短，从而使拱圈内不仅承受拱内压力，同时还伴随着剪力和弯矩。假设拱圈为双铰拱，则拱脚处承受的轴向压力来源于拱脚基础的作用；反过来，拱脚也将对基础产生反作用力，力的作用方向指向拱脚处的拱圈轴线方向。实际上，这就是通过拱圈传递到拱脚基础上的桥面荷载作用，对于静定的三铰拱、超静定的两铰拱和无铰拱都是成立的。

通过拱脚而作用于拱桥基础上的轴向作用力可分解为两个方向的作用力，分别是对拱桥基础的水平推力和对拱桥基础的竖向压力。在只考虑活荷载的前提下，竖向压力的大小主要由桥面车辆荷载所决定，一般情况下应限制在最大允许荷载的范围内；水平推力 T 的大小不仅与桥面荷载有关，更多情况下由拱圈的矢跨比所决定。一般情况下，拱脚的水平推力随着矢跨比的减小而增大，反之则减小。这意味着可以通过降低拱圈的矢跨比来增大拱的水平推力，进而增大拱圈内的轴向压力，从而可大大减小拱圈的跨中弯矩，使拱圈截面的抗压强度得到充分发挥，增强拱圈的跨越能力，有利于建造更大跨度的拱桥。

（三）拱桥的施工方法

在拱桥施工过程中，最为重要的内容是拱圈施工。一旦拱圈成型并且可以承载，拱桥其余部分的施工难度将大大降低。目前，拱圈的施工方法主要分为有支架施工方法和无支架施工方法两类。所谓有支架施工方法，就是在搭建的支架上将拱圈浇筑成型或者用预制砌块将拱圈砌筑成型，并在拱圈之上继续完成拱上结构之后再落架。但在很多情况下，现场环境根本不允许搭建支架，从而诞生了无支架施工方法，无支架施工方法已成为近年来修建大跨度拱桥的主要方法。目前，大跨度拱桥的无支架施工方法主要有劲性骨架施工法、塔架扣索悬臂浇筑施工法、装配式拱桥悬拼施工法和转体施工法等。

二、拱桥有支架施工

（一）支架形式

1. 扇形拱架

扇形拱架的搭建以河道中的基础为中心支撑点，以放射状布置的斜杆为径向支撑骨架，再用水平横木逐层将放射状布置的斜杆连接成整体，从而形成扇形结构。扇形拱架主要用于支承砌筑式拱圈的施工荷载。虽然扇形拱架的结构比较复杂，但由于支撑斜杆采用径向布置，施工过程中以径向受压的方式承担施工荷载，因此可以更充分地发挥材料的承载能力，特别适合砌筑大拱度拱圈时采用。

2. 土牛拱胎

土牛拱胎适合在缺乏钢木建材的环境中建造砌筑式拱桥或拱形结构。古人曾在缺少拱架搭建材料的情况下，大量采用土牛拱胎来建造石板拱桥、小跨度砌筑式拱桥或拱形石窑等。有些拱桥保留至今，成为珍贵的历史文物。即使在当代社会，在一些偏远贫穷的地区，土牛拱胎仍然被经常用来建造跨度不大的块石砌筑式拱桥和拱形石窑。土牛拱胎就是在需要建造拱桥的地点首先用土、砂、卵石、片石等按照拱圈的形状填筑一个拱形土胎，由于土胎的轮廓像一个卧在地上的牛背，故因此得名。土牛拱胎堆成并经压实后，在其顶面用块石或砌块砌筑拱圈，待拱圈完成后将土牛拱胎清除便形成了可以承载的砌筑式拱圈。

3. 钢桁式拱架

钢桁式拱架又称为拱形钢拱架，通常采用标准的拼装式桁架拼装而成。标准的拼装式桁架由一系列组件构成，其中主要包括标准节段、拱顶段和拱脚段，外加连接杆、钢销、螺栓等连接件。通过这些连接件可以将标准节段、拱顶段和拱脚段组装成所需要的拱架。一般钢桁式拱架采用三铰拱的形式，因为三铰拱为静定结构，受外荷载作用后可以自动调节内力的分布，使得拱架始终处于环向受压状态，从而能够更好地适应施工荷载的作用。

（二）拱桥主拱圈的砌筑施工

1. 拱圈放样与备料

采用拱石砌筑石拱圈时，拱石的尺寸一定要按照拱圈的曲率进行加工，特别是拱石之间的挤压面要尽可能吻合。为了合理地加工拱石，保证拱石的尺寸准确，通常需要在样台上将拱圈按照 1∶1 的比例放出大样，然后用木板或镀铁皮在样台上按拱圈分块的尺寸制成样板，再根据模板的尺寸进行拱石加工。

在加工拱石时须注意，砌筑拱石时必须设置放射状径向贯通缝，使得拱石沿环向成为垂直于拱轴线的多层结构，同时要求拱石的环向砌缝为间断的弧形，不能出现环向贯通砌缝，还要求环向相邻拱石之间的间断性环向砌缝必须错开至少 10 cm。这对于保持拱圈每一个径向截面的整体性能有利，并且可以增强拱圈截面环向压力传递的均匀性。

2. 拱圈砌筑

（1）连续砌筑。对于跨径不大于 16 m 的拱圈，当采用满布式钢管拱架施工时，可以从两拱脚处开始，向着拱顶方向对称地依次砌筑，最后在拱顶处合龙；对于跨径小于 10 m 的拱圈，若采用拱架施工，应在砌筑拱脚的同时，预压拱顶以及距拱顶 1/4 部位的拱架，以提前消除拱架的非弹性沉降并预防拱架的弹性变形，从而可有效地预防拱圈在砌筑过程中产生不正常的变形和开裂。预压物可采用拱石，随砌随放，也可采用砂袋等其他材料。

砌筑拱圈时，常在拱顶处预留一龙口，最后在拱顶处合龙。为防止拱圈因温度变化而产生过大的附加应力，拱圈合龙应在设计所规定的温度范围内进行；当设计无规定时，宜在气温为 10~15℃ 时进行。刹尖封顶应在拱圈砌缝砂浆强度达到设计规定强度后进行。

（2）分段砌筑。当跨径为 16~25 m 的拱桥采用满布式钢管拱架施工，或跨径为 10~

25 m 的拱桥采用钢桁式拱架施工时，可将半跨分成三段，然后逐段对称砌筑。

分段砌筑时，各段间可预留缝隙，缝隙宽 3~4 cm。在缝隙处砌筑的拱石要规则。为保证砌筑过程中不改变缝隙的形状和尺寸，也为了便于拱石传力，缝隙处可用铁条或水泥砂浆预制块作为垫块，待各段拱石砌完后再填塞缝隙。填塞缝隙应两半跨对称进行，各缝隙同时填塞，或从拱脚开始向拱顶方向填塞。因用力夯填缝隙砂浆可使拱圈拱起，故此法宜在小跨径拱施工中使用。填塞缝隙砂浆使拱圈合龙时，应注意选择最后填塞缝隙的合龙温度。为加快施工进度并使拱架受力均匀，各段亦可交叉平行砌筑。

砌筑大跨径拱圈时，当拱脚与距拱脚 1/4 段间的倾角大于拱石与拱架底模板间的摩擦角时，砌筑上拱段时，下端必须设置端模板并用撑木（称为闭合楔）支撑。闭合楔应设置在拱架挠度转折点处，砌筑闭合楔时，必须从中部开始随拆随砌，并且必须在先砌筑的拱石砂浆达到一定强度后再对称拆除两侧的闭合楔，砌筑相应位置处的拱石。

（3）分环分段砌筑。当拱桥跨度很大时，拱圈往往比较厚。若拱圈需要分三层以上进行砌筑，则可将拱圈分成几环砌筑，砌一环合龙一环。当下环砌筑完成后应养护数日，砌缝砂浆达到规定强度时，再砌筑上环。

上、下环拱石的砌缝应交错，每环可采用分段砌筑。当跨径大于 25 m 时，每段长度一般不宜超过 8 m，段间可设置缝隙或闭合楔。对于采用分环砌筑且分段较多的拱圈，为了使拱架受力均匀、对称，可在拱跨跨中两侧 1/4 处或在其他多处同时砌筑合龙。

（4）多连拱拱圈的砌筑。砌筑多连拱拱圈时，应考虑相邻拱圈之间的关系，确保相邻拱圈在施工过程中受力的对称与均匀，以免跨中桥墩承受过大的单侧推力。因此，当采用钢桁式拱架时，应合理安排各孔的砌筑顺序；当采用满布式钢管拱架时，应合理安排各孔拱架的卸落程序。

3. 拱桥主拱圈的浇筑施工

在支架上就地浇筑拱桥的施工顺序同拱桥的砌筑施工顺序基本相同，拱桥的砌筑施工顺序为：①浇筑主拱圈或拱肋混凝土；②浇筑拱上立柱、联系梁及横梁等拱上建筑；③浇筑桥面系。拱圈或拱肋施工拱架的拆除可在拱圈混凝土强度达到设计强度的 70% 以上且应在拱上建筑施工前进行，拆架前还应对拱圈进行稳定性验算。

4. 拱上建筑的施工

当主拱圈混凝土达到规定的强度后，即可进行拱上建筑的施工。拱上建筑施工时，应遵循对称、均匀、均衡的原则，严禁使主拱圈产生过大的不均匀变形。对于实腹式拱上建筑施工，应从两侧拱脚向拱顶方向对称进行。当侧墙砌完后再填筑拱腹填料。空腹式拱一般是在腹拱墩或立柱施工完成后先卸落主拱圈拱架，再对称、均匀地进行腹拱或横梁的施工，最后完成联系梁以及桥面的施工。对于较大跨径的拱桥，拱上建筑的砌筑顺序应按设计文件的规定确定。

三、拱桥无支架就地浇筑施工

（一）塔架扣索悬臂浇筑施工法

塔架扣索悬臂浇筑施工法简称塔架扣索施工法，是国外采用最早、应用最多的大跨径钢筋混凝土拱桥无支架施工方法。应用塔架扣索施工法的关键在于如下设备：缆索吊、塔架、扣索。其施工要点在于：根据地形特点在拱脚附近合适的位置安装临时塔架，拱圈施工采用悬臂浇筑施工法或悬臂拼装施工法。当施工完一段拱圈后，用扣索的一端拉住拱段前端，扣索的另一端则绕过塔架顶部锚固在塔架后部的锚碇或岩盘上。用这种方法便可以将拱圈逐段向河中悬臂架设，直至在拱顶处合龙。采用塔架扣索施工法施工拱圈时多采用悬臂浇筑施工法，也可采用悬臂拼装施工法。塔架扣索施工法须灵活应用。为了适应现场施工环境的需要，有时须安装多个临时塔架，或者利用一个塔架的不同部位支撑扣索。

（二）装配式悬臂拼装施工法

"悬臂拼装技术广泛应用于大型桥梁的建设中，是预制装配式桥梁实现标准化生产的关键技术之一。"[①] 如同大跨度连续梁的预制拼装一样，在大跨度拱桥施工当中，拱圈分段预制、分段悬臂拼装施工也是一种无支架施工方法。缆索吊由于具有跨越能力强、水平和垂直运输机动灵活、适用性广、施工稳妥方便等优点，因而在峡谷、水深流急的河段或在有通航要求的河流上进行的大跨度拱桥施工中被广泛采用。

采用缆索吊拼装装配式钢筋混凝土拱肋节段的施工工序包括：①在预制场分段预制拱肋；②将预制拱肋通过平车或船只等运输设备运送至吊装位置；③用缆索吊等吊装设备将分段预制拱肋起吊至安装位置并进行拼接施工；④每拼装完成一段便挂一根扣索，利用扣索将拼装的拱肋临时固定；⑤合龙前利用扣索对拱肋拼装轴线进行调整，然后吊装合龙段，完成拱圈合龙；⑥进行拱上结构施工。

1. 拱肋的预制方法

跨径在 30 m 以内的拱肋可不分段或分为两段，跨径为 30~80 m 的拱肋可分为三段，

---

① 周浩. 城市核心区高架桥梁悬臂拼装施工关键技术［J］. 城市道桥与防洪，2022（12）：175.

跨径大于 80 m 的拱肋一般分为五段。拱肋的分段点应选择在拱肋自重弯矩最小的位置或其附近。

拱肋的预制方法分为立式预制和卧式预制两种。立式预制的特点是起吊安全、方便；底模可采用土牛拱胎，节省木料；当采用密排浇筑时，占用场地较少。卧式预制的特点是可节省木料，拱肋的形状及尺寸容易控制，浇筑混凝土时操作方便，但拱肋起吊时容易损坏。卧式预制又可分为单片预制和多片叠合预制两种。

2. 拱肋的吊装原则

在合理安排拱肋的吊装顺序方面，须考虑下列原则：

（1）对于单孔桥跨，拱肋合龙的横向稳定决定了吊装拱肋的顺序。

（2）对于多孔桥跨，应尽可能在每孔内多合龙几片拱肋后再推进，一般不少于两片拱肋。但合龙的拱肋片数不能超过桥墩强度和稳定性所允许的单向推力下的拱肋片数。

（3）对于设有制动墩的桥跨，可以制动墩为界分孔吊装，先合龙的拱肋可提前进行拱肋接头、横系梁等的安装工作。

（4）采用缆索吊吊装时，为了便于拱肋起吊，拱肋起吊位置处的桥孔一般安排在最后吊装。必要时，该孔最后几根拱肋可在两肋之间用"穿孔"的方法起吊。用缆索吊吊装时，为了减少主索横向移动的次数，可将每次须吊装的拱肋预制段全部悬挂于缆索上后再移动主索。

（5）为了减少扣索往返拖拉的次数，可按吊装推进方向顺序进行吊装。

拱肋安装的顺序一般为：①进行拱脚定位区的拱段吊装、悬拼及悬挂、张拉扣索；②进行中间区的拱段吊装、悬拼及悬挂、张拉扣索；③进行拱顶合龙区的拱段吊装、悬拼及悬挂、张拉扣索。当拱肋的线形和合龙口精确调整到位后，再安装合龙段。施工中用于拱段临时固定的扣索有"天扣"、"塔扣"、"通扣"及"墩扣"等类型，施工中可根据具体情况选用，也可混合使用。

3. 拱肋的合龙方式

拱肋的合龙方式有单基肋合龙、多段联合单基肋合龙、双基肋合龙、留索单基肋合龙等。当拱肋的跨度大于 80 m 或横向稳定安全系数小于 4 时，应采用双基肋合龙松索成拱的方式，即当第一根拱肋合龙、校正拱轴线并锲紧拱肋接头缝后，稍微放松扣索和起重索，但不卸掉扣索，压紧接头缝，待第二根拱肋合龙并将两根拱肋横向连接、固定和拉好风缆后，再同时放松并卸除作用于两根拱肋上的扣索和起重索。

4. 拱肋的稳定措施

在采用缆索吊进行拱桥悬拼施工的过程中，为保证拱肋有足够的纵、横两个方向的稳定性，除应满足计算要求外，在构造上和施工中还必须采取一些措施。一般横向稳定措施为设置风缆，同时在拱肋之间设置横撑。

横向稳定风缆的作用包括以下三方面：①在边段拱肋就位后可用以调整和固定拱肋中线。②在拱肋合龙时可用以约束接头的横向位移。③在拱肋成拱以后相当于一个弹性支承，可减小拱肋的自由长度，增强拱肋的横向稳定性；当拱肋在外力作用下产生位移时，也可对其起到约束作用。

当拱肋的设计宽度小于单基肋合龙所需要的最小宽度时，为满足拱肋横向稳定性的要求，可采用双基肋合龙或多基肋合龙的方式。

较大跨径的拱桥尤为适合采用双基肋合龙或多基肋合龙的方式，基肋与基肋之间必须紧随拱肋的拼装及时设置肋间横向联系（或临时连接）。拱肋横向联系的形式通常有木夹板、木剪刀撑和钢筋拉杆等。

在拱轴系数过大，拱肋截面尺寸太小、刚度不足等特殊情况下，有时须采用加强拱肋纵向稳定性的施工措施。当拱肋接头处可能发生上冒变形时，可在其下方设置下拉索以控制变形；当拱肋的截面尺寸太小，刚度不足时，可在拱肋底部等分点上用钢丝绳进行多点张拉。

四、拱桥转体施工法

（一）拱桥有平衡重转体施工

有平衡重转体施工时一般以桥台背墙和配重作为平衡重，将桥体上部转体结构前端用扣索锚固在反力墙上，用以稳定转动体系和调整重心位置。出于拱桥转动体系质量的限制以及经济成本等方面的考虑，平衡重转体施工一般仅适用于跨径 100 m 以内的拱桥。

有平衡重转体施工技术的关键在以下于两个方面：①转动体系的设计、制造与安装；②保持转体在施工全过程中的平衡。

通常情况下，单跨拱桥在拱脚处设计有背墙。背墙既可以发挥桥台的作用，又可以作为转动体系的平衡重，还是转体过程中桥体上部拉索的锚碇反力墙。拉杆可以是拱桥的上弦杆，也可以是临时设置的体外拉杆钢筋或扣索钢丝绳。

拱桥有平衡重转体施工的主要施工程序包括：①制作下盘；②制作上盘；③试转上盘到预制轴线位置；④浇筑背墙；⑤浇筑主拱圈上部结构；⑥张拉拉索，使上部结构脱离支架并和上盘、背墙形成一个转动体系，通过配重基本把重心调整到轴心处；⑦牵引转动体系，使半拱平面转动合龙；⑧封上、下盘，夯填桥台背土，封拱顶，松拉索，实现体系转换。

（二）拱桥无平衡重转体施工

采用有平衡重转体施工法修建拱桥时，转动体系中的平衡重一般选用桥台背墙。但随着桥梁跨径的增大，需要的平衡重急剧增加，而实际上桥台并不需要如此巨大的圬工，转体质量太大也增加了转体难度。

无平衡重转体施工是把有平衡重转体施工中的拱圈扣索拉力锚固在两岸的岩体中，从而节省了庞大的平衡重。由于锚碇的要求，此施工方法宜在山区地质条件好或跨越深谷急流处建造大跨度拱桥时选用。

1. 拱桥无平衡重转体施工设计

（1）锚固体系的设计。

第一，锚碇设计。锚碇处岩体的抗剪强度、抗滑稳定性应分别大于使用值，并有足够的安全储备。锚碇是无平衡重转体施工的关键部位，必须绝对可靠，有条件时可做拔桩试验；当对锚碇的抗拔能力要求不太高时，可通过超张拉尾索来检验锚碇的安全度，虽然这样做会增加尾索和平衡撑的材料用量，但可保证锚碇的安全性和可靠性。

第二，平衡撑和尾索的设计。在双箱对称同步转体时，一般可只设轴向平衡撑或将其用引桥的桥面板代替；在双箱不对称同步转体时，考虑施工中可能出现拱箱自重误差和转体速度差而引起锚梁上产生横向水平力，还应增设斜向平衡撑和尾索，或上下游斜向尾索，以平衡其横向水平力。

第三，立柱的设计。桥台拱座上的立柱在转体阶段用来支承锚块（锚梁）。对于跨径为 110~200 m 的拱桥而言，桥台上立柱的高度可达 30~50 m，下端要承受拱箱的水平推力。

（2）转动体系的设计。

第一，拱箱的设计。在转体施工过程中，拱箱设计的关键在于结构体系的选择。为了使拱箱的受力状态良好和易于操作控制，只在拱箱顶端设一个扣点。调整扣点的高程可以使拱箱在整个转体过程中完全处于受压状态，而不出现拉应力。

第二，转轴的设计。转轴采用空心钢管制作，顶部轴套采用铸钢制作。设计时，不但要求转轴在设计荷载作用下的弯曲应力与局部应力均处于安全范围内，而且要求转轴外表面和轴套内表面的光洁度等级达到▽5 级以上。

第三，转盘的设计。转盘采用 3~4 层半环形钢带弯制成马蹄形，内弧与转轴接触处的光洁度等级为▽5，钢带间浇筑混凝土。转盘下设走板，走板上开了许多小孔，用于嵌设蘑菇形聚四氟乙烯滑块，故称作千岛走板，可以大大降低转体时的摩擦阻力。

2. 拱桥无平衡重转体施工内容

拱桥无平衡重转体施工的内容主要如下：

（1）转动体系的施工。转动体系的施工工作包括：①设置下转轴、转盘及环道；②设置拱座，预制拱箱或拱肋，预制前须搭设必要的支架、模板；③设置立柱；④安装锚梁、上转轴、轴套、环套；⑤安装扣索。这一部分施工应主要保证转轴、转盘、轴套和环套的制作、安装精度及环道平面的平整度，并要做好安装完毕到转体前的防护工作。

（2）锚碇系统的施工。锚碇系统的施工工作包括：①制作桥轴线上的开口地锚；②设置斜向洞锚；③安装轴向、斜向平衡撑；④张拉尾索；⑤张拉扣索。

其中，锚碇部分的施工应保证绝对可靠，以确保施工过程中的安全。张拉尾索在锚块端进行，张拉扣索在拱顶段拱箱内进行。张拉时，要按设计张拉力分级、对称、均衡地施加张拉力，要密切关注锚碇和拱箱的变形、位移和产生的裂缝，发现异常现象后应仔细分析研究，经处理后再进行下一道工序，直至拱箱张拉脱架。

（3）转体施工。正式转体前应再次对桥体各部分进行系统的全面检查，检查合格后方可实施转体。拱箱的转体是靠上、下转轴预设偏心值形成的转动力矩来实现的，启动时放松外缆风索，拱箱转到与桥轴线间的夹角约为60°时开始收紧内缆风索，索力逐渐增大，但应控制在 20 kN 以下。当拱箱在索力接近 20 kN 仍然转不动时，则应用千斤顶在桥台上顶推马蹄形下盘。为了使缆风索的受力角度合理，可设置两个转向滑轮。缆风索的行走速度在启动时宜选为 0.5~0.6 m/min，在行走时宜选为 0.8~1.0 m/min。

（4）合龙卸扣施工。当转体就位时，通过张紧扣索提升拱顶，放松扣索降低拱顶来调整拱顶合龙端的高程，直至达到设计位置。封拱宜选择在低温时进行。先用八对钢楔楔紧拱顶，再焊接主筋和预埋钢件，最后封桥台拱座混凝土、浇封拱顶接头混凝土。当混凝土的强度达到设计强度的70%后即可卸扣索，卸扣索应对称、均匀、分级进行。

第七章 悬索桥设计与建设

第一节 悬索桥的选用原则与形式

悬索桥又名吊桥，是以通过索塔悬挂并锚固于两岸（或桥两端）的缆索（或钢链）作为上部结构主要承重构件的桥梁。其缆索的几何形状由力的平衡条件决定，一般接近抛物线形。从缆索上垂下许多吊索，把桥面吊住，常在桥面和吊索之间设置加劲梁，同缆索形成组合体系，以减小活荷载引起的挠度变形。其受力特征是：荷载先由吊索传至缆索，再传至锚墩，传力途径简捷、明确。

悬索桥是大跨径桥梁的主要形式，因其主要杆件受拉力，材料利用效率最高，而且由于近代悬索桥的主缆采用高强度钢丝，使其比运用其他形式的桥梁修建大跨度桥更经济、合理。该桥型的主要特点为构造简单，受力明确；跨径愈大，材料耗费愈少，桥的造价愈低。目前，全世界跨径大于 1000m 的桥梁结构形式主要为悬索桥。

一、悬索桥的选用原则

大跨度桥梁设计中，在斜拉桥结构问世之前，由于桥梁结构的合理跨越能力有限，人们总是首先想到采用悬索桥这一经典桥型。这是因为以高强度平行钢丝做主要承重结构的悬索桥具有跨越能力大、受力合理、最能发挥材料强度优势以及造价经济等特点，同时还以其整体造型流畅美观和施工安全快捷等优势广受推崇。总体设计时，若存在以下建桥条件之一时，应首先考虑采用悬索桥设计：

第一，建桥要求跨度较大时，悬索桥的大跨越能力最显优势。

第二，桥渡两侧具备良好的地形和地质条件，适于建造锚碇锚固主缆，从而更能体现悬索桥方案总体用料节省的优势。

第三，采用大跨度斜拉桥其塔高受到限制时，以同等跨度的悬索桥可降低建筑高度，满足使用要求。

第四，建筑景观要求特殊，采用悬索桥可能更具景观优势。

第五，施工条件受到制约，采用悬索桥施工可能更为便利合理。

至 20 世纪下半叶，伴随着计算机技术的推广应用，斜拉桥技术得以蓬勃发展，其最大跨度已近 1000 m，这使悬索桥在 500~1000 m 的跨度范围不再是唯一具有竞争优势的桥型；同时，一座大跨度悬索桥上部结构节省下来的结构费用，往往会被主缆过大的锚碇费用所耗尽，这就需要通过恰当的工程设计来取得悬索桥总体设计的经济性，并权衡采用悬索桥桥梁形式是否适宜。

二、悬索桥的基本形式

（一）地锚式与自锚式悬索桥

地锚式悬索桥的主缆拉力由桥梁端部的重力式锚碇或岩隧式锚碇传递给地基，因此一般要求地基在锚碇处具有较大的承载力，最好由良好的岩层做持力地基。

自锚式悬索桥的主缆拉力由直接传递给它的加劲梁来承受。主缆拉力的垂直分力（一般较小）可以起到边跨端支点的部分反力作用，而使加劲梁底下的端支点反力得以减小，但水平分力则以轴向压力的方式传递至加劲梁中。因此，自锚式悬索桥的跨度不宜过大。

（二）双链式悬索桥

在小跨度的悬索桥中出现了双链式悬索桥。我国重庆市北碚附近的嘉陵江朝阳大桥即为双链式悬索桥，它的上、下链（主缆）在全跨范围内均匀布置有吊索，以吊拉桥面加劲梁。双链式悬索桥的另一种布置方法是只在左、右两个半跨范围的下链部分布置有吊索，以吊拉桥面加劲梁，也就是每链只吊拉半跨加劲梁。

第二节　悬索桥的构造与总体设计

一、悬索桥的构造

（一）主梁

目前，国内外已经建成的悬索桥主梁主要采用钢桁加劲梁和钢箱加劲梁两种结构形式，它们在受力特点和结构形式上各具特色。悬索桥的加劲梁通常采用钢结构，早期主要使用钢桁梁，而个别中、小跨度的悬索桥也使用钢板梁。例如，美国塔科马老桥在风振毁灭时的加劲梁就是下承式钢板梁。由于钢板梁的抗风性能较差，因此，在世界各国吸取了塔科马老桥断桥事故的教训后，较大跨度的悬索桥中不再采用钢板梁。钢桁式和钢箱式加劲梁各有各自的优点。总体而言，钢箱加劲梁具有较好的抗风性能，其风阻系数仅为钢桁式的 $1/4 \sim 1/2$；此外，它还需要较少的钢材。然而，钢桁加劲梁在适应双层桥面方面明显优于钢箱加劲梁，因此更适用于交通量较大或公铁两用的悬索桥。

1. 钢桁加劲梁

现有钢桁加劲梁的横断面形式可按车道位置的布置分为以下三种：

（1）具有双层公路桥面的钢桁加劲梁截面。适用于悬索桥的主梁上设置了双层公路桥面，使得上下两层可同时容纳道路交通，提高了桥梁的通行能力。这样的结构在处理高交通量的情况时表现出色，为城市交通提供了有效的解决方案。

（2）公铁两用的双层桥面钢桁加劲梁横截面。这一类型的设计考虑了公路和铁路的双重功能，使得悬索桥的主梁上同时容纳了公路和铁路交通。这样的设计可以有效地综合利用桥梁资源，提高运输效率，适用于需要公铁互通的地区。

（3）单层桥面的钢桁加劲梁横断面。此设计适用于只需容纳单层桥面的情况，通常用于较小跨度或交通量较低的悬索桥。这种简化的结构形式在一些特定场景下可以更经济实用，减少了工程成本和材料消耗。

2. 钢箱加劲梁

（1）钢箱加劲梁的横截面形式。扁平式钢箱加劲梁的主体主要由四部分组成：上、下翼缘板，腹板和加劲构件。其中，上翼缘板兼作桥面板用。为了增强钢箱加劲梁的整体性，往往将上翼缘板设计成正交异性钢桥面板。为了满足横截面抗风功能的要求，主要采用两种横截面形式：①横截面两侧具有导风尖角的形式；②在导风尖角的外侧增设抗风分流板的形式。分流板还可兼作人行道或检修道之用，并且可以提高抗风的能力，宽高比较小的钢箱加劲梁常采用这种形式。钢箱加劲梁桥面板的厚度通常为 $10 \sim 14$ mm，腹板和底板的厚度通常为 $10 \sim 12$ mm。

（2）横隔板。横隔板常用的形式有肋式和实腹式，我国多采用实腹式，但应注意在实腹板上设置检修过入孔、通风换气孔和各种过桥管线孔。横隔板顺桥向的间距是由桥面板的纵肋跨度要求决定的，但在吊索处必须设置横隔板。当桥面板采用开口纵向加劲肋时，其初拟间距取 $1.2 \sim 2.0$ m；当采用闭口纵向加劲肋时，其初拟间距取 $2.0 \sim 4.5$ m，最后依据车辆轮载对桥面板和加劲肋的局部承压稳定性经计算分析确定。横隔板的厚度除锚箱局部根据受力及构造的需要予以加厚外，通常取 8~10 mm。

（3）纵向加劲肋。纵向加劲肋的基本形式有两种，即开口式和闭口式。开口加劲肋中的 L 形和倒 T 形有时也用在箱梁的腹板和底板上。闭口加劲肋具有较大的抗扭刚度，屈曲稳定性好，常用在箱梁的顶板和底板上。至于箱梁两侧的悬臂，一般采用开口加劲肋。

（二）桥塔

从悬索桥的发展史来看，由于高耸结构物的混凝土浇筑技术，特别是它的模板技术是近几十年才得以发展的，因此，在 20 世纪 60 年代以前，较大跨度悬索桥所用的桥塔几乎全部是用钢材制造的。悬索桥的桥塔一般较为简单，桥塔高度一般为总跨度的 1/11~1/9，目前绝大部分为单层或多层门式构架，还有一部分在两根塔柱之间设有交叉的桁式斜杆，但这种形式仅限于钢桥塔。

1. 纵向形式

从结构力学角度分类，悬索桥的桥塔在桥梁纵向的结构形式主要有以下三种：

（1）刚性塔。所谓刚性塔，是指塔顶水平变位量相对较小的桥塔。刚性塔可做成单柱形状，也可做成 A 字形状。刚性塔一般用于多塔（桥塔数量为三个及三个以上）悬索桥，特别是位于中间的桥塔，一般通过提高桥塔的纵向刚度来控制其塔顶的纵向变位，从而减小梁内的应力。

（2）柔性塔。所谓柔性塔，是指塔顶水平变位量相对较大的桥塔，是相对于刚性塔而言的。在大跨度三跨（双塔）形式的悬索桥中，桥塔几乎全是柔性的。柔性塔塔柱下端一般做成固结的单柱形式。

（3）摇柱塔。摇柱塔为下端做成铰接的单柱形式的桥塔。它一般只用于跨度较小的悬索桥。

2. 横向形式

悬索桥的桥塔在桥梁横向的结构（塔架）形式一般有以下三种：

（1）刚构式。刚构式是指单层（横梁）或多层（横梁）的门架式。这种形式在外观上明快、简捷，它既能用于钢桥塔，又能用于混凝土桥塔。

（2）桁架式。在两根塔柱之间，除了有水平的横梁之外，还有若干组交叉的斜杆。桁架式结构桥塔在横向采用这种结构形式，无论在塔顶水平变位、用钢量（经济性），还是塔架内力（功能性）等方面均较有利。但是，在混凝土桥塔上施工交叉斜杆有较大的困难，因此，这种形式一般只适用于钢桥塔。

（3）混合式。由刚构式与桁架式可以组成混合式塔架。这种形式一般在桥面以上不设交叉斜杆，以便在景观上可以保留刚构式的明快、简捷，而在桥面以下设置少量交叉斜杆，以改善塔架的功能性（内力）和经济性（耗钢量）。由于含有交叉斜杆，故此种形式也只适用于钢桥塔。

3. 桥塔截面

（1）钢桥塔。在美国早期，悬索桥的主塔采用了铆接结构，通过将钢板和角钢连接成多格室的塔柱来构建。每个基本格室的尺寸（边长）为 1~2 m。然而，由于格室内的净空较小，这导致了在施工过程中的不便和不安全性，同时由于受到红丹等油漆的影响，格室内的空气中可能含有铅。近年来，随着栓接和焊接技术的发展，悬索桥的钢塔柱已经得到了改进。现在，钢塔柱采用了带有加劲肋条的大钢板，形成了更大格室的截面。每根塔柱的格室较大，而数量较少，有些甚至只有一个格室。格室四周的钢板上都带有加劲肋条，提供了更强的结构支撑。这一技术的进步使得悬索桥的主塔在结构设计和施工方面更为便利和安全，同时提高了整体的结构强度。这也反映了工程建设领域对于新技术的不断采纳，以提升桥梁工程的质量和可持续性。

（2）混凝土桥塔。

第一，塔柱截面。混凝土桥塔的塔柱一般做成单室或双室空心截面。其截面形式常从矩形出发，四边加以变化，四角加以修饰，常见的有 D 字形截面或削角的矩形截面。其直线壁位于靠近桥梁中心线的一侧，曲线或削角的壁位于上下游侧。这主要是为了提高塔身特别是裸塔时的风稳定性。混凝土塔柱的壁厚根据纵向（竖向）和横向（水平方向）加劲肋的密度（间距与加劲肋的尺寸）而定。

第二，塔架的横向构件（各层横梁）。混凝土桥塔的横梁都是预应力混凝土空箱结构。有的在支架上现浇，但是支架很高，要采取措施控制温度变化的幅度，减小对混凝土凝固的影响；有的为了施工方便，混凝土桥塔的横梁采用工厂预制构件，运到现场进行吊装架设，预制横梁与塔柱之间的连接常采用湿接缝并施加预应力来完成；有的横梁较大，为了省去支架，遂采用刚构架作为浇筑混凝土横板或横梁的支架，以替代浇筑横梁混凝土。

（三）缆索

悬索桥的缆索体系主要包括主缆与吊索。在某些场合下（如施工现场），主缆有时也被称为大缆，吊索有时也被称为吊杆，但这仅在采用眼杆或圆杆做悬索桥主缆与梁体之间的吊拉构件时较合适。现代悬索桥一般采用柔性较大且易于操作的钢丝索或钢丝绳索做吊拉构件，故采用"吊索"的名称较合适。

1. 主缆

（1）主缆的布置形式。"主缆作为悬索桥的主要承重构件且具有不可更换的特点，其抗疲劳设计是悬索桥设计的关键内容。"[①] 悬索桥一般采用两根平行的主缆。迄今为止，世界上只有两座悬索桥，即美国的韦拉扎诺桥和乔治·华盛顿桥，全桥设有 4 根平行的主缆。即使采用 4 根主缆，也是在桥面左、右两侧各集中布置 2 根主缆，而非将 4 根主缆做均匀布置（4 根主缆的横向间距相等）。

（2）主缆的截面组成与编制方法。现代大跨度悬索桥的主缆截面，一般是先由 $\varphi 5$ mm 左右的钢丝组成钢丝束股，再由若干根钢丝束股组成一根主缆。钢丝束股的组成方法有空中编丝组缆法与预制平行钢丝束股法。前者简称 AS 法，后者简称 PS 法或 PWS 法。

第一，AS 法。它是用通过牵引索做来回走动的编丝轮，每次将 2 根钢丝在高空从桥的一端拉向另一端，待所拉钢丝达到一定数量后，即可编扎成一根索股。AS 法中，每股钢束的钢丝数量可达四五百根之多。AS 法早期施工时使用 2 台反方向走动的单轮编丝车来编拉钢丝，后来从单轮编丝车发展到双轮编丝车（如金门大桥）或单轮双槽编丝车（如旧金山-奥克兰海湾大桥），编制速度可以提高 1 倍。金门大桥采用 AS 法施工时在主跨中点增设一个转换站，来回共设置 4 台编丝车，速度又可提高 1 倍。

第二，PS 法。PS 法的优点是避免了由钢丝编成钢丝束股的作业，从而加快了主缆的施工进度。但它要求有大吨位的起重运输设备和曳拉设备来搬运跨越全桥的整根钢丝束股。PS 法中，钢丝束股都制作成正六边形，这样主缆的孔隙率可以达到最小，故现用钢丝束股的钢丝数为 61、91、127 等。为了便于束股制作，钢丝直径为 5 mm 左右，具体直径根据所需钢丝的总面积和排列来计算。

2. 吊索

（1）吊索的形式。悬索桥吊索的立面布置有垂直式和斜置式两种形式。迄今为止，国内外绝大部分悬索桥都采用垂直式吊索。斜置式吊索的主要缺点是：①中跨跨中斜吊索易因汽车荷载的变化而发生疲劳破坏；②在制作上因难以避免的误差而易使斜吊索松弛，故目前较少应用。

（2）吊索的材料。为了操作方便，现代悬索桥一般采用柔性的钢丝绳或平行钢丝索作为吊索。

第一，钢丝绳。主要包括两种：①绳心式钢丝绳，它是由位于中央的一股钢丝绳作为绳心，在其外围用 6 股由 7 丝、19 丝或 37 丝钢丝束股扭绞而成的；②股心式钢丝绳，它

---

① 胡志坚，向鹏．多塔悬索桥主缆疲劳寿命分析［J］．公路工程，2023，48（1）：23.

由 7 股 19 丝钢丝束股扭绞而成，位于中央的一股为股心。两种钢丝绳中，钢丝束股的扭绞方向与钢丝束股中钢丝的扭转方向相反。

第二，平行钢丝索。平行钢丝索的截面一般为几十根甚至百余根 45~47 mm 镀锌钢丝，外加 PE 套管保护。每个索夹处的竖直吊索都包括两根平行钢丝索。

第三，吊索的索夹。吊索与索夹的连接方式分为四股骑跨式和双股销铰式。

四股骑跨式的吊索是将两根两端带锚头的钢丝绳骑跨在索夹顶部的嵌索槽中，并使四个锚头在下端与加劲梁体相连接。骑跨式的索夹按左右方向分为两半，再在索夹的上方用水平方向的高强度预应力杆将它们夹紧连在一起，使索夹依靠其与主缆之间的摩阻力将自己固定在主缆上。显然，四股骑跨式的吊索是不宜采用平行钢丝索的。

双股销铰式的吊索是两根下端带锚头，上端带连接套筒的钢丝绳或平行钢丝索，将其上端用销铰与带耳板（吊板）的下索夹相连接，下端用锚头或同样用销铰与加劲梁体相连接。销铰式的索夹按上下方向分为两半，同样用高强度预应力杆从索夹的左右侧将它们夹紧连在一起。

（四）锚碇

1. 锚碇的组成

（1）锚体。它包括锚块、锚固系统和主缆支架等部分。它是直接锚固主缆的结构，并与基础一起共同抵抗由主缆拉力产生的锚碇滑移与倾覆。

（2）盖板。盖板又称遮棚，作用是覆盖锚块及主缆等，是建立在锚碇基础上的钢筋混凝土或钢结构的建筑物。如果高程合适，还可以在它的上面修筑路面和在它的内部兼作配电、排水设备等机房之用。

（3）基础。与其他桥型的基础一样，悬索桥可以采用扩大基础、沉井基础和群桩基础等类型，具体视桥位处的水文、地质条件而定。

2. 锚碇的形式

锚碇的形式主要有重力式和岩隧式两种类型：

（1）重力式锚体。重力式锚体是一种通过增加重力来提高稳定性的结构形式。通常，这类锚体的设计采用较重的材料，例如混凝土或金属块，使其在受到外部力或压力时能够提供足够的抗力，确保锚碇的稳定性。这种设计适用于一些地质条件较好，不需要过多地依赖地下结构支撑的情况。

（2）岩隧式锚体。岩隧式锚体则是一种依托于岩石或隧道等地下结构的形式。通过在岩石中打孔，然后将锚体固定在岩石内，以增加锚碇的牢固性和稳定性。这种类型的锚体适用于地质条件较为复杂、需要依赖地下结构支持的情况，例如在岩石地层中进行锚固。

3. 锚固系统构造

前锚式重力锚的锚固系统，按其使用的锚固材料大致分为以下两种形式：

（1）型钢锚固系统。型钢锚固系统由锚杆、锚梁和锚支架三部分组成。钢制锚支架只在施工中起支承锚杆和锚梁的质量、定位的作用，锚杆和锚梁则是关键的受力构件。主缆的束股直接与锚杆连接，锚杆可以分为几节短段制造，各段之间采用普通螺栓连接。锚梁也可分为两节制造，然后焊接成整体。锚杆的强度验算应考虑锚杆两侧拉力差的影响，锚梁翼缘上直接承压的混凝土应做局部承压验算。

（2）预应力锚固系统。预应力锚固系统是由特种钢材加工而成的，并由预应力束固定在锚块前表面上的，连接器与锚固拉杆连接，锚固拉杆的另一端则与主缆的索股锚头连接。预应力束的尾端仍然锚固在混凝土的锚块内。预应力筋施加的有效预应力不应低于索股拉力的1.2倍。

（五）鞍座

塔顶鞍座是用来支承主缆，并将主缆的垂直分力传给桥塔的结构。塔顶鞍座主要由鞍槽、座体和底板三大部分组成。鞍槽在顺桥向呈圆弧状，半径为主缆直径的8~12倍，用来支承主缆束股；鞍槽在横桥向呈台阶状，与主缆束股的圆形排列相适应，台阶宽度与束股尺寸接近。座体是鞍座传递竖向压力的主体，上部与鞍槽连为一体，由一道或两道纵主腹板和多道横肋构成，其下部与底板相连。底板预先埋置于塔的顶面，起均匀分布鞍座垂直压力的作用。为了满足悬索桥在施工过程中鞍座的预偏或复位滑移的需要，底板与座体之间须设滑动装置，如辊轴、四氟滑板，或采取其他减摩技术措施。成桥以后，塔顶鞍座便与塔顶固结，因此鞍座下辊轴直径的确定不像确定一般桥梁支座下的辊轴直径那样严格。

二、悬索桥的总体设计

设计者首先要研究地形、地质、水文及接线等条件的限制，决定采用何种形式的悬索桥进行总体布置；其次针对选定的桥架形式进一步确定悬索桥的跨度比、垂跨比、加劲梁尺寸及其支承约束体系等要素；最后进行方案设计的初步估算，概略地计算结构受力及其主要工程数量。

第一，悬索桥的边跨度与主跨度比。从总体受力角度来讲，一般要求边跨与主跨的主缆水平分力在塔顶处互相平衡。这要通过边跨与主跨的主缆在塔顶两侧的夹角尽量相近来保证。但实际设计中，往往受锚碇远近及锚固点高低等客观条件的限制而无法达到。因此，世界上已建悬索桥的实例中，边跨度与中跨度的比例多在 0.25~0.5 之间取值。

第二，悬索桥主缆的垂跨比。垂跨比是指主缆在主孔处的垂度与主孔的跨度之比。垂跨比的大小，一方面直接影响主缆的拉力，因此也就在很大程度上决定了主缆的用钢量；另一方面，对悬索桥的整体刚度有明显的影响，垂跨比越小，刚度越大。因此，在实桥设计中，应结合对刚度和主缆用钢量的要求来选取合适的垂跨比，通常取值为 1/12~1/9。

第三，悬索桥加劲梁的尺寸拟定。悬索桥加劲梁的高宽尺寸，对大跨度悬索桥而言，似乎与跨度不存在固定的比例关系。实桥设计中，主要须根据抗风理论分析和风洞试验来验证所取的加劲梁高度和宽度是否具备优良的动力特性。通常，桁式加劲梁的梁高一般为 6~14 m，箱形加劲梁的梁高一般为 2.5~4.5 m，加劲梁的宽度则由车道宽度及桥面构造布置等决定。

第四，悬索桥成桥几何线形拟定。悬索桥在成桥时的几何线形指的是在特定气温条件下确定的恒荷载平衡状态及其几何控制点的理论位置。主缆成桥状态线形的计算对于确保悬索桥成桥后的几何线形符合设计要求至关重要，是施工控制的关键。线形的准确性直接影响到空缆线形和施工各阶段线形的确定，以及最终合理成桥线形的实现。主缆线形的计算理论包括有限元法和解析计算方法，例如抛物线法。抛物线法首先假设恒荷载在全桥范围内均匀分布，其次通过计算得出主缆的成桥线形近似呈抛物线。在这个过程中，还会计算得出主缆的水平拉力、吊杆处主缆的坐标等重要参数。这些理论计算方法对于悬索桥工程的成功实施至关重要，确保了成桥后的线形满足结构设计和要求。

第三节 悬索桥的施工猫道设计架设

一、猫道承重索设计

(一) 承重索的结构

承重索是猫道结构的主要受力构件，通常采用捻制钢丝绳制作。根据施工要求和国外的设计施工经验，一般按猫道成形后承重索的中心线低于主缆架设中心线 1.5 m 左右设置。该距离的选用，除应充分考虑主缆架设时施工人员操作方便，更重要的是必须考虑索股的牵引、主缆的箍紧及涂装时使用特殊机械（如紧缆机、缠丝机）的操作空间要求。承重索两端分别锚固于锚碇前墙与塔顶的预埋件上，并于锚固构造外设置长度调节装置；亦可锚固于塔顶或散索鞍前的可调节长度的锚箱内。承重索钢丝绳两端配以热铸合金锚头。如虎门悬索桥每侧猫道共设 8 根 φ48 的钢芯钢丝绳作为承重索，承重索的锚头同吊索锚头相同，相应的加工制作要求及灌锚要求与吊索锚头的要求相同。调节拉杆及连接销采用强度高韧性好的 40CrNiMOA，质量符合相关标准。比如，汕头海湾大桥每侧猫道共设 6 根 φ45 的钢芯钢丝绳作为承重索。

（二）承重索用材及要求

猫道作为柔性结构的临时性施工设施，所采用大部分材料为钢丝绳、钢丝网，这样不仅能满足线型、强度和刚度的要求，钢丝网又能减少挡风面积。

第一，钢丝绳规格选用。猫道承重索用钢丝绳须选择强度高、耐腐蚀性好、耐疲劳性、柔软性能优越、徐变小的材料。猫道系统为临时施工结构，因此在选用承重索、扶手绳、抗风缆及抗风拉杆的钢丝绳材料时，除满足强度要求外，还应考虑其经济性及重复利用的可能。

第二，钢丝绳预张拉工艺。由于构造和制造工艺的原因，国产多股缠绕式钢丝绳存在一些缺陷：如非弹性变形大（一般为 0.1%～0.16%）弹性模量小的特点，使得主缆架设期间的猫道线型会发生很大变化，对悬索桥上部施工造成不良影响。为保证猫道的线形，方便施工，承重索钢丝绳应在下料前进行预张拉，消除非弹性变形。

第三，钢丝绳预张拉的具体要求。参照吊索的张拉要求，汕头海湾大桥使用 445 mm 猫道承重索，预拉至最小破断荷载的 60%，并持荷 2 小时，消除了非弹性变形，使用期线形良好。虎门悬索桥设计要求：预张拉荷载为钢丝绳最小破断荷载的 55%（776 kN），持荷时间不小于 60 min，张拉两次。

二、猫道面层设计

猫道面层布置不仅应具有便于安全作业的结构构造，还应在选材时考虑满足猫道整体具有足够的刚度。

第一，猫道横截面设计。考虑到索股牵引、紧缆成型等作业对空间的要求，猫道设计宽度取 4.0 m 左右。同时设计猫道中心线与主缆中心线在竖向保持一致，这样在主缆成型、拆除抗风系统、放松猫道承重索等一系列作业后，将猫道挂在主缆上易于保持平衡。

第二，猫道面层细部构造。承重索上布置连接横梁，上面再铺设钢丝网。横梁采用角钢、槽钢和工字钢。其中角钢每2 m设置一道,槽钢每6 m设置一道,用于主缆成形后猫道的悬挂;工字钢每44 m(边跨38 m)设置一道,用于抗风拉杆的连接。横梁上钢丝网面层由两层不同孔眼尺寸及直径的钢丝网组成,第一层为φ5.0(孔75 mm×50 mm)的焊接钢丝网,以增加面层刚度。其上第二层为φ1.0的小孔(16 mm×16 mm)钢丝网,以防小工件坠落。另外,猫道两侧每隔0.5 m设置规格60 mm×50 mm×1000 mm的防滑木,以利于施工人员行走。此外,在面层的连接中,应尽量避免螺栓等的头部突出,以免妨碍操作人员的行走。

第三,猫道的扶手索。虎门悬索桥两侧每2 m设一根栏杆立柱,全长范围每侧栏杆上设φ26、φ16两根钢丝绳。上端φ26的钢丝绳主要作为工人行走的扶手,下端φ16的钢丝绳主要用于固定侧面防护网,以策安全。比如,汕头海湾大桥每侧的扶手用现两根φ15 mm的钢丝绳,两侧的栏杆网用高1.2 m的大方眼钢丝网。

第四,猫道面层材料。猫道面层系统是工人作业的平台,其材料须具有一定的强度、刚度和耐火性,并在满足透风需要的同时,要能阻止小工件穿过面层落下。

三、横向天桥设计

为了确保在施工过程中上、下游猫道之间的连通,必须在这两个猫道之间设置横向天桥。横向天桥的设置有助于实现左右两侧猫道的连接,提高猫道整体的稳定性,并增强其抗风性能。比如,虎门悬索桥和汕头海湾大桥在中跨位置均设置了三道横向天桥,两边跨则各设有一道。为了减轻横向天桥的恒载负荷,可以考虑采用以钢管为主体的三角桁架结构。在进行结构设计时,除了要考虑横向天桥本身的自重外,还需要计算人员和施工机械设备的重量,并进行结构强度的验算。

四、猫道抗风设计

(一)猫道的抗风措施

由于主缆的施工属高空作业,所以风的影响变得尤为突出,为了提高施工期间猫道的抗风稳定性、足够的刚度及调整线形的需要,通常通过在猫道下方布设抗风缆系统和设置横向天桥来保证。但因通航条件所限无法布置抗风缆时,可增加横向天桥的密度或采取其他措施增强猫道的稳定性和刚度,如日本明石海峡大桥。

又如,虎门悬索桥抗风系统由抗风缆及抗风拉杆组成。在每侧猫道的下方设两根φ40(边跨φ32)钢丝绳的抗风缆,中跨抗风缆布置须满足桥位处通航的要求,通航净空为

300 m×60 m。在抗风缆与承重绳之间设置的抗风拉杆，其布置形式常见的有竖直拉杆及斜拉杆，虎门悬索桥考虑系统调整的方便性，采用了竖直平行拉杆形式。抗风缆的两端须设置长度调节装置，并分别锚固于主塔基础顶部（或锚碇基础）的预埋件上，通过长度调整，保证抗风缆内的张力。

（二）猫道的抗风稳定性试验

猫道的总体刚度和稳定性与承重索的跨度、抗风缆的预张力和猫道的质量有关。猫道虽是施工过程中的临时结构，但在使用过程中也有可能遭受强风和台风的袭击，为了保证猫道使用过程中的安全性，验证所设猫道的抗风能力，一般悬索桥的猫道结构也应做风洞试验和抗风稳定性分析与计算。例如，汕头海湾大桥进行了猫道风洞试验研究，证实了设计计算猫道的刚度和稳定性是可靠的。同时为确保猫道抗风稳妥安全，作为保险措施分别在主跨和边跨距主塔1/4跨度处预设一对φ25 mm抗风斜拉索锚固于塔根承台处，以便台风袭击时，即行收紧作为猫道抗风斜拉索使用。虎门悬索桥猫道选用了1/100的缩尺比制作了模型，在风洞中观察猫道在强风中的稳定性和刚度，并考虑抗风缆中的不同张力对猫道抗风安全的影响。由模型试验的结果得到以下结论：

第一，该猫道由于扭转刚度较小，在较低的临界风速下出现静力扭转发散。在不设抗风缆时紊流风场中的临界风速为30 m/s，均匀流风场中的临界风速还略有下降。

第二，抗风缆会有效地提高猫道的刚度，当抗风缆的预张力为200 kN时，静力扭转发散的临界风速达到54 m/s，加大预张力后，临界风速还会有所提高。

第三，猫道在25 m/s的紊流风速的作用下设有抗风缆的猫道会产生15 m的侧向位移，增加风缆的张力可使位移减少到10 m左右。

第四，在20 m/s的紊流风速的作用下，振动加速度峰值：侧向为0.025 m/g，竖向为0.075 m/s^2。相应实体猫道的振动位移：侧向为0.113 m，竖向为0.084 m，扭转为0.198 m。

五、施工猫道架设

第一，导索过江（或河、海）。首先，需要在江、河或海面上架设导索，以便支撑后续的施工工作。这一步通常需要精确的测量和定位，确保导索的布设符合设计要求，并且能够承受未来猫道的重量和风险。

第二，架设承重索。在导索的基础上，进行承重索的架设。这些承重索负责支撑整个猫道的结构，因此，在选择材料和施工过程中都需要高度的技术要求。确保承重索与牢固和稳定是猫道安全运行的基础。

第三，猫道面层铺设。一旦承重索就位，接下来就是在承重索之上铺设猫道的面层。这一层通常由坚固的材料构成，以确保猫道的稳定性和耐用性。此时，需要考虑猫道的宽度和设计要求，确保满足行人和其他可能使用猫道的需求。

第四，横向天桥安装。猫道通常需要连接两个地点，因此在必要的位置安装横向天桥是关键的一步。横向天桥的设计和安装需要考虑到猫道的使用场景和周边环境，确保天桥与猫道整体结构协调一致。

第五，调整猫道标高。为了适应地形的起伏和其他可能的变化，需要进行猫道标高的调整。这一步骤确保猫道的整体水平和高度符合设计要求，提高猫道的舒适性和使用安全性。

第六，抗风缆架设。为了增加猫道的稳定性，尤其是在高风区域，需要架设抗风缆。这些缆绳可以减小猫道在强风条件下的摆动，确保整个结构的安全性和稳定性。

第四节　悬索桥的施工控制与试验

一、悬索桥的施工控制

悬索桥的施工，基本程序是：先修锚碇和塔，次架主缆，再挂吊索，后架设加劲梁及桥面系。其中，主缆和加劲梁的架设是悬索桥施工的关键环节。因为，在主缆和加劲梁的架设过程中，桥塔和缆上的荷载不断变化着，主缆的线形也随着变化，由承受本身自重的悬链线，逐渐变成承受全部恒载的抛物线。为使悬索桥建成后其加劲梁和主缆都能达到设计线形，就需要在整个施工中进行严格监测和控制。施工监控主要有以下工作：

（一）对主缆的施工控制

第一，主缆内各钢丝均匀受力的控制。无论是采用空中编缆法还是预制索股法架设，都必须遵循这个规则。这是控制工作的一个原则要求。对于预制索股法，特别需要注意的是，要在同一索股进入鞍座槽路之前，将锚头稍微顶高，使其处于自由悬挂状态，并在量测其中点的矢高后进行调整，确保各股矢高相等，从而使各丝受力均匀。

第二，调股的控制。只有将股缆主跨和边跨的矢度调整到规定位置，并使股缆两端位置固定，才能使其准确落入主鞍座。只有严格控制这些参数，悬索桥在进入恒载状态时，主鞍座的位置才能与设计位置完全一致。

第三，架设中长度的控制。由于一旦股缆架设到主鞍座后，其支承点的相对位置就不得变动，因此在主缆架设过程中，必须精确定位三段主缆长度：从锚到主鞍顶，从一岸主鞍顶到另一岸主鞍顶，再从主鞍顶到锚。

第四，其他控制量测。架设股缆施工中和调股中，均应在夜间温度较恒定时进行，量测股缆矢高和两塔顶主鞍位置，并应以主鞍位置值校正矢高实测值。

（二）对塔上主鞍座位置的控制

对于悬索桥的成功施工，对塔上主鞍座位置的控制至关重要。这是因为必须确保成桥时主鞍座位于其设计位置。在主缆架设阶段，就应该为主鞍座的空间位置设置一个靠岸的偏移量。只有这样，在架梁的过程中，随着梁段的增加，主缆拉力的增加以及主缆长度的增加，主鞍座才能够准确进入设计位置，使得悬索桥在恒载状态下符合设计要求。

（三）对梁段架设中的施工控制

悬索桥施工中，加劲梁梁段的架设是一个至关重要的环节。因此，需要对梁段架设的方法和步骤进行详细的计算与分析，并根据这些计算进行施工量测和控制。首先，架设设计的任务是对加劲梁架设阶段的悬索桥进行结构分析。其次，通过比较不同的架设方案，选择并确定最合理的架设方案，以防止结构出现超限应力，并为梁段的架设提供依据。最后，在施工过程中，需要特别注意实测值与设计计算值进行对比和调整，确保施工的精准度和质量。

二、悬索桥的试验

悬索桥结构的受力分析和结构行为目前可以用数学力学模型进行仿真模拟与分析，但还不能完全替代结构试验来检验设计分析与计算的可信度。试验中的观测和科学数据的采集分析，会提出新的问题，推动桥梁设计理论的新发展。从结构试验、工程实践到设计理论发展，是工程建设必不可少的三个步骤。下面重点阐述与悬索桥设计相关的试验理论与方法：

（一）悬索桥风洞试验

大跨度悬索桥属于柔性结构，在风荷载作用下很容易发生静力失稳（扭转发散、横向屈曲）和动力失稳（颤振和驰振）以及风致限幅振动（抖振和涡激振动）。因此，评价大跨度悬索桥的抗风安全性是设计者们最关心的核心问题，设计中除应对大桥的静力稳定性、颤振稳定性以及抖振响应做必需的理论分析外，还应以模型风洞试验进行验证。

1. 风洞模型试验的原理

（1）风洞的基本类型。

风洞按风路形式分为开路式和回流式，而回流式又可分为单回、双回和环回几种。

风洞按风速分为：低风速、高亚音速、跨音速、超音速、高超音速几种。

风洞按其试验段有无壁可分为：开口型、闭口型。

风洞按其试验段的流场形式又可分为：均匀流风洞、紊流风洞、边界层风洞。

（2）风洞的相关术语。

第一，试验段。指风洞试验中包括安置模型的场所的风路的一部分。其中的有效试验段，是除掉周围的边界或气流的混合区的部分。

第二，试验段型式。试验段分闭口型和开口型，以风洞壁封盖试验段四周的形式称为闭口型，试验段四周或其一部分敞开的型式称为开口型。

第三，边界层。对于试验段四周有风路壁的情况，由于试验段形式流体的黏性，壁面附近的流速降低，形成所谓边界层。模型必须尽量避免放到边界层内。

第四，混合区。对于开口式风洞，试验段的气流或喷流周围的一部分或全部与外部的静止大气接触，喷流和静止大气接触部分由于流体的黏性使喷流减速，而静止大气被加速，形成所谓混合区。

第五，有效试验段宽度。试验段宽度，应考虑使模型端部不进入风速分布不均匀的部分。对闭口式试验段要去掉侧壁生成的边界层宽度；对开口式试验段要去掉自由喷流周围部分的混合区宽度。

第六，有效试验段高度。由试验段的气流高度扣除边界层和混合区部分的高度。

2. 风洞模型试验的种类

风洞模型试验通常有全桥模型、节段模型、拉条模型等不同类型的试验。其试验目的及内容也有所不同，各有侧重。

（1）全桥模型试验。全桥模型试验即全桥气动弹性模型试验，用以检验桥梁的整体气动稳定性，测定风致振动响应。全桥模型的梁和塔宜用铝合金制作，而节段模型可用硬木制作。模型制作时，除符合几何与力学缩比特征外，还应注意其光洁度，以保证其应有的流态。为了反映模型与原型的相似性，还应安装人行道板、栏杆、风嘴等结构，因为这些结构对试验结果的影响较大。下面对模型制作的一些有关参数予以说明。

第一，弦长、梁高。悬索桥模型的弦长，是指其宽度方向的长度。对于桁架式加劲梁的悬索桥，是指主桁架的中心间距；对于扁箱式加劲梁的悬索桥，是指最外侧的间距。模型梁高是垂直方向的高度，对于桁架式加劲梁，是指主桁架的中心间距；对于扁箱式加劲梁，是指梁的投影高度。

第二，模型长。所谓模型长，是指悬索桥模型顺桥方向的长度，是除掉端板或补充模型的长度。

（2）节段模型试验。将一段典型桥面悬挂在弹簧上形成一个二维的刚体节段模型来近似地模拟实际三维桥梁结构的试验，测定桥梁加劲梁的非定常气动力特性（气动导数，气动导纳）及在非定常气动力作用下的稳定性（颤振）和振动响应（涡激共振）。将刚体节段模型采用单端悬臂支承或简支支承，用以测定常态的阻力、升力和扭转力矩及其随攻角的变化。节段模型试验又分为静力节段模型试验和动力节段模型试验，具体如下：

第一，静力节段模型试验。进行动力节段模型风洞试验之前，应先做静力试验，以求得有关的阻力 P_D、升力 P_L 和升力矩 M 的三条曲线。其试验方法是：首先，从悬索桥加劲梁长度中截取一段做成节段模型，其长度可为桥宽的 2~3 倍，模型刚性固定支承在风洞中天平支架上；其次，在二维流场中，用三分力天平测定节段模型在各种攻角与速度的风力作用下所受到的 P_D、P_L 和 M。最后，将实测数据绘成曲线，以判定该横截面的稳定性。

第二，动力节段模型试验。在动力试验中，模型应按动力相似做成弹性振动体系，吊挂在风洞中的支架上，变化风的攻角和风速，实测模型的变形时程或位移，从而确定其临界风速 v_{cr}。因节段模型试验可在小风洞中进行，且模型细部如透风洞、栏杆等可精确模拟，也易修改和改变，从而可迅速得到优化效果，所以国内外采用较多。

模型设计。模型设计中，除几何相似处，原则上要考虑以下无量纲参数，在实桥图式的值和模型的值之间相似：

$$\delta_B,\ \delta_T,\ \frac{v}{N_B D},\ \frac{v}{N_T D},\ \frac{m}{\rho D^2},\ \frac{J}{\rho D^2} \qquad (7-1)$$

这样，实桥的竖向挠曲或扭转的某一振型下的运动方程就与二维刚体的桥梁模型振动体系的运动方式之间能达到相似。

模型支承。节段模型，一般是由弹簧支承。因模型的安装精度与试验结果有很大关系，所以应特别注意：桥轴须与风轴垂直，且桥轴要与竖向挠曲方向垂直。攻角的设定方法有三种：①只将模型按攻角度数倾斜；②将整个支承装置倾斜；③将风洞气流轴线按攻角度数倾斜。最后，在安装完了约束装置、阻尼器、激振器、附加重锤等各种附件后，必须使模型振动体系的质量、刚度对模型中心轴和模型桥轴线两个方向都对称。试验开始前，还要对模型振动体系进行综合检查，不应有自由振动引起的横摇或桥轴线方向的纵向摇动，必须具有较好的频率或自由衰减率的重显性。这些检查事项，对攻角变化时也要进行，以证实模型振动体系的基本特性，如质量、刚度、阻尼等未因攻角而发生变化。

试验测定。主要测试内容为以下三方面。①攻角的变化范围。试验中，原则上在−7°~+7°的攻角范围内，每一度都要进行试验。由于试验中的气流影响而产生的攻角变化，要根据需要进行修正。②风速的变化范围。试验中，原则上是在 1.2 倍设计风速的范围内进行。试验风速的间隔，根据情况适当选择。在检查上述试验风速范围内的振动现象时，可根据以下情况来适当选择风速的间隔：对设计风速的 1/10 以下的每个风速，弄清模型的振动特性；在换算成实桥±1.5 m/s 的范围内，求出自激振动的临界风速；发生涡流激振时，要捕捉涡流激振的最大振幅。上面虽未涉及风速范围的下限，但是对扁平箱式加劲梁，要尽量从低风速开始试验，以检查有无低风速涡流激振。③振幅变化范围。试验中，原则上扭转振动要试验 0.5°~5°；竖向挠曲振动要测试弦长的 1/200~1/20 的振幅范围内的振动特性。

试验结果。根据测试资料，应主要归纳总结如下试验结果：①扭转振动。风速—扭转振幅—衰减率的关系；风速—衰减率（振幅为 1°）的关系；风速—定常振幅的关系；自激振动临界风速—攻角的关系。②竖向挠曲振动。风速—挠曲振幅—衰减率的关系；风速—衰减率的关系；风速—定常振幅的关系。其中，某一风速下的定常振幅，可由该风速下振幅和衰减的关系，作为衰减率为零时的振幅求出。

（3）拉条模型试验。一种介于节段模型试验和全桥模型试验之间的方式，其响应形式相当于吊桥中跨的响应。主要作为节段模型试验的补充，以测定桥梁加劲梁在均匀流及紊流下的涡激共振、抖振响应和颤振。

（二）悬索桥运营健康监测试验

1. 悬索桥健康运营监测概述

桥梁在建成通车后，由于受到气候、氧化、腐蚀或老化等环境因素影响，并且长期在静载和活载的作用下遭受损坏，其强度和刚度会随着时间的增加而降低。这不仅会影响行车安全，更会使桥梁的使用寿命缩短。而传统的人工桥梁检查程序和设施，一般来说是不能直接和有效地应用在大型悬吊体系桥梁上，因为悬吊体系桥梁的结构布局和规模都十分复杂，构件多而尺寸大，再者其中一些构件都难以直接靠近检查。另外，由于现代的机械、光学、超声波和电磁等技术的检测工具，都只能提供局部的检测和诊断信息，而不能提供整体和全面的全桥结构健康检测与评估信息。因此，有必要建立和发展一个实时监测系统，用来监测和评估悬索桥在营运期间其结构的承载能力、营运状态和耐久能力等。国际上各国对桥梁结构健康监测都非常重视，如美国在 20 世纪 30 年代已在金门大桥的桥墩、桥塔和主缆及桥面上安装了测振仪，对金门大桥的环境振动进行监测试验。日本关门大桥也在 20 世纪 70 年代安装了大桥健康监测试验。我国自主设计建造的第一座大跨度现代悬索桥—汕头海湾大桥自通车运营之后，即开始进行每年一度定期健康监测，检查和积累主要结构力学工作状态。香港青马大桥和江阴长江公路大桥则建立了更为完善的运营健康监测系统，随时自动记录有关信息。下面以香港青马大桥和江阴长江公路大桥为例进行探析。

（1）健康运营监测范围。

第一，桥梁工作环境的监测，包括：桥址处风速和风向，桥址处环境温度和桥梁结构上温度分布状况，交通（车辆）荷载及其分布状况，地震荷载及铁路荷载等。

第二，桥梁整体性能的监测，包括：大桥结构的动力特性，大桥加劲梁（加劲梁）的各控制部位应力和位移状态，以及大桥钢索的索力等。

第三，进行结构评估工作，以评估大桥即时的结构可靠度。

（2）健康运营监测目的。

第一，监测大桥结构健康，辅助制订日常养护维修方案。

第二，论证大桥的设计和建造时所用的假设和参数，用作结构和可靠性理论评估模型的修订和改进。

第三，发展和容纳先进的结构监测和评估技术及方法。例如，结构的可靠性评估方法，结构损伤或缺陷及其诊断和检损技术，桥梁评估工作的标准化和规范化，大桥修复加固技术，大桥的养护维修策略和监测系统的信息管理技术等。

第四，辅助及改进大桥的人工结构检测和评估工作。

（3）健康运营监测的方法。

第一，静力受力与变形监测。静力受力与变形监测主要关注在建筑结构或工程体系中，受到外部静力作用时的力学响应和结构变形情况。这包括但不限于以下方面：

建筑结构受力分析：对建筑结构施加的静力进行监测，包括垂直载荷、水平载荷等，以了解结构在不同工作状态下的受力情况。

地基变形监测：对建筑物所处地基的沉降、变形等进行监测，以评估地基的稳定性和承载能力。

桥梁结构监测：针对桥梁等交通基础设施，监测其在静力荷载下的受力情况，确保其安全运行。

隧道工程监测：在隧道施工或使用阶段，监测地表和隧道结构的静力响应，确保工程安全性。

第二，动力受力与变形监测，包括自然脉动监测和跑车运营随机监测。

自然脉动监测：通过监测自然环境中的振动、风荷载等动力因素对建筑结构的影响，以评估其在自然灾害或其他外部动力作用下的稳定性。

跑车运营随机监测：针对交通基础设施，特别是高速公路、铁路等，监测车辆运营时的振动、冲击等动力因素，以保证基础设施在实际运营中的安全性和稳定性。

（4）健康运营监测结果的分析与评估。对监测结果进行分析，提出相应处置措施，旨在了解系统或组织的运作状况，并采取必要的措施以确保其健康、高效运行。

2. 悬索桥结构健康监测系统分析

WASHMS（风和结构健康监测系统）主要由四个系统所组成运作，这四个系统就是：①传感器系统（Sensory System，SS）；②信息收集系统（Data Acquisition System，DAS）；③信息处理和分析系统（Date Processing and Analysis System，DPAS）；④系统运作和控制电脑系统（Computer for System Operation and Control，CSOC），而这四个系统可划分为两种类别的系统，就是硬件系统和软件系统。其中硬件系统是指传感器系统、信息收集系统的硬件系统、信息处理和分析系统的硬件系统，及系统运作和控制的电脑硬件。而软件系统是指所有的电脑软件系统，包括电脑系统运作，信息收集、处理、传送，结构分析、评估，信息储存、传送、管理，以及图像处理等。

（1）硬件监测系统。硬件监测系统具体如下：

第一，传感器系统。这是指安装在三座大桥内约900个传感器及有关附件，其中包括有风速仪、加速仪、应变仪、位移仪、温度仪、水平仪、车轴车速仪、信息放大处理器和串联界面等。

第二，信息收集系统（DAS）。这是指安装在大桥内的九个由微电脑控制的信息收集站，每一个信息收集站（DAOU）包括有一至两台微电脑，至少可收集和处理64条频道的信息，并设有缓冲器可连续储存12小时的信息。DAS或其DAOU的主要功能是收集由传感器传来的信息并将此信息数据化，再放入光纤网络而传送到桥梁监测室的信息处理和分析系统（DPAS）中。

第三，信息处理和分析系统（DPAS）的电脑硬件系统。这是指安装在桥梁监测室内的其中两台电脑工作站，第一台工作站（CLFC）用作青马大桥和汲水门大桥的信息收集处理与做初步分析工作，而第二台工作站（CTKB）则用作汀九大桥的信息收集处理和做初步分析工作。

第四，系统运作和控制的硬件电脑系统。这是指安装在桥梁监测室内的另外两台电脑工作站，其中第一台工作站（CSOC）是将 CLFC、CKTB 所处理和初步分析了的信息进行结构分析并进一步展开评估工作，而第二台工作站（C3DC）用作辅助 CSOC 作为图像处理和执行图像输入及输出工作。此外，还设有一台手提微电脑用与网络维修和测试，以及一台可处理十六条频道的可携带式信息收集和处理系统用作大桥环境随机振动测试。

（2）软件监测系统。软件监测系统具体如下：

第一，所有安装在微电脑内的软件系统用作信息收集、处理和传送功能。

第二，所有安装在工作站内的软件系统用作信息处理、分析、传送、储存和管理功能。

第三，所有安装在 CSOC 和 C3DG 工作站内的软件系统用作结构分析和评估，以及信息储存和管理功能。

3. 悬索桥工作环境的监测

（1）桥址处风速和风向监测。大桥在设计施工时所做的抗风能力分析和风洞测试，是基于离开大桥桥址较远的气象站所收集到的风结构资料。由于桥址和气象站所处的位置有高度与地形上的差别，再加上悬吊体系梁对风振有较大的结构反应，因此测量大桥桥址的抗风结构和论证大桥的设计施工假设参数的有效性，成为大桥抗风振监测的主要部分。WASHMS 在桥址处对风的监测，主要是用安装在桥身和桥塔上的风速仪去执行。

第一，测量平均风速和风向，并绘编桥址的风玫瑰图。确定各自的平均风速、风向和重现频率，以用作大桥的结构抗风验算复核，以及作为在台风期间大桥交通管制措施的参考。

第二，测量风的结构。包括：3 s 阵风风速，1 min 平均风速，10 min 平均风速，1 h 平均风速，垂直的风角和风速，风在不同方向上的功率谱，不同风向、不同平均风速的相关和相干特性。

第三，测量特定风速的持续周期，以检测桥梁或拉索的涡激共振的平均持续周期。

（2）桥址处环境温度和桥梁结构上的温度分布状况监测。大桥的温度荷载设计，是基于香港路政署的结构设计手册所提供的两个温度参数：有效桥梁温度和差别温度。由于温度变化是和太阳辐射强度、材料热能散发率、环境温度及风速风向等因素有关，因此温度参数的极值不能从个别因素去推导。故此，监测大桥环境温度和桥梁结构上温度分布状况，用以推算大桥的有效温度和差别温度的极值，成为大桥温度荷载监测的主要部分。WASHMS 在桥址处对温度的监测，主要是用安装在桥身和桥塔内的温度仪去执行大桥的五项温度荷载监测工作：①测量在桥址处的环境温度，并和所测得的平均风速与风向作用相关性比较；②测量混凝土桥身和桥塔截面内的温度分布状况；③测量钢桥身截面内的温度分布状况；④测量桥梁上沥青路面的温度分布状况；⑤测量青马大桥的主钢缆截面内的温度分布状况。

（3）交通（车辆）荷载及其分布状况监测。对大跨度桥梁的交通（车辆）荷载设计，交通堵塞是主要的考虑因素。而大桥的交通荷载长度设计是基于：①每天交通堵塞形成的次数；②交通堵塞发生的位置、持续时间和车辆的分布模式；③交通堵塞时的交通流量等假设。

因此，测量和论证交通荷载设计假设与参数的有效性，成为大桥交通荷载监测的主要项目。WASHMS 在桥址处对交通荷载及其分布状况的监测，主要是用安装在指定车道位置上的车轴车速仪和桥塔横梁上的摄录机所录下的影像去执行大桥的四项交通荷载监测工作：①测量车辆的车轴重量和车速，并做各类型车辆的分类，以推算适当的大桥车辆交通荷载；②记录和观察在大桥上交通堵塞发生的位置、持续时间和车辆的分布模式；③测量货车车辆的百分比，以推算适当的大桥车道荷载系数；④测量各类型车辆的流量，以制定各级的应力阶段并用作大桥主要构件的疲劳估算。

（4）地震荷载监测。青马大桥的地震荷载是根据美国 AASHTO 的多振型分解反应谱法和输入适当的地震系数推算出来的，因此，测量大桥桥址的反应谱和论证地震荷载推算假设与参数的有效性，成为大桥地震荷载监测的主要项目。WASHMS 在桥址处对地震荷载的监测，主要是用两个三向的加速仪安装在青马大桥马湾锚碇内，测量桥址在地震时的地面三向加速度和绘制有关的地震反应谱。

（5）铁路荷载监测。青马大桥的铁路荷载是由承托着铁路道岔的纵向工字钢梁传到大桥桥身（加劲梁）内的横向框架上。由于没有传感器能直接测量铁路机车在大桥上所产生的荷载，因此大桥铁路荷载的监测，只能通过安装在大桥中跨 Way-beams 上的应变仪和绘制相应的感应线去推算单一机车车盘的荷载，再用这单一机车车盘的荷载去推算整列机车的荷载。

4. 悬索桥整体结构性能的监测

（1）悬索桥结构的动力特性监测。大桥结构的动力特性与桥梁结构的刚度、质量、阻尼值及其分布有关。结构的刚度决定了结构的静挠度或平均挠度，同时也决定了发振风速。质量是决定自振频率的重要因素。对大桥的风振来说，这种影响主要表现在作为一个大质量的物体在涡激振动中，它的响应幅度较小，而涡振的发振风速较高。阻尼值是影响振幅的大小。随阻尼值的增大，振幅会降低，而发振风速会提高。要准确地监测大桥的动载结构反应，例如风振、地震和铁路等荷载，首先要定期去测量它们的结构动力特性，其次，要从整体上观察或分析大桥结构的运行状态。例如，在其他条件不变的情况下，若发现大桥振动频率降低，则表示大桥的整体刚度在退化；若大桥某阶振型的频率变化不大，但发现局部振型有变化，则表示大桥局部部位有缺陷或损坏并导致局部刚度退化等。WASHMS 对大桥结构的动力特性监测，主要是用环境随机振动方法测量大桥振动特性，如自振频率、振型和阻尼值等。其中，振型包括：①悬吊结构（加劲梁）的横向弯曲振型、竖向弯曲振型及扭转振型；②桥塔的顺桥向弯曲振型、横桥向弯曲振型及扭转振型；③索和吊杆的面内和面外弯曲振型。

（2）悬索桥加劲梁的各控制部位应力和位移状态监测。大桥加劲梁在恒载和交通荷载作用下，加劲梁各部分具有不同的受力特点。通过对加劲梁各控制部位的应力和位移进行监测，不仅能直接了解各测点的应力和位移状态，从而为总体评估大桥的承载能力、营运状态和耐久能力提供依据，还能通过控制点上应力或位移状态的变异来侦察大桥结构有否损坏或潜在损坏的状态。WASHMS 对大桥加劲梁的各控制部位应力和位移状态监测，主要是利用安装在大桥内各控制部位的应变仪和水平仪来监测，并绘编相应的应力或位移影响线和影响面以检测各控制部位应力与位移状态。

（3）悬索桥钢索索力的监测。大桥的钢索索力状态（包括主缆索、吊索、斜拉索和稳定索等）是衡量大桥是否处于正常运行状态的一个重要标志。定期对钢索索力进行监测，不仅能为从总体上评估大桥的安全性和耐久性提供依据，同时也能在一定程度上发现钢索的锚固系统、防护系统是否完好，或钢索是否发生锈蚀等。WASHMS 对大桥钢索索力的监测，主要是用环境随机振动方法测量钢索的自振频率和振型，并利用有关的索力公式去推算钢索的拉力。

5. 悬索桥结构评估工作

结构评估工作是指利用特定信息，分析既有桥梁的可靠性并做出工程决策的工作过程。WASHMS 的大桥结构评估工作过程，可分为信息资料收集和处理、电脑分析评估模型的建立和修订、分析评估和决策建议等三个主要部分。目前，WASHMS 对大桥结构评估的内容有三个方面，即承载能力、营运状态和耐久能力。承载能力评估与结构或构件的极限强度、稳定性能等有关。其评估的目的是要找出大桥结构的实际安全储备，以避免桥梁在日常使用中发生灾难性的后果。因其与人身安全和财产损失有关而成为大桥结构评估的主要内容。营运状态评估与大桥结构或其构件在日常荷载工作下的变形、裂缝、振动等有关，就指定结构工作条件和定期养护维修的情况下，大桥结构营运状态评估结果是十分重要的。耐久能力的评估侧重于悬索桥的损伤及其成因，以及其对材料物理特性的影响。桥梁损伤大致可分成结构性损伤和非结构性损伤。结构性损伤对承载能力有直接影响。对钢结构而言，主要指钢材腐蚀和疲劳累积损伤；对混凝土结构而言，主要指开裂钢筋腐蚀和混凝土严重剥落。通常非结构性损伤只对大桥的营运状态和耐久能力产生影响，并可能增大交通（车辆）的冲击荷载效应。

6. WASHMS 监测系统的优化

（1）实时影像信息监测。由于 WASHMS 没有安装任何实时影像信息监察仪器，因此，WASHMS 目前的实时监测只能从数字信息或桥梁电脑模型上反映出来，但这些信息和模型欠缺了实桥反应或其周围环境变化的物理意念。实时影像信息监察除了能在视觉上评估监测系统的可靠性和在应用数字信息上提供较多的启发性思考外，更能在影响悬索桥结构的事故发生时，即时在视觉上检测大桥结构的损坏状况。因此，加装数码摄录机在大桥上，是目前考虑改进 WASHMS 的项目之一。

（2）悬索桥加劲梁及索塔轴线监测。悬索桥加劲梁和索塔轴线的空间位置，是衡量大桥是否处于正常运营状态的一个重要标志。任何索塔和主实际轴线偏离于设计轴线，都会影响桥梁的承载能力和构件的内力分布。目前，青马大桥加劲梁及索塔轴线监测是包括在大桥每年一次大地测量的工作内，WASHMS 还未能对大桥加劲梁和索塔轴线做实时的监测。基于近年来卫星导航定位系统法（GPS）实时距离测量的准确性有极大的改进（垂直面误差约为 20 mm，而水平面误差约为 10 mm），因此，引进 GPS 在大桥加劲梁及索塔轴线监测上，也是目前考虑改进 WASHMS 的项目之一。

（3）悬索桥加劲梁索塔混凝土及刚构件耐久性（质量）监测。目前，还没有传感器能有效地对桥梁的混凝土和刚构件进行长期与实时的氧化、腐蚀、老化等监测工作，因此大桥的耐久能力，对混凝土构件来说，是用设计规范中规定保护层厚度和限制裂缝宽度来保证；但是对刚构件来说，是靠定期的人工检测、养护和维修来保证的。WASHMS 是一个借助于传感器系统、网络系统和电脑辅助系统式的桥梁健康监测系统。它主要是依靠传感器系统的准确性、网络系统的耐用性和电脑系统的可靠性，所以定期对传感器系统、网络系统与电脑辅助系统的检测、维修和校订，以及对电脑软件的可靠性能测试，已成为日常监测工作的一部分。因此，桥梁健康监测系统的工作，不只需要桥梁结构的工程及管理技术人员，还需要有电子和电脑工程及管理技术人员的参与，才能逐步完善和发展。

第八章 斜拉桥设计与建设

第一节 斜拉桥的类型及总体设计

斜拉桥主要是由索、塔、梁三种基本构件以及墩和基础构成的超静定组合结构。"斜拉桥以其结构稳定、使用寿命长、工程安全性高等特点在我国桥梁建设中得到了广泛的应用。"[①] 斜拉桥比梁式桥和拱桥具有更强的跨越能力，因此在建设大跨度桥梁时，斜拉桥往往成为首选桥型。

在斜拉桥组合结构中，用高强度钢材制成的一组斜拉索从塔顶附近对称地向两侧斜下方伸出，通过多点悬挂将主梁吊起，从而构成斜拉桥的基本结构。在这个体系中，主梁恒荷载和桥面活荷载通过斜拉索传至塔柱，再通过塔柱基础传至地基。斜拉索通过多点悬挂梁体使得主梁如同搁置在若干弹性支承上的连续梁，梁体结构的高度尺寸可大大减小，自重显著减轻，既节省了材料，又大幅度增强了桥梁的跨越能力。

一、斜拉桥的类型

斜拉桥按其索、塔、梁三者的不同结合方式，可组成漂浮体系斜拉桥、支承体系斜拉桥、塔梁固结体系斜拉桥和刚构体系斜拉桥等。

（一）漂浮体系斜拉桥

所谓漂浮体系斜拉桥，是指塔墩固结但塔梁分离，主梁除两端有支承外，其余部位全部用斜拉索悬吊，从而形成多点弹性支承的单跨梁桥。多点弹性支承使得梁体处于满载状态时，塔柱附近的主梁不会产生负弯矩峰值；同时，由于主梁可以随塔柱的伸缩而自动上下调整，故温度梯度、混凝土收缩和徐变产生的次内力均较小。特别是在采用密索体系时，主梁截面的变形和内力变化较平缓，受力较均匀，对于主梁制造不会提出过高的要

---

① 任永记.斜拉桥主塔施工要点探讨 [J].建筑技术开发，2019，46（21）：64.

求。当发生地震时，在地震荷载的作用下，整个梁体将发生纵向摆荡。若梁体与塔墩的自振频率相差较大，则通过两者之间无规律的运动差和能量转换可以有效地控制塔墩的地震响应。不过，还应该采取一些措施来避免梁体两端的碰撞破坏。斜拉桥通常采用悬臂施工，为了保证施工过程的安全，须在塔梁相交处采取塔梁临时固结措施，以此抵抗施工过程中的不平衡弯矩和剪力作用。

（二）支承体系斜拉桥

支承体系斜拉桥是一种特殊的桥梁设计，其特点在于塔墩的牢固结合以及梁体通过竖向支承与塔柱相连接，形成具有多点弹性支承的三跨或三跨以上的连续梁桥。这种设计在确保桥梁整体稳定性的同时，为跨度较大的桥梁提供了有效的结构支撑。

在支承体系斜拉桥中，如果支承体系采用主梁跨中设置铰或挂孔的结构形式，必须注意挂孔处的搭接长度，以满足安全的设计要求。这是为了避免在车辆荷载作用下，悬臂梁体的一侧在挂孔处发生过大的倾斜，从而影响行车的通畅与安全。通常情况下，带挂孔的悬臂梁主要应用于预应力混凝土梁的设计中，而主梁在塔柱处采用固定支承，在边墩处采用纵向活动支承。

对于带挂孔的悬臂梁，搭接长度的合理确定对于整体桥梁结构的稳定性和承载能力至关重要。在设计中须考虑挂孔处的荷载分布，确保其在受力时能够有效分散载荷，防止悬臂梁体产生不均匀的挠度和倾斜。此外，主梁的固定支承和边墩的纵向活动支承的选择与设计也需要综合考虑桥梁的结构特点以及使用环境，以达到稳定可靠的桥梁支承体系。

支承体系斜拉桥以其独特的结构设计在桥梁工程中占据重要地位，通过科学合理的支承体系，可以实现对大跨度桥梁的高效支撑，确保桥梁的安全通行和结构稳定。在设计和施工中，对挂孔梁体、固定支承和活动支承的合理配置与调整，是保障桥梁性能的关键要素。

（三）塔梁固结体系斜拉桥

塔梁固结体系斜拉桥是一种特殊结构形式，其设计理念集中在塔柱、横梁和梁体的紧密结合上。具体而言，该桥型在塔柱建设完成后，通过在塔柱横梁上构建梁体，并将梁体与横梁进行固结，形成了一种独特的结构体系。在这一设计中，斜拉索充当弹性支承，悬挂于悬臂梁体各处，其水平分力使得主梁在力学上相当于配置了体外预应力索的连续梁或悬臂梁。

在塔梁固结体系斜拉桥中，梁的内力、挠度与主梁和塔柱的弯曲刚度比值密切相关。

具体而言，当桥梁跨度中点受到满载时，主梁在墩顶处的转角位移会引起塔柱的倾斜，从而显著增大主梁的跨中挠度和边跨负弯矩。因此，当选择采用塔梁固结体系斜拉桥时，合理控制主梁与塔柱的弯曲刚度比值至关重要。

为确保桥梁的结构稳定性和安全性，设计阶段应充分考虑主梁与塔柱的弯曲刚度比值，并进行相应的优化调整。这需要结构工程师深入分析桥梁在不同工况下的受力情况，通过科学的计算和模拟手段，合理确定主梁和塔柱的结构参数。通过精确的设计和合理的施工过程，塔梁固结体系斜拉桥将能够充分发挥其在大跨度桥梁中的独特优势，为交通运输提供更加高效、安全的通道。

（四）刚构体系斜拉桥

刚构体系斜拉桥是一种结构设计上具有特殊优势与限制的桥梁形式。该桥的特点在于梁与塔、塔与墩之间均为固结，形成了一种刚性结构，使其具备跨度内多点弹性支承的刚构特征。这一设计方案旨在克服大型支座的缺陷，同时满足悬臂施工的稳定性需求，确保结构的整体刚度良好，主梁挠度较小。

其中，刚构体系斜拉桥的优势主要表现在结构整体刚度的提高上。由于梁、塔、墩的固结，桥梁能够更有效地承担荷载，并且在施工过程中可以实现相对较为稳定的悬臂工程。这一特性为桥梁的建造提供了更高的安全性和施工可行性。

然而，刚构体系斜拉桥也存在一些不可忽视的缺点。主梁固结处的负弯矩较大，而且结构内部受温度和混凝土收缩的徐变效应影响而产生的次内力也相对较大。在主梁跨中设置水平移动的剪力铰或挂孔，虽然可以缓解部分问题，但也可能导致行车不通顺的情况。因此，在设计刚构体系斜拉桥时，需要综合考虑各种因素，以达到平衡和优化的目的。

总的来说，刚构体系斜拉桥的设计是一个综合性的工程，需要在提高整体刚度的同时，合理解决负面影响。在具体应用中，刚构体系更适用于独塔斜拉桥的设计，这样的设计方案更能发挥其优势，能为桥梁工程的成功实施提供可行性和稳定性。

在斜拉桥的使用实践中，究竟应当选取怎样的主梁结构体系须根据地质条件、支座吨位、施工方法、行车平顺性及抗风抗震等因素综合分析后确定。

二、斜拉桥的设计内容与总体设计

（一）斜拉桥的设计内容

第一，基本资料。设计前必须对桥位、河流水文、地质条件、气象、通航要求、荷载标准、接线平纵面指标、与地面交通的连接、基本地震烈度、建筑材料、施工方法、美观要求等进行全面的调查研究。

第二，材料选择。梁、索、塔的材料既要符合规范要求，在选择上又要考虑因地制宜。预应力混凝土主梁的混凝土强度等级不得低于C40，预应力混凝土索塔的混凝土强度等级不得低于C30，钢筋混凝土梁、塔的混凝土强度等级不得低于C30；钢筋、钢板、螺栓等材料要符合公路桥梁相关规范的要求；拉索采用强度及弹性模量较高的高强度钢丝、钢绞线及高强度粗钢筋；拉索防护材料应选用具有防腐蚀、耐老化功能并经济的聚乙烯、玻璃钢、防腐涂料等材料。

第三，跨径布置。斜拉桥的跨径布置根据具体情况，应考虑全桥刚度、拉索疲劳强度、锚固墩承载能力等多种因素，可按双孔、三孔或多孔方式布置。当采用双孔布置时，边孔为主孔跨度的50%～100%，大多采用主孔跨度的80%～90%。当采用三孔布置时，中孔为主孔，两侧为边孔，边孔长度一般为中孔长度的25%～50%，从经济角度考虑大多为中孔长度的40%左右，但在特殊地形条件下可采用更小的边中跨比，或边跨采用地锚形式。当采用多孔（大于三孔）布置时，边孔长度一般为中孔长度的40%左右。

第四，索面选择。根据桥面宽度、美观要求，选择单索面、双索面或多索面。

第五，索形选择。索形应根据设计总体构思、受力情况、美学要求等因素确定，在竖直面内可选择的索形一般有辐射形、扇形、竖琴形和非对称形。

辐射形材料比较省，但与塔的锚固比较复杂；竖琴形耗材量比较大，但与塔的锚固比较简单；扇形则比较适中，又比较美观。索形选定后，即可进行塔与索连接构造的详细设计，当细节构造不成熟时往往会造成整个结构的重大变化。

第六，体系选择。根据不同的建设条件，选择漂浮体系、半漂浮体系、塔梁固结体系和刚构体系。

第七，塔形选择。塔的造型可简单地分为直线形和折线形。索塔应满足强度、刚度、稳定性等使用要求，并要充分考虑施工方便、造价低及造型美观等要求。

第八，施工工艺选择。其包括现场浇筑或工厂预制、现场安装、施工设备、安装步骤等内容。

第九，主梁横断面选择。主梁横断面形式应根据跨径、索距、桥宽等不同需要，综合考虑结构力学要求、抗风稳定性、施工方法等因素来选择。一般主梁横断面有闭口形和开口形两种。闭口形横断面多用于单索面构造，开口形横断面多用于双索面构造。钢结构主梁双索面桥也常采用闭口形，以满足较高的抗风要求，避免用厚钢板及随之产生的对电焊工艺的要求。

第十，桥面板厚度选择。其由横梁的间距和板的跨径决定，应做多方案比较。

第十一，横梁高度选择。其由桥宽或索面之间的净距决定，一般为桥宽或索面间距的1/20。

第十二，主梁梁高选择。可根据横梁高度、索与梁的锚固要求等确定主梁梁高。斜拉桥的主梁梁高与主跨跨径之比一般为 1/100~1/50。对密索体系大跨径斜拉桥，该比值可小于 1/200，单索面斜拉桥应按抗扭刚度确定。

第十三，主梁横断面抗风性能。根据已建同类桥梁风洞试验资料，选择断面流线形状，估算全桥扭转自振频率，选择断面风振参数，估算临界风速。结构的临界风速不宜小于设计风速的 1.2 倍。若此风速接近桥址处的设计风速，则必须改变断面形状，通过改变塔的断面形式来改变其扭转自振频率，并做风洞试验校验参数；若临界风速远高于设计风速，可以不做风洞试验。

第十四，横断面优化。由桥面板厚度、横梁高度及主梁高度各项选择数据，优选出最小的每延米自重。

第十五，索距选择。由前面的索面、索形选择和断面优化，可估算出索距、每根索的截面面积、全桥钢束根数。

第十六，塔高选择。独塔斜拉桥的塔高与主跨跨径之比宜选用 0.30~0.45；双塔斜拉桥的塔高与主跨跨径之比宜选用 0.18~0.25，并将边索与水平线间的夹角控制在 25°~45°。

第十七，塔的断面选择。由横断面优化后的每延米自重可估算塔的断面面积，按选择的索形和塔形细节详图及必要的张拉操作空间，初选塔的断面形状。

第十八，边孔索距选择。为了施工方便，应将尽量多的索安排成等间距。但斜拉桥为不对称结构，尾段几根索要集中锚固，一般设置在非悬臂施工的支架范围内。

第十九，锚墩的布置。在梁端部要考虑设置锚墩，以抵抗各种荷载产生的拉力，并允许墩顶主梁能水平移动。

第二十，辅助墩的设置。初始结构布置时，可不必设辅助墩。若验算结果表明塔身应力过大，或出于施工需要和抗风需要，可考虑设置辅助墩。

第二十一，结构计算。上述结构初步布置完成后，用电算程序对结构进行静、动力计算分析，再进行必要的修改，直至略有富余为止。

第二十二，合理内力的选择。应选择全桥合龙时结构的理论内力，即此内力经过徐变收缩完成后，梁塔的弯矩接近 0。

第二十三，施工内力及变形验算。按选择的施工方法和施工程序划分施工阶段。施工各阶段的计算简图应与施工阶段的划分一致，并计算拉索索力，主梁、索塔内力及应力，支座反力等。

（二）斜拉桥的总体设计

斜拉桥的总体设计是根据桥址处桥梁建设条件，通航要求，建设规模，技术标准，景观环境，交通流量预测及水利、电力、航运等部门的具体要求，对斜拉桥总体方案中的一些主要问题，如跨径布置，结构体系，主梁、索塔、斜拉索、基础的结构形式，辅助墩的设置等做综合考虑，进行合理的布置和同深度的比较，以得到最佳设计方案。

在斜拉桥的设计计算中，除进行静力分析外，还必须进行动力分析、稳定分析和抗风抗震设计，以确保结构的强度、刚度、稳定性和耐久性满足要求。斜拉桥各个主要构件（即主梁、索塔、斜拉索和基础）的设计必须协调进行，任一主要构件结构形式和尺寸的改变都会影响其他主要构件。应使各主要构件的设计互相协调，同时满足要求。

1. 斜拉桥结构体系的选择原则

常用的斜拉桥结构体系有四种：漂浮体系、半漂浮体系、塔梁固结体系、刚构体系。漂浮体系和半漂浮体系在双塔斜拉桥中应用最广泛，特别适用于有抗震要求的密索斜拉桥，地震时可做纵向摆动。其自振频率与地震频率不一致，不会发生共振，可确保安全。刚构体系适用于独塔或双塔高墩及对变形有较高要求的斜拉桥。

有水平约束的支承体系及塔梁固结体系用得较少。塔梁固结体系的优点是塔根区段弯矩小和温度内力小，但桥塔处支座反力大，梁负弯矩大，梁跨中挠度大。

2. 斜拉桥主梁的选择

现代斜拉桥最典型的布跨方式有三种：双塔三跨式、独塔双跨式和多塔多跨式。

（1）双塔三跨式。双塔三跨式斜拉桥是一种最常见的孔跨布置方式，一般适用于跨越较宽的海峡、河流或山谷的桥梁。双塔三跨式斜拉桥的边主跨比为 0.33~0.50，其中钢梁为 0.30~0.40，钢-混组合梁为 0.40~0.50，混合梁为 0.30~0.45，混凝土梁为 0.40~0.45。边跨较小时，边跨主梁的刚度较大，边跨拉索较短，刚度也就相对较大。因此，此时边跨对索塔的锚固作用就大，主跨的刚度也就相应增加。对于汽车荷载比重较小的公路和城市桥梁，合理的边主跨比为 0.40~0.45。

（2）独塔双跨式。独塔双跨式斜拉桥也是一种较常见的孔跨布置方式，适用于跨越中小河流和城市通道的桥梁。独塔双跨式斜拉桥的主跨跨径 L_2 与边跨跨径 L_1 之间的比例关系一般为 $L_1 = (0.5~0.8) L_2$。两跨相等时，边跨及端锚索对主跨变形的约束作用相对较小，较少采用。

（3）多塔斜拉桥。多塔斜拉桥的主要问题是体系刚度减小。多塔斜拉桥宜采用漂浮和半漂浮体系，并应采取提高整体刚度的措施，如增大中间塔的刚度，将中索塔顶与邻近塔根用拉索相连，增大主梁刚度，减小边孔端部索距，增大边孔拉索面积，设辅助墩等。

（4）地锚式斜拉桥。斜拉桥一般是自锚式体系，拉索锚在梁上，受地形限制时则拉索锚在地锚上。

（5）矮塔斜拉桥。矮塔斜拉桥又称部分斜拉桥，它兼有斜拉桥和连续梁桥两种桥型的结构优点，具有较大的刚度和较低的桥塔高度，桥型美观，跨越能力强，在 100~300 m 跨径范围内具有很强的适用性，是一种很具发展潜力的桥型结构。近十年来，矮塔斜拉桥的发展速度尤为迅猛。

通过对国内外矮塔斜拉桥参数进行分析，其桥梁边主跨之比为 0.33~0.81。其中，国内矮塔斜拉桥的边中孔跨度比为 0.43~0.71，主要集中在 0.5~0.65 范围内；国外矮塔斜拉桥的边中孔跨度比分布得比较分散。总的来说，与一般斜拉桥边中孔跨度比为 0.4 左右不同，矮塔斜拉桥边中孔跨度比更接近连续梁桥。

3. 斜拉桥的索塔布置

索塔根据不同需要，可布置为独塔、双塔或多塔形式，可采用混凝土索塔、钢索塔或钢-混组合索塔。

双塔、多塔斜拉桥桥面以上索塔的高度与主跨跨径之比宜为 1/6~1/46~1/4；独塔斜拉桥塔高通过外索控制，桥面以上高度与跨径之比宜为 1/3.7~1/2./2.7，外索的水平倾角不宜小于 22°。

4. 斜拉索布置

斜拉索横桥向布置可采用单索面、双索面或多索面，索面布置可采用空间索面布置或平面索面布置。斜拉索纵桥向布置宜采用扇形，也可采用竖琴形、辐射形、星形等。

斜拉桥主梁采用钢梁或组合梁时斜拉索标准间距宜为 8~16 m，采用混凝土梁时斜拉索标准间距宜为 6~12 m。斜拉索作为一个独立构件，设计时应进行综合比较，选用平行钢丝斜拉索或钢绞线斜拉索，并考虑其可更换性。

5. 辅助墩与边引跨

斜拉桥的辅助墩应根据全桥整体刚度、结构受力、边孔通航要求、施工期安全及经济适用条件进行设置。

汽车荷载往往在边跨梁端附近区域产生很大的正弯矩，并导致梁体转动，伸缩缝易受损。在此情况下，可以通过加长边梁以形成边引跨或设置辅助墩的方法予以解决。同时，设辅助墩既可以减小拉索应力应变幅，提高主跨刚度，又能缓和端支点负反力，是大跨度斜拉桥常用的方法。

6. 斜拉桥主梁设计

应综合考虑斜拉桥纵、横向受力情况，合理选择主梁截面形式和梁高。主梁可采用钢梁、混凝土梁、组合梁或混合梁。双塔三跨斜拉桥梁高与跨径之比，混凝土主梁宜采用 1/200~1/100，组合梁宜采用 1/200~1/125，钢主梁宜采用 1/330~1/180。独塔斜拉桥梁高视主跨长度、索面数、截面形式等变化较大，可略低于同跨径的双塔式梁高。

对于主梁采用预应力混凝土箱梁的矮塔斜拉桥，其变截面主梁支点处的高跨比为 1/53~1/20，国内矮塔斜拉桥主要分布在 1/38~1/25 范围内；跨中高跨比为 1/78~1/23，国内矮塔斜拉桥主要集中在 1/60~1/40 范围内，约为同等跨径连续梁梁高的一半。

第二节　斜拉桥的构造及性能

一、斜拉桥主梁的构造及性能

斜拉桥主梁的主要作用有三个方面。①将恒、活载分散传给拉索。梁的刚度越小，则承担的弯矩越小。②与拉索及索塔一起成为整个桥梁的一部分。主梁承受的力主要是拉索的水平分力所形成的轴压力，因而需有足够的刚度防止压屈。③抵抗横向风载和地震荷载，并把这些力传给下部结构。

拉索间距大时，主梁由弯矩控制设计。对单索面而言，扭转控制设计。对于双索面密索体系，主梁设计主要应考虑轴压力因素以及整个桥的纵向弯曲。另外，应考虑到在减小活载的情况下主梁有足够的强度和刚度以更换拉索，并须考虑个别拉索偶然拉断或退出工作的情况。

主梁的高跨比正常范围是 1/100~1/150。

（一）混凝土梁

1. 实体梁式与板式主梁

实体梁式和板式主梁是斜拉桥设计中常用的两种结构形式，它们主要适用于双索面斜拉桥。这两种主梁结构具有构造简单和施工方便的优势，使它们成为工程实践中备受青睐的选择。特别是在实体梁式中，当斜索在主梁的边缘锚固时，锚固结构变得异常简单，且在索面内具备一定的抗弯刚度。这一设计不仅简化了锚固构造，还有效地避免了在锚固点处可能产生的大的横向力流。

截面的空气动力性能也是考虑主梁设计时的一个重要因素。实体梁式主梁的截面空气阻力相对较小，尤其当整个截面逐渐趋于一块平板时，其合理而有效的空气动力性能成为一个优势。这一特点在斜拉桥宽度增大时尤为显著。

实体梁式主梁的设计可以被认为是混凝土斜拉桥中较为简单的一种形式。与此同时，随着斜拉桥主梁的跨高比不断增加和主梁高度相对减小的趋势，实体板式主梁逐渐崭露头角。这包括了纯板式和矮梁式两种截面形式。矮梁板式主梁的出现是为了应对跨高比的增大，其特点是主梁位于桥宽两侧，梁高相对较小，但两主梁之间仍有横梁和桥面板相互连接，保证整体结构的稳定性和强度。这种设计在 20 世纪 80 年代以来成为一种相对新颖而适应新时代需求的解决方案。

2. 箱形截面

箱形截面在现代斜拉桥设计中占据重要地位，其特点主要体现在其抗弯和抗扭刚度较大，使其能够适应不同的斜索布置方式，包括稀索、密索、单索面或双索面等。这种截面形式的灵活性使得其成为斜拉桥设计中的常见选择。箱形截面不仅能够满足各种索面布置的需求，还可以通过组合不同的截面形式形成封闭式的单箱形式或分离式的双箱形式，以满足不同桥宽的要求。此外，箱形截面的组合构造也允许在桥梁施工过程中采用部分预制和部分现场浇筑的方式，从而为施工方案提供更多的选择。

在双索面混凝土斜拉桥中，箱形截面的主梁通常以分离式的两个箱体形式存在，每个箱体分别锚固于拉索，而两个箱体之间则通过横梁和桥面板连接。这种设计形式在双箱梁的典型截面中呈现为倒梯形。对于采用双索面的设计，应尽量拉大两个竖腹板的间距，使得中室的尺寸大于边室，以实现更大的横向惯性矩。相反，在单索面设计中，竖腹板的间距应尽量缩小，以确保斜索可以锚固于较小的中室内。

在实际的桥梁设计中，工程师可以根据具体的要求选择适当的箱形截面形式，以确保斜拉桥在不同工况下都能够稳定可靠地运行。

（二）钢梁

在斜拉桥结构设计中，钢梁作为主要承载构件之一，其选择和设计对于桥梁的性能和稳定性具有关键影响。

第一，工字形钢。主梁在斜拉桥中常以"双主梁"布置，即采用两根工字形钢构成的主梁结构。这种设计方式在钢梁之间引入了钢横梁，而钢桥面板与钢主梁及钢横梁相连接。为增强结构刚度，钢桥面板底面通常焊有纵向和横向的加劲肋，形成正交异性钢桥面系。需要注意的是，斜拉桥上的斜索应尽量避免在外伸的托架上锚固，以利用弯矩和剪力将索力传递给钢主梁。然而，这样的设计导致了力流的复杂性，对于构件较为单薄的钢结构而言，细节构造也相对难以处理。

第二，钢箱梁。钢箱梁是另一种常见的钢梁形式，其截面布置方式可以相当于工字形双主梁，但将工字形钢梁替换为扁平的钢箱梁。在现代斜拉桥设计中，钢主梁更多地采用整体构造的流线形扁平钢箱梁，以提高结构的性能和美观性。

第三，钢桁梁。使用钢桁梁的主要原因是为了满足双层桥面的布置需求。这种设计在斜拉桥结构中较为常见，通过桁梁的布置实现上下两层桥面的支撑，为桥梁提供更大的通行面积。

第四，单索面斜拉桥中的钢梁截面。在单索面斜拉桥中，斜索对桥梁的抗扭作用较弱，因此一般采用抗扭刚度较大的整体构造的箱梁。这样的设计能够有效应对桥梁在使用过程中产生的扭转力，提高结构的整体稳定性。

（三）组合梁

组合梁斜拉桥是指钢主梁的上翼缘与设置其上的混凝土桥面板之间用剪力键结合共同受力的梁体结构，组合梁一般只适用于双索面斜拉桥。

预制混凝土桥面板与钢主梁的连接主要靠抗剪连接件，当前一般是采用带头的"栓钉"。抗剪栓钉事先焊接在钢结构的顶面翼板上。这种以钉身底端垂直于面板的焊接，须用专门焊接工具和焊接工艺。预制板的四周或伸出连接钢筋，或在有抗剪栓钉的位置处开孔。

组合梁的抗剪连接，要在桥梁的悬臂架设施工中承受很大的荷载。此时，由于剪滞影响限制了连接缝附近的混凝土桥面板的有效宽度，而这个工作截面必须承受下一个梁体节段架设时产生的很大的局部弯矩。由此可见，简单而可靠的剪切连接能很快取得强度，是影响桥梁架设速度的关键。

将抗剪栓钉熔焊在钢梁接合处会产生焊接疲劳问题，对此须通过疲劳试验，予以慎重处理。

另一个影响抗剪连接强度的因素是，连接处的轴向力会随时间变化而在钢梁与混凝土板之间进行内力重分配。特别是在架设过程中，当混凝土板尚未达到全部强度前就开始承受轴力，其结果是由于徐变的关系会使混凝土桥面板中的部分轴力转嫁给钢梁，这会影响钢与混凝土两种物体中的恒载轴力分布和桥梁的最终线形等。

（四）混合梁

混合梁斜拉桥是一种特殊类型的斜拉桥，其主要特点在于主跨采用钢梁（或钢-混凝土组合梁），而边跨或部分边跨则采用混凝土梁。连接钢梁与混凝土梁的关键节点通常设在索塔附近，或者也可以选择在边跨跨中的任意位置。

选择混凝土梁作为边跨的设计灵感主要来自混凝土梁自身的重量较大，这有利于边跨充分发挥其在锚固跨上的作用。因此，通过在边跨部分引入混凝土梁，可以有效增加整个桥梁系统的自重，进而提高边跨在锚固跨上的稳定性。

连接混凝土梁与钢梁的节点选择在索塔附近，这是因为该位置的梁的弯矩相对较小，而梁的轴力最大。在节点细节构造方面，传递轴力的构造相比传递弯矩的构造更容易处理。这一设计选择考虑到了结构中不同部位的受力情况，以便更有效地传递荷载和维持结构的稳定性。

此外，连接点选择在边跨尾部，是为了进一步突出尾跨在整体结构中的压重与锚固作用。通过优化连接位置，可以使中跨与整体结构获得的刚度值最优化，从而提高桥梁的整体性能。

混合梁斜拉桥的设计充分考虑了不同部位的受力特点，通过合理选择材料和优化结构布局，旨在达到最佳的稳定性和承载能力。这种桥梁设计的详细论述为其实际建造提供了科学依据，有望在实际应用中取得优异的工程效果。

二、索塔的构造及性能

斜拉桥的柔细感与直线感虽很大程度上来自梁体与斜索，但索塔的形状对全桥的景观也至关重要，它在美学上几乎起决定性的作用。因此，必须非常慎重地选择索塔的形状，精心确定出优美的尺寸比例。具体的做法可借助于制作模型来进行比较，然后决定取舍并进行局部优化。

（一）索塔构件组成

组成索塔的主要构件是塔柱，另外还有塔柱之间的横梁或其他连接构件。

塔柱之间的横梁一般可分为承重横梁与非承重横梁。前者为设置主梁支座的受弯横梁，以及塔柱转折处的压杆横梁或拉杆横梁；后者为塔顶横梁和塔柱无转折的中间横梁。

（二）混凝土索塔

混凝土索塔作为支撑斜拉桥主跨结构的关键组成部分，在设计和施工中采用不同的截面形式以满足工程需求。常见的截面形式包括矩形、五角形、六角形、八角形和 H 形等多种类型。选择合适的截面形式对于确保结构的稳定性、承载能力以及美观度至关重要。

矩形截面通常适用于各类跨度的斜拉桥，是一种简单而有效的设计选择。然而，矩形截面的风阻力相对较大，因此在设计中需要综合考虑风荷载对结构的影响。

五角形截面常被考虑用于混凝土索塔的设计。这种形状的特点是在视觉上相对独特，有助于提升结构的艺术性和美观度。此外，五角形截面在一些特殊工程场景下，例如对桥梁造型的特殊要求或者对结构空间的限制等，可能是一种合适的选择。然而，需要注意的是，五角形截面的施工和分析相对八角形或矩形来说可能更为复杂。

六角形截面是另一种常见的选择，具有类似于五角形截面的一些优势，同时在一些设计上可能更容易实现。六边形的几何形状有助于提高结构的稳定性，而且相对于矩形截面，风阻力可能较小。在一些工程项目中，六角形截面可能会被优选，特别是当设计追求一种更加对称和均衡的外观时。

八角形截面优势在于能够容纳封闭式环向预应力筋，提高了结构的整体性能。然而，八角形截面的构造相对复杂，需要在设计中综合考虑结构的复杂性和可施工性。

H 形截面在立面上的设计则具有一定的优势，可以使锚头不外露，从而提升结构的美观度。此外，H 形截面的设计也有利于挂索施工，为施工过程提供了便利。

对于较大跨径的斜拉桥，空心截面成为一种常见选择。空心截面的设计可以有效降低风阻力，提高结构的稳定性。在采用空心截面时，常见的形式有 H 形截面，需要在每一层拉索锚头处增设水平隔板。这样的设计不仅有利于将索力均匀传递到塔柱全截面上，还在施工阶段和养护或换索时提供了便捷的工作平台。

总体而言，混凝土索塔的截面形式的选择需要综合考虑结构的技术要求、美观度以及可施工性等因素，以确保斜拉桥的安全稳定、高效建设。

（三）钢塔

斜拉桥的索塔通常采用钢结构，而钢塔作为索塔的一部分，其设计原理涉及多个方面。首先，钢塔的几何形状应考虑桥梁的跨度、荷载分布以及地理环境等因素，以确保其能够有效地支撑桥梁结构。其次，钢塔的材料选择和强度设计必须满足工程的负荷要求，同时保证耐久性和抗腐蚀性，以确保斜拉桥的长期稳定运行。

钢塔在斜拉桥结构中的位置使其在整个桥梁的安全性和稳定性中发挥着至关重要的作用。其设计必须考虑荷载传递、变形控制等方面，以确保在不同的荷载情况下桥梁仍然能够保持结构的完整性和稳定性。工程师需要通过详细的结构分析和模拟来验证钢塔的设计，以确保其在各种极端条件下都能够有效地承担荷载并保持结构的安全性。

考虑到斜拉桥通常建设在各种地理环境中，例如海岸线、河谷、城市等，环境因素对钢塔的影响不可忽视。海水腐蚀、大风荷载、地震等环境因素都可能对钢塔的性能产生影响，因此，工程师在设计中需要考虑这些因素，采取相应的防护和加固措施，以增强钢塔的耐久性和抗灾性能。

一旦斜拉桥建成投入使用，钢塔的维护和监测就显得尤为重要。定期的检查和维护工作可以及时发现钢塔上的潜在问题，确保其在使用过程中的安全性和可靠性。同时，利用先进的监测技术，如传感器网络和远程监测系统等，可以实时监测钢塔的变形、应力和其他关键参数，提前预警潜在的结构问题，从而采取及时的修复措施，确保桥梁的长期稳定运行。

在斜拉桥索塔中，钢塔的设计不仅仅是桥梁结构中的一个组成部分，更是整个工程的关键要素。通过合理的设计、强度分析、环境因素考虑以及有效的维护监测，可以确保钢塔在斜拉桥结构中发挥最佳性能，保障斜拉桥的安全、稳定和长期运行。因此，在斜拉桥的设计与建设过程中，充分重视钢塔的设计和管理是至关重要的。

三、拉索的构造及性能

(一) 拉索的构造

在近代大跨度斜拉桥中，拉索的构造基本上分为整体安装的斜索和分散安装的斜索两大类。前者的代表为平行钢丝索和冷铸锚，后者的代表为平行钢绞线索和夹片锚。

1. 平行钢丝索与冷铸锚

平行钢丝索和冷铸锚的拉索，整体上在工厂制造。平行钢丝索由 φ5 mm 或 φ7 mm 高强度镀锌钢丝组成，一般排列成六角形，表层由玻璃丝布包扎定型后用热挤高密度聚氯乙烯（PE）塑造成正圆形截面。这种斜索具有厚镀锌层和厚 PE 层的双重防腐保护。

将钢丝索穿入冷铸锚中，钢丝尾镦头后锚定在冷铸锚的后锚板上，再在锚体内分段常温浇灌环氧树脂加铁丸和环氧树脂加岩粉（辉绿岩）等混合填料，使锚体与钢丝束之间的刚度匀顺变化，避免在索和锚的交界处刚度突变。然后，将冷铸锚头放入加热炉中加热养生，加热温度约150℃。由于是在常温下浇铸填料，不同于传统的锌基合金填料的浇铸温度，故相对而言称为"冷铸锚"。冷铸锚的锚固力，由锚筒的圆锥体内腔和筒内填料的横向挤压力承受。在正常情况下镦头不受力，只是作为安全储备。

平行钢丝索和冷铸锚，以其性能可靠（承载能力、疲劳强度和防腐措施）从始用起至今已被广泛使用。但由于其要求整体制造、整体运输和整体安装，在某些特定环境下受到限制。

由于运输需要，钢索必须盘绕在圆筒上。为避免索的钢丝产生过高的弯曲应力和外包PE套被撕裂，一般规定圆筒直径不小于索径的 20~25 倍。因此，在跨度大因而索也大的斜拉桥中，粗而长的斜索其索径可达 200 mm 以上，索长 200 m 以上。如以索径 200 mm计，则圆筒直径超过 4 m，绕索后的圆筒将更粗，这将给陆路运输（火车或汽车）造成困难，而在桥位处无水运条件（例如山区或内陆水库）时则较难解决。

为方便平行钢丝索在圆筒上的盘绕，在工厂制造中常将索扭转一个 2°~4° 的小角（增加柔性），此小扭角不影响索的特性（弹性模量和疲劳性能）。

鉴于平行钢丝索打盘及运输有一定困难，因此，在现代大跨度斜拉桥中提出拉索分散制作、现场安装成索的要求。

2. 平行钢绞线索与夹片锚

将平行钢丝索中的钢丝换成等强度的钢绞线即成为平行钢绞线索。

对于平行钢丝冷铸锚斜拉索，国内外均已有成熟可靠经验，其安全度毋庸置疑。但对于平行钢绞线夹片锚斜拉索，应注意三个方面问题：①对于应力幅值较大的拉索，在高低应力幅变频过程中容易发生夹片松动而导致滑落；②对于钢箱梁斜拉桥因为其活载与恒载之比较大，梁体振动十分敏感，振动幅度较大，在长期振动作用下的夹片锚容易产生松动而滑落；③对夹片锚松动导致的单根或多根绞线滑移，需要有效的处理手段和方法。

钢绞线在索中是平行排列的，有别于早期曾出现过的将多根钢绞线扭绞而成的螺旋形钢绞线索，故称为平行钢绞线索。

此种 $\varphi15$ mm 钢绞线为后张法体内预应力无黏结钢绞线，系将镀锌钢绞线表面涂油（或蜡）后外套两层 PE 管而成。钢绞线成盘运至现场，在现场截取需要长度后除去两端部分长度的套管，逐根安装、张拉，两端裸线由夹片锚固定。采用夹片锚的原因，是在现场施工中难以将 $\varphi15$ mm 的钢绞线镦头（镦头机体积太大）和保证其质量。

在钢绞线的逐根张拉中，须使最终拉索中的各根钢绞线拉力相等。此施拉工艺称为"等值张拉法"，此法系在一群钢绞线中选定一"参照线"，在张拉过程中对该"参照线"拉力进行同步精密标定，每张拉一根钢绞线，即按照此"参照线"的标定值确定该线的张拉值。待全部钢绞线张拉完毕后，各根钢绞线的拉力与"参照线"的相同，然后再用大能量小行程的张拉千斤顶将整索钢绞线同步张拉至预定索力。

对于平行钢绞线索和夹片锚体系，需要注意的方面如下：

（1）夹片锚的疲劳强度。

（2）夹片和锚孔之间的圆锥度配合要精确，否则咬合力将集中在夹片小端形成"切口效应"，成为疲劳破坏之源。

（3）对夹片应设置防松脱装置，否则在较小索力下受振动荷载时，夹片可因咬合力不足而松脱，导致事故。

（4）钢绞线进入锚管内有两处转折：一在钢绞线散开的约束圈处，二在钢绞线进入锚孔处；在第二个转折处，亦为拉索的锚固点，存在着固端弯矩，由于轴向索应力和挠曲应力的叠加，该处产生最大的应力幅；为分散应力幅，须在锚管内加设一"支承圈"，该"支承圈"可分散80%以上的应力幅。

（二）拉索的锚固

在斜拉桥的设计和建造中，斜拉索的锚固是一个至关重要的方面，直接影响到桥梁的稳定性、安全性和性能。

首先，斜拉索的锚固需要考虑到地基条件。桥梁的稳定性和安全性直接受到地基支持的影响，因此，在选择锚固位置时，需要充分考虑地质情况、土壤承载能力以及可能的地基沉降等因素。通过对地质勘测和土壤力学分析，工程师可以确定最适合锚固的地点，确保斜拉索能够稳固地承受桥梁荷载，并减小地基沉降的影响。

其次，斜拉索的锚固还需要考虑到结构的力学特性。在桥梁设计中，工程师需要进行详细的结构分析，以确定斜拉索的受力状态、受力大小和受力方向。根据这些分析结果，确定合适的锚固方式和位置，确保斜拉索能够有效地将荷载传递到地基，并保持桥梁结构的整体稳定性。

再次，斜拉索的锚固还需要考虑到桥梁的动力响应。在桥梁使用过程中，由于交通荷载、风荷载等外部因素的影响，桥梁会发生振动和变形，因此，在选择斜拉索的锚固位置时，需要考虑桥梁的动力响应，采取适当的锚固措施，以减小桥梁的振动幅度，提高桥梁的抗风性能和舒适性。

最后，斜拉桥的斜拉索锚固设计还需要符合相关的建筑和工程规范。各国都有一系列的桥梁设计规范和标准，这些规范对斜拉桥的设计和斜拉索的锚固提出了具体的要求与限制。在设计和建造过程中，工程师需要遵循这些规范，以确保斜拉桥的安全性、可靠性和耐久性。

斜拉桥的斜拉索锚固是桥梁设计中的一个关键环节，需要综合考虑地质条件、结构力学特性、动力响应以及相关规范等多方面因素。只有在这些方面充分考虑的基础上，才能够设计出稳定、安全、经济的斜拉桥结构。

（三）拉索的防腐

在斜拉桥的设计中，常见的两种斜索—平行钢丝索和冷铸锚、平行钢绞线索和夹片锚，在防腐方面采取了一系列有效的措施，以确保其长期使用寿命和结构安全性。

首先，对于采用平行钢丝索和冷铸锚的斜拉桥，其斜索防腐的典型措施是通过对镀锌钢丝的保护。具体而言，镀锌钢丝被套入高密度聚乙烯（PE）套中，形成一层坚固的防护层。此外，裸索被埋入冷铸锚的环氧树脂混合料中，从而对钢丝进行全方位的保护。这一双重的防护机制既包括了对钢丝表面的镀锌层和高性能PE套防腐保护，也在深度上对裸索进行了有效的隔离和保护，提高了斜索的耐腐蚀性能。

其次，对于采用平行钢绞线索和夹片锚的斜拉桥，防腐措施同样得到了精心设计。在这种情况下，采用的主要防腐手段包括涂覆镀锌钢绞线表面的油（或蜡）层，并通过双层PE套进行防护。整条索道被弯曲于PE套的内部，形成了一道强固的保护层。同时，PE套的内部被灌入水泥砂浆或其他有机防腐剂，以提供额外的防护。此外，裸索被埋入钢套的防腐油脂中，形成了对钢绞线的多层保护，包括镀锌层、油层、PE层和PE套管。这一复合的防腐结构有效地提高了斜索的抗腐蚀性，并确保了整个桥梁结构的长期稳定性。

斜拉桥采用的不同斜索结构在防腐方面均采取了科学合理的手段，通过多层次的防护措施，保障了斜索的耐久性和稳定性，为桥梁的安全运行提供了坚实的保障。这些防腐措施不仅体现了先进的材料科学技术，也为斜拉桥的工程实践提供了有力的支持。

（四）拉索的应力

拉索的应力控制需要考虑三个因素，即有效弹性模量、破断强度和疲劳。

斜索的等效弹性模量 E_eg 为：

$$E_{eg} = \frac{E}{1 + \frac{\gamma^2 l^2 E}{12\sigma^3}} \tag{8-1}$$

式中：E——斜索钢材的弹性模量；

γ——索的容重；

l——斜索的水平投影长度；

σ ——拉索的应力。

若斜索的应力过低，则斜索的垂度大，索的有效模量就小，这也反映了斜拉索必须采用高强度钢材的直接原因，因而控制斜索的最小应力是十分必要的。

根据钢材的受力特性，当拉索的荷载超过破断荷载的50%时，钢的非弹性应变将快速增加，因而对于一般荷载组合，拉索的最大荷载只能用到它破断强度的40%。

另外，拉索应具有足够的抗疲劳能力，即在规定的应力变幅下，拉索在承受200万次的荷载循环后，其强度不小于原来强度的95%。拉索的抗疲劳能力与钢材和锚具有关，目前生产的成品拉索应力变幅为220~250 MPa。

（五）拉索的减振

拉索的风致振动现象在各种跨径和类型的斜拉桥上普遍存在，拉索的振动易导致疲劳和外包破损。目前，对斜拉桥的拉索采取的减振措施主要有以下三种：

1. 气动控制法

气动控制法是将斜拉索原来的光滑表面做成带有螺旋凸纹、条形凸纹、V形凹纹或圆形凹点的非光滑表面，通过提高斜拉索表面的粗糙度，使气流经过拉索时在表面边界层形成湍流，从而防止涡激共振的产生；拉索表面的凹凸纹还能阻碍下雨时拉索上缘迎风面水线的形成，从而防止雨振的发生。但其对塔、梁在外界激励下导致索两端的支座激振（又称参数振动）无减振作用，且由于表面粗糙度的增加，会增大斜拉索对风的阻力。

2. 阻尼减振法

阻尼减振法的作用机理就是通过安装阻尼装置，提高拉索的阻尼比从而抑制拉索的振动。它对涡激共振、尾流驰振、雨振以及由支座激励引起的拉索共振和参数振动都能起到较好的抑制作用。根据与拉索的相互关系，阻尼装置又可分为安放在套筒内的内置式阻尼器和附着于拉索之上的外置式阻尼器。

3. 改变拉索动力特性法

采用连接器（索夹）或辅助索将若干根索相互连接起来，辅助索可以采用直径比主要索小得多的索。其作用机理是：通过连接，将长索转换成为相对较短的短索，使拉索的振动基频提高，从而抑制索的振动。这对防止低频振动十分有效，同时也能降低雨振以及单根索振动发生的概率。但对通常以高阶形式出现的涡激振动抑制作用不明显。另外，辅助索易疲劳断裂，对桥梁景观有一定影响。

第三节 斜拉桥的施工建设

斜拉桥的施工一般可分为基础施工、桥墩施工、主梁施工及斜拉索施工等几部分。其中，基础、桥墩的施工与其他类型的桥梁没有多大区别，此处按照施工顺序，着重阐述主塔、主梁及斜拉索的施工。主梁与斜拉索的施工往往是交替进行的，二者不仅相互影响，还互为前提，这是斜拉桥主梁和斜拉索施工的重要特色。

一、斜拉桥主塔施工

（一）斜拉桥主塔施工方法的确定

斜拉桥主塔施工方法的确定需要从多个方面进行考虑，具体如下：

首先，主塔建造材料是决定施工方法的根本因素。目前，常见的斜拉桥主塔有混凝土主塔、钢主塔和钢-混组合主塔。其中，混凝土主塔又分为钢筋混凝土主塔和预应力混凝土主塔。对于钢-混组合主塔来说，通常下塔柱为混凝土结构，上塔柱为钢结构。这样的设计既可以发挥混凝土结构稳重、耐久、支撑能力强、容易现场浇筑成型的特点，又可以充分利用钢材易加工、结构质量轻、易安装、延展性能好、适合建造高耸结构的优点。不过，在钢混结合部位必须采取特殊构造将混凝土材料和钢材牢固结合在一起，才能保证钢-混组合主塔的长久安全。显然，针对不同的建筑材料，主塔的施工方法必然有明显的差异。

其次，应当充分认识到斜拉桥桥塔的构造远比一般桥墩复杂。通常桥塔的中部和上部均高出桥面，并以出色的承拉、承弯及承压能力将主梁提起。因此，从外形来看，桥塔可能是直立的，也可能是倾斜的，甚至可能是曲线形的；在塔柱的数量上，塔柱可能是单塔柱，也可能是双塔柱，甚至可能是多塔柱，塔柱之间有横梁；从受力的角度，桥塔上必须设有众多斜拉索锚固点，锚固点及相关预埋件的定位必须精准，以确保斜拉索的安装、张拉和锚固能顺利进行。正是塔柱外形和受力性能上的变化，使得其施工方法必须与之相适应。

最后，在进行塔柱施工时，塔内必须设置必要的工作平台和起重设备；塔顶需要设置航空标志灯及避雷器，塔身内设置检修攀登步梯；对于景观桥，还可在塔内安装观光电梯，所有这些都增加了桥塔的施工难度。因此，桥塔施工方案的编写与实施必须根据设计图纸统筹兼顾结构要求、构造需要以及施工需求。

(二) 混凝土主塔施工

混凝土主塔的施工方法主要有三种：支架现浇法、预制吊装法、移动模板施工法。其中，移动模板施工法包括翻模法、爬模法和滑升模板法。

1. 支架现浇法

支架现浇法工艺成熟，不需要专用设备，能适应较复杂的塔柱断面形式，锚固区预留孔道和预埋件的处理也较方便；缺点是施工周期较长，且费工、费料。支架现浇法比较适用于跨度为 200 m 左右，桥面以上塔高为 40 m 左右的斜拉桥。对于跨径更大的斜拉桥，其桥面以上的塔柱会更高，此时可将塔柱分为多段，并采取不同的方法施工。例如，塔柱的下部节段可采用支架现浇法施工，上部节段可采用移动模板施工法或预制吊装法施工。

2. 预制吊装法

顾名思义，采用预制吊装法时须首先在桥下预制场地将塔柱分段预制，然后运抵施工现场，运用起重能力较强的吊装设备进行拼装施工。这种施工方法不适合建造较高的塔柱，但是当塔柱不高、工期比较紧的时候，这种施工方法可以加快施工速度，减小高空作业的难度和劳动强度。目前，国外采用预制吊装法比较多，而我国大多采用支架现浇法。

3. 移动模板施工法

移动模板施工法主要包括翻模法、爬模法和滑升模板法，这些方法均适用于高塔的施工，但是在施工工艺、施工效率、施工质量、施工安全等方面有着明显的差异。

(1) 翻模法。翻模体系通常由三层独立的模架组成，每一层模架由模板、支架、工作平台和吊架构成。在正常的循环施工中，每次将最下层模架拆卸后起吊并安装至最上层模架顶面处，然后以下面两层模架作为支撑浇筑新的一层塔柱，直至施工结束。翻模法施工中需要借助塔式起重机作为起吊设备，因此翻模法施工进度慢，外观效果差，高空作业时的安全性低，在桥塔施工中已很少采用。

(2) 爬模法。爬模法是目前塔柱施工中采用比较多的一种施工方法。爬模法施工安全性高，质量可靠，桥塔施工大多采用此法。爬模法施工的模板一般采用钢模板，沿竖向一般布置 3~4 节，每节的高度根据模板支架的构造和支挡能力等采用 2~5 m，而爬模法施工中每节段混凝土的浇筑长度通常为 3~6 m。为了保证爬模操作的顺利进行，一般在爬模体系中设置自备提升设施或其他提升动力设施，目前使用较多的是液压式爬升设备。

在构造上，爬模体系主要由模架、爬架和导轨构成，外加液压式或电动式提升设备。

整个体系依附于已浇筑成型的混凝土塔柱外壁，为待浇筑节段混凝土提供模板支护。

（3）滑升模板法。无论采用翻模法施工还是采用爬模法施工，一个共同的特点是都将已浇筑成型的塔柱混凝土作为下一节段施工的支撑。特别是在爬模法施工中，爬架依赖于导轨才能提升，而导轨必须安装在已成型的混凝土塔壁上。但是在滑升模板法施工中，整个体系的支撑和提升不依赖已浇筑成型的混凝土，而是支撑在预先埋置在塔壁混凝土内部的顶升钢筋或钢管上。

滑升模板体系主要由模板、围圈、吊挂脚手架、支撑杆（俗称爬杆、顶杆）、千斤顶和顶架、操作平台和提升架等组成。在滑升模板法施工过程中，由于不再要求已浇筑混凝土必须达到较高的强度，因此施工的混凝土结构连续性好，表面光滑，无施工缝，并且施工速度快，安全性高，混凝土材料消耗少，可节省大量对拉钢筋、钢模板及其他周转材料。正是上述优势，使得滑升模板法已成为塔柱等混凝土高耸结构的主要施工方法。

（三）钢主塔施工

钢主塔都在工厂内分段制作，运抵现场后进行分段吊装和连接。因此，相比混凝土塔柱，钢主塔的施工要简单得多，施工的技术含量较低，具有施工进度快、施工周期短、施工安全性高等优点，再加上钢材料容易加工、分段质量轻、易安装、延展性能好等特点，使得钢主塔在特大跨度斜拉桥的塔柱建造中具有独特的优势。

二、斜拉桥横梁施工

对于大跨度斜拉桥高耸的双塔来说，无论是直立的还是倾斜的，都需要在双塔之间设置一道或多道横梁。

横梁至少具有三方面的功能：①对于某些斜拉桥来说，横梁作为梁体的支撑必不可少；②横梁作为双塔之间的连接可以大大增加塔柱的横向刚度；③对于斜塔柱来说，双塔之间的横梁是维持塔柱稳定所必需的构件。因此，横梁施工是塔柱施工中非常重要的一个环节。

但是，由于横梁的跨径和断面较大，并且是高空悬空作业，因此横梁的施工难度很大。为此，必须在设计高度的双塔之间为横梁施工搭建一个支撑平台，方可完成横梁的施工。为了保证横梁的施工质量和施工安全，在设计这个支撑平台时，不仅要考虑支撑平台的竖向刚度，还要考虑支撑平台、塔柱和混凝土横梁因材料不同在日照下变形不一致所造成的不均匀变形，因此应采取有效措施避免混凝土横梁在早期养护期间及每次浇筑过程中由于支架的变形而引起的开裂。

三、斜拉桥塔柱施工

（一）斜拉桥塔柱施工的环节

斜拉桥作为一种现代化的桥梁工程形式，其独特的结构设计使得斜拉桥塔柱成为桥梁中的关键支撑部分。塔柱的施工是整个斜拉桥工程中一个至关重要的环节，其质量和稳定性直接关系到整座桥梁的安全性与持久性。在进行斜拉桥塔柱施工时，需要遵循一系列严格的步骤和标准，以确保工程质量达到设计要求。

首先，斜拉桥塔柱在施工前需要进行详细的工程测量和设计分析。在这一阶段，工程师需要准确测量地面地形，确定塔柱的基础位置和尺寸。同时，通过结构力学和风力学等方面的分析，确定塔柱的结构参数，包括高度、倾角、截面形状等。这一步骤为后续的施工提供了准确的基础数据。

其次，斜拉桥塔柱的基础施工是塔柱施工的重要组成部分。基础的质量和稳定性对整个桥梁的安全运行起到了决定性的作用。在基础施工过程中，需要进行地基处理、灌浆灌注、桩基承台建设等一系列工程，确保塔柱能够牢固地嵌入地基中，具备良好的承载能力和抗风压能力。

再次，塔柱的主体结构施工是斜拉桥塔柱建设的关键步骤。在这一过程中，需要采用高强度的建筑材料，如混凝土、钢材等，确保塔柱具备足够的承载能力。同时，施工过程中需要精确控制塔柱的垂直度和倾角，确保整座桥梁的结构稳定性。此外，为了提高施工效率，常常采用模块化施工和现代化建筑技术，以缩短施工周期和降低施工难度。

最后，斜拉桥塔柱的质量检测和验收是确保工程质量的最后一道工序。通过采用无损检测、材料试验等手段，对塔柱的质量进行全面检查。同时，对施工过程中的关键节点和重要工序进行抽查，确保施工过程中的质量控制得到切实执行。验收合格后，方可进行后续的桥面、索塔及索缆的施工，最终完成整座斜拉桥的建设。

斜拉桥塔柱施工是一项复杂而细致的工程，需要科学的设计、精密的施工和严格的质量控制。只有通过严谨的工程管理和高标准的施工流程，才能够确保斜拉桥塔柱的质量和安全性，为城市交通和发展做出积极的贡献。

（二）斜拉桥塔柱施工的注意事项

第一，斜拉桥的塔柱截面通常沿高度变化，并且塔柱轴线往往是倾斜的，如 A 形、倒 Y 形或菱形塔柱。为了保证塔柱（特别是倾斜的塔柱）在施工过程中受力与变形的安全性，在没有设计横梁的位置应考虑每隔一定高度设置临时的横向支撑杆。当塔柱内倾时，临时支撑应按受压体系进行设计和施工；当塔柱外倾时，临时支撑应按受拉体系进行设计和施工，以满足倾斜塔柱施工安全的需要。

第二，桥塔除了在拉索张拉锚固部位有凹凸槽或缺口外，通常还有用作检查的通道，以及因景观需求而导致的截面变化区等。对于这些外形的丰富变化，在设计模板时都应充分考虑。

第三，桥塔上除了设置施工所需的工作平台以外，还需要设置便于拉索安装和张拉作业的脚手架平台。

第四，混凝土塔柱是就地浇筑的，随着高度的增加，施工机具、起吊设备、施工材料的搬运以及拉索的安装等宜采用爬升式塔式起重机作为起重设备；如果采用管道输送混凝土，应特别注意泵送混凝土的配合比设计、泵送设施的布置、泵送设备的能力等，应采用高性能泵车，以确保泵送混凝土的质量达到设计要求。

第五，桥塔施工是高空作业，要有充分可靠的安全措施，以防止上下层之间落物伤人事故的发生。

四、斜拉桥主梁施工

与塔柱施工方法的选择类似，通常情况下，斜拉桥主梁施工方法的选择主要是由主梁的建筑材料决定的。

斜拉桥混凝土主梁常用的施工方法有支架或托架法、悬臂浇筑法、平转法和顶推法等。对于大跨度混凝土斜拉桥，其主梁特别适合采用悬臂浇筑法进行施工。当然，梁体局部（边跨直线段或某些无索区）的施工通常辅以支架法或托架法、平转法和顶推法适用于特殊环境下跨径不大、高度不高的斜拉桥。

对于特大跨度的斜拉桥来说，主梁非常适合采用钢箱梁，而钢箱梁的施工特别适合采用悬臂拼装的方法。此时，可以在桥下将钢箱梁分段预制，然后由运输船只或车辆将梁段运抵桥下吊装位置，由吊装设备将梁段提升、就位、拼装和挂索。如果梁体采用钢桁架梁，悬臂拼装的方法同样适合。当然，梁体局部（边跨直线段或某些无索区）的施工通常辅以支架法或托架法。

（一）混凝土主梁的悬臂浇筑施工

斜拉桥混凝土主梁为等截面梁，宜采用悬臂浇筑施工法。斜拉桥混凝土主梁悬臂施工时所采用的挂篮主要有长平台牵索挂篮和短平台复合型牵索挂篮。牵索挂篮按杆件种类可分为常备杆件组拼式和型钢组焊式。

1. 悬臂施工

斜拉桥混凝土主梁特别适合采用悬臂浇筑的方法施工。20世纪七八十年代，我国大部分斜拉桥悬臂浇筑所采用的挂篮沿用一般连续梁施工常用的挂篮。然而，无论是桁架式挂篮还是斜拉式挂篮都采用后支点悬臂结构，使得节段浇筑长度受到很大限制。同时，挂篮自重比较大，与所浇筑梁段的质量之比一般在0.7以上，甚至可能达到1~2。

20世纪80年代后期，我国桥梁工作者根据斜拉桥的特点，努力挖掘斜拉索在悬臂施工过程中的承载作用，开始研制前支点牵索式挂篮。牵索式挂篮利用悬浇梁段前端最外侧两根斜拉索将挂篮前端大部分施工荷载传至承载能力极强的桥塔，从而将后支点悬臂状态下的负弯矩转变为前支点简支状态下的正弯矩。这既改变了挂篮和浇筑梁体在施工过程中的受力状态，又减轻了挂篮自重，使节段悬臂浇筑长度及挂篮的承受能力都得以提高，并简化了施工程序，从而诞生了长平台牵索挂篮。

但是作为前支点挂篮，长平台牵索挂篮也存在明显的缺点—前移不便且承载平台过长。因此，我国桥梁工作者将后支点式挂篮与拉索的承载能力相结合，设计出了复合型牵索挂篮。复合型牵索挂篮利用桥面桁架结构与拉索共同受力，不但可以大大减小承载平台的长度，而且便于挂篮前移，人们一般称之为短平台牵索挂篮。目前，牵索挂篮已成为斜拉桥混凝土连续梁悬臂施工中的主要设备。

（1）长平台牵索挂篮。长平台牵索挂篮的总长度很长，一般情况下，挂篮平台长度较待浇梁段长很多，并且仅在混凝土主梁下设置挂篮平台，如浇注8 m梁段，挂篮平台的长度可达23 m。

长平台牵索挂篮主要由主桁承重系统、模板系统、牵索系统、锚固系统、调高系统及行走系统组成。悬臂施工过程中，将待浇筑梁段的斜拉索临时锚固在长平台牵索挂篮的前端，因此挂篮前端的垂直荷载可通过拉索直接传递给斜拉桥桥塔，这样可以大大减小挂篮对主梁的荷载作用；当悬臂梁段施工完成后，再将拉索从挂篮前端解除并锚固在主梁上，从而完成体系转换。

长平台牵索挂篮的优点主要有：①能够为待浇梁段提供充足的作业空间；②为挂篮平台悬臂部分提供足够的竖向刚度，以保证主梁的线形。但也带来一些问题，因挂篮长、自重大，致使挂篮前移时挂钩直接作用于主梁的反力过大，对某些断面可能会改变主梁的设计尺寸，因此前移时不是很方便，并增加了工程量和工程费用。

（2）短平台复合型牵索挂篮。短平台复合型牵索挂篮主要由挂篮平台，三脚架和伺服系统（牵索系统、悬吊系统、行走系统、锚固系统、水平支承系统、微调定位系统）组成。所谓复合型，是指现浇梁段的荷载由牵索系统和三脚架共同承担。该挂篮体系荷载的传递路径为：首先通过挂篮平台前、后吊杆将部分竖向施工荷载传给三脚架，再通过三脚架直接传递给已浇筑的混凝土主梁，同时另一部分竖向荷载通过斜拉索直接传递给塔墩；而牵索下端的水平力先由挂篮纵梁前端传至挂篮平台后端的水平拉杆，再通过已浇筑梁段前端的抗剪柱传给已浇筑的主梁，从而避免挂篮平台发生后退。

采用短平台复合型牵索挂篮之后，挂篮平台作用于主梁上的反力大大减小，而且三脚架的应用更好地解决了长平台挂篮前移不畅的问题，缩短了挂篮长度，减轻了挂篮自重，挂篮纵梁竖向抗弯刚度增大，大大减小了挂篮纵梁的挠曲变形，因此更有利于对混凝土梁的线形进行控制。

2. 转体施工

当斜拉桥的跨度不是很大，并且不允许在道路或河流上方沿桥梁设计轴线直接架设时，可以将桥梁对称地分为两座半桥，每座半桥构成一座独塔斜拉桥，分别在平行于道路或河流的两侧建造。两座独塔斜拉桥建造完成后经过适当的调整，便可以分别围绕各自的塔柱轴线转体至桥梁设计轴线处就位并合龙。

在斜拉桥的转体施工中，主塔和拉索梁体的施工是整个桥梁建设过程中至关重要的组成部分，涉及一系列高度复杂的工程活动，需要严密的计划、精湛的技术和创新的工程手段。

首先，主塔的施工是整个斜拉桥工程中的关键环节。主塔作为斜拉桥的标志性结构，不仅要具备良好的结构强度和稳定性，还需要考虑其外观设计和城市美观。主塔的施工通常采用先进的钢结构或混凝土浇筑技术，以确保塔身的坚固性和整体稳定性。在施工过程中，工程团队需要仔细规划起重设备的使用，确保每个构件都能准确、安全地被吊装到指定位置，从而形成主塔的骨架结构。

其次，拉索梁体的施工同样是一项复杂而精密的工程任务。拉索梁体是连接主塔和桥墩的重要部分，其设计和施工直接关系到整个桥梁的承载能力和稳定性。在拉索梁体的施工中，工程团队需要根据设计图纸精确计算每一根斜拉索的长度、张力和角度，确保梁体在各种工况下都能够保持稳定。施工中需要采用高强度的材料，如高性能混凝土和特殊合金的钢材，以满足桥梁对强度和耐久性的要求。

此外，为了确保整个斜拉桥的质量和安全，施工过程中需要严格遵守相关的施工规范和标准。工程团队需要进行详细的质量控制和安全监测，确保每一个施工环节都符合工程要求，并在发现问题时及时采取纠正措施。同时，施工现场的人员需要接受专业培训，保证操作技能的熟练程度，从而降低事故风险。

斜拉桥的转体施工中，主塔和拉索梁体的施工是一项高难度的工程，需要多学科的协同合作和先进技术的支持。只有通过精密的规划、严格的质量控制和专业的施工团队配合，方能确保斜拉桥的安全性、稳定性和寿命等。这也是当代桥梁工程在面对复杂设计和高度技术要求时所展现出的卓越工程水平。

3. 顶推施工

在顶推施工中，梁体分段预制，预制场地设置在梁体纵轴方向的台后。由于预制场地限定在一定范围内，可在预制场地上方设置顶棚，因此施工不受天气影响，可全天候施工。一段梁体预制完成后，用纵向预应力筋将其与已完成的梁体连成整体，然后通过水平千斤顶施力，在导梁的引导下将梁体向前顶推出预制场地，然后在预制场地继续进行下一节段梁的预制，如此循环作业直至施工完成。

对于跨度较大的斜拉桥来说，必须在主塔与边墩之间设置多个临时支墩，以避免梁体前端在顶推过程中发生大的下挠，同时应在导梁前端设置标高调整装置，确保导梁能够顺利搭上临时支墩的墩顶。总的来说，顶推施工法有如下特点：

（1）可以使用简单的设备建造长大桥梁，施工费用低，施工平稳无噪声，可在水中、山谷和高桥墩上使用，也可在曲率相同的弯桥和坡桥上使用。

（2）主梁分段预制，连续作业，结构整体性好。由于不需要大型起重设备，所以施工节段的长度一般可取为 10~20 m，顶推跨径取为 30~50 m 最为经济有利。如果跨径大于这个区间，则需要采用设置临时支墩等辅助手段。

（3）梁段预制场地固定，施工条件较好，便于施工管理和质量控制，避免高空作业；同时，模板和其他设备可多次周转使用，从而降低了施工成本。

（4）顶推过程中梁体内力变化很大，梁体在施工阶段与运营时期的内力变化也比较大，因此在梁截面设计和布索时要同时满足施工与运营的要求。

（5）适用于等截面梁的施工，但桥梁跨径较大时选用等截面梁会造成材料用量的不经济，还会增加施工难度，因此顶推施工法更适用于中等跨径桥梁的施工，桥梁的总长以 500~600 m 为宜。

（二）钢箱梁的悬臂拼装施工

当斜拉桥跨度较大时，采用钢箱梁作为梁体比较合适。因为钢材刚度大、弹性好且易加工，预制成箱形梁段之后质量较轻，便于运输、吊装和拼接，便于安装斜拉索，成桥时的形态也容易调整，因此钢箱梁在大跨度斜拉桥的建造中得到了广泛应用。

钢箱梁的施工非常适合采用悬臂拼装的方法，预制梁段的吊装设备通常采用梁面步履式悬臂吊机。斜拉桥钢箱梁的悬臂吊装技术要点如下：

1. 0#梁段的安装

0#梁段是无索区，一般由 4~6 个梁段组成，每个梁段的长度为 13 m，因此 0#梁段只能在支架或托架上安装。根据塔柱所处环境，安装 0#梁段时所需的梁段通常采用水运或陆运的方式运抵桥下，然后用大型浮吊或塔式起重机安装至支架或托架上，经焊接后形成 0#梁段。0#梁段安装完毕后既是组装步履式悬臂挂篮的平台，又是循环开展预制梁段悬臂吊装、焊接和挂索作业的起点。

2. 标准节段的安装

标准节段一般采用步履式悬臂吊机对称安装。很多情况下，由于 0#梁段的长度不足以同时安装两台吊机，故在第一节标准节段安装时，多采取先安装一侧吊机去吊装同侧第一节标准梁段。同时，为了保持 0#梁段的平衡，在 0#梁段的另一侧配置平衡重以平衡起吊梁段所产生的倾覆力矩。从第二节标准梁段开始即可撤去平衡配重，实现对称悬臂吊装施工。

在标准梁段的安装过程中，梁段吊装、就位、挂索、环焊、张拉交替进行。梁段先由拖轮运至桥下，再由步履式悬臂吊机吊起，到达桥面标高后利用预先安置在箱形梁顶、底板上的就位装置将梁段与已安装梁体对接，再用螺栓临时连接，然后挂索。当拉索适度吃力后进行环向焊接。最后按照设计要求进行斜拉索第一次张拉，同时对相邻拉索进行补张拉。

3. 合龙段施工

通常情况下，对于双塔三跨钢箱梁斜拉桥来说，采用梁段悬臂吊装施工有三处合龙口，分别是两处边跨合龙口和一处跨中合龙口。边跨合龙口可采用吊装合龙段的方式实现合龙，也可采用顶推施工方式将安装于支架上的边跨段与悬臂安装梁体实现合龙，最后吊装跨中合龙段完成跨中合龙。由于跨中合龙之后将进行体系转换，梁体内力经过调整后将重新分配，因此合龙施工的质量将影响到梁体内力的再分配是否合理，还会影响到桥面的平顺性，最终有可能影响到桥梁长期运营的安全性。

为了避免合龙不当所遗留下的种种潜在危害，应努力实现设计所希望的无误差合龙，避免强制性合龙。当体系转换完成之后内力将重新分配，将对索力分布产生一定的影响，因此必须对索力进行一次全面测试，根据测试结果进行适当的调整，并以此作为成桥索力。

五、斜拉索施工

斜拉索作为斜拉桥的特征构件，是这种桥型名称的来源，在结构上也是连接塔、梁，传递桥面荷载，构造一个稳定体系不可或缺的关键构件。因此，斜拉索的设计、制造与安装质量便显得极为重要。

（一）斜拉索的安装

斜拉索制作好后堆放在制索厂，安装前运送到施工现场。运输过程中，为了防止斜拉索受损，大跨度斜拉桥的斜拉索通常采用钢结构焊成的索盘将斜拉索卷盘，或者将斜拉索直接盘绕成盘状，外面加临时保护。

1. 放索

通常情况下，安装斜拉索之前应在梁面锚固点与塔柱之间将斜拉索展开，为斜拉索的安装做好准备，这就是所谓的放索。由于斜拉索在工厂中生产时已经成盘，因此施工现场的放索方式通常有两种：立式转盘放索和水平转盘放索。

对于盘在钢结构盘架上的斜拉索，在采用立式转盘放索时，为了避免散盘，应在索盘上安装转盘制动装置；如果拉索成盘时没有盘架，则应将索盘置于转动平台上采用水平转盘放索。无论采用何种放索方式，当斜拉索在桥面上伸展移动时，应在沿斜拉索移动的路径上布设滚筒，并将锚头置于移动平车上，以减小放索阻力，避免斜拉索在桥面上磨损，确保放索顺利。

2. 挂索方案

常用的挂索方案有以下三种：

（1）先梁后塔。当张拉锚安装于塔上时，采用的挂索方案可简称为"先梁后塔"。这种挂索方案常用于主梁为预制安装，梁端操作空间狭小而塔端安装、张拉空间较充足的斜拉桥。这时，梁端锚头通常为固定锚，塔端锚头为张拉锚。

挂索时，首先利用塔式起重机将拉索张拉锚头提升至桥塔待安装的索道管口附近，然后将梁端拉索锚头安装到位，最后利用软、硬牵引装置将塔端张拉锚头穿过索道管牵引至塔内，套入锚垫板并穿入锁紧螺母后临时固定，等待实施张拉作业。

（2）先塔后梁。当张拉锚安装于梁上时，采用的挂索方案可简称为"先塔后梁"。这种挂索方案适用于主梁采用支架法或牵索挂篮悬浇法施工且塔内操作空间狭窄的情况。这时，塔端锚头通常为固定锚，梁端锚头为张拉锚。

挂索时，先利用塔式起重机将斜拉索的固定锚头吊装至塔柱待穿索的索道管口，利用牵引装置将锚头牵引至塔端锚垫板上并穿入螺母；然后挂斜拉索的梁端锚头，利用安装在锚头前端的刚性张拉杆及柔性牵引杆分步牵引斜拉索的锚头到安装位置。

（3）先梁或先塔。当张拉锚既适合安装在塔上也适合安装在梁上时，宜采用"先梁或先塔"的挂索方案。具体实施时，先接长拉索的一端，待另一端被牵引安装到位后再将接长的一端牵引到位。这种方法适用于塔、梁两端都具有充足施工操作空间的情况，挂索设计条件相对宽松，经济效益明显。

以上三种挂索方案可总结为一条具有共性的基本原则：先挂固定锚，后挂张拉锚。总之，挂索方法的选择应服从全桥上部结构施工总体方案和步骤的安排。

3. 挂索技术

对于固定锚端，常用的吊装技术为点吊法，点吊法又分为单吊点法和多吊点法；对于张拉锚端，常用的吊装技术为分步牵引法。

（1）点吊法。所谓点吊法，是指索盘上桥并放索到位后，先从索道内伸出牵引索连接到拉索的前端，并在锚具后方的适当位置选择一个或多个吊点安装索夹，然后以塔式起重机和型钢支架卷扬机为吊装设备，辅助转向滑轮开展拉索吊装。当锚头提升到索道管口位置后，在牵引索的引导下使锚头准确通过索道管，穿入螺母后将锚头锚固在锚垫板上。

斜拉索通常可分为柔性索和刚性索。柔性索一般相对细一些，长一些，质量较轻，容易折曲，适宜采用单吊点法吊装，而且单吊点法施工简便，效率高；而刚性索相对刚一些，粗一些，很难折曲，适合采用多吊点法吊装，让吊点分散，可扩大斜拉索的折曲范围，以适应拉索穿入索道前必须达到弯曲形态的要求。

（2）分步牵引法。分步牵引法主要适用于斜拉索张拉锚端的吊装，先用大吨位卷扬机将斜拉索的张拉锚端从桥面提升到索道管口外，然后用穿心式千斤顶将其牵引通过索道，穿入锁紧螺母临时锚固在锚垫板上，待下一步张拉操作。

牵引过程第一步：利用卷扬机吊索在滑轮组辅助之下产生的牵引力，使斜拉索锚头在柔性拉杆（即刚性索）的引导下逐步靠近索道管口，使刚性拉杆进入索道。

牵引过程第二步：当刚性拉杆进入索道时，斜拉索的吊起长度越来越长，拉索索力和卷扬机吊索的起吊力逐渐增大，需刚性拉杆发挥引导作用，准确地将锚头逐渐牵引到位。

4. 斜拉索安装的注意事项

斜拉索安装时应注意以下非技术性事项：

（1）由于斜拉桥的梁体是逐段生成的，每生成一段就必须在前端挂索，故拉索安装与梁体逐段施工是有规律地交替进行的，这样才能保证梁体的受力安全。因此，斜拉索的安装将贯穿整个悬臂施工过程。

（2）由于混凝土梁的悬臂施工采用牵索挂篮，因此梁端的斜拉索须安装两次。第一次是出于悬臂施工的需要，梁端拉索须临时挂在施工平台的前端，用以承担较大的施工荷载，并将荷载传递至塔柱；第二次挂索是在梁段施工完毕后，须将拉索从挂篮前端拆解后永久锚固在梁体前端。

（3）一般情况下，拉索两端分别锚固在桥塔上和梁体内，一端为固定锚，另一端为张拉锚。张拉锚究竟安装于塔上还是梁内须严格遵从设计。

（4）由于固定锚和张拉锚在结构和安装方面具有明显的差异，因此在斜拉索的布索和吊装时须谨慎检查，采用正确的安装方法，切不可失误。

（二）斜拉索的张拉

所谓斜拉索的张拉，是指在挂索完成之后在斜拉索内导入一定的拉力，使每一根斜拉索以适度张紧的状态承担部分梁体与桥面的荷载，并且可以通过对斜拉索张紧状态的调整来实现对桥面标高和梁体形态的调整。

1. 斜拉索张拉的方法

（1）千斤顶直接张拉，此方法是在斜拉索的某一端（梁端或者塔端）锚固点处安装千斤顶直接张拉斜拉索，将斜拉索内力控制在所需要的水准。这种张拉方法较简单且直接，是目前普遍采用的方法，但需要在塔内或梁上预留或临时设置足够的千斤顶安装与张拉作业的空间。

（2）用临时钢索将主梁前端拉起。此方法是用临时钢索将主梁前端临时吊起，待斜拉索安装并锚固后逐步放松并解除临时钢索，依靠梁体的复位过程使斜拉索受拉。此方法不需要大型张拉机具，但仅仅依靠临时钢索有时不足以让主梁前端产生所需的上挠量，最后还须用其他方法来补充斜拉索的索力，所以此方法较少采用。

（3）在支架上将主梁前端顶起，斜拉索张拉是在支架上将主梁前端顶起。这一步骤的重要性在于确保主梁的正确定位和稳定支撑，为后续斜拉索张拉提供良好的施工条件。通常，在桥梁建设现场，工程人员会采用专业的支撑设备，如液压千斤顶或支撑架等，对主梁前端进行仔细而准确的顶起操作，以满足设计要求和施工标准。

完成斜拉索的张拉后，工程人员需要进行详细的检查和监测工作。这包括对斜拉索张拉力的实时监测、主梁结构的变形和位移等参数进行精密测量，以验证结构的稳定性和安全性。如有必要，还需要进行调整和修正，确保斜拉索张拉的效果符合设计标准。

2. 斜拉索的张拉与补张拉

在斜拉桥的悬臂施工过程中，主梁长度一直在逐段增长，拉索数量随之不断增加，梁体增长的每一段都是在多根斜拉索的悬吊下悬浮于空中，成为一个临时的超静定体系。因此，斜拉桥梁体悬臂施工过程就是一个超静定可变体系的规模由小到大、阶段性增大的过程，这样的过程决定了斜拉索的受力也是一个不断变化、波动性增大的结构参数。

施工过程的每个阶段都会形成一个超静定体系，每次增加的梁段质量和梁端新增斜拉索（在此称作主动索）的张拉必定会影响先前已经张拉的斜拉索（在此称作被动索），使得被动索索力在后期悬臂施工新增荷载（梁段质量和拉索张拉力）的影响下不断变化。因此，在悬臂施工过程中科学地控制每个阶段主动索的张拉力度，对于控制主梁悬臂施工的成桥形态和梁体内弯矩分布的均匀性以及提高梁体在长期运营中的安全性便显得极为重要。

科学地控制每个悬臂施工阶段内主动索的张拉力度是一项复杂的工作，需要在设计成桥目标的约束下，在梁体悬臂施工成桥过程中每个暂时的超静定状态之间进行联合求解，并通过对联合求解结果的优化制订一个最佳的张拉方案。由于施工过程中各临时超静定状态下主动索的张拉将导致一系列被动索索力的变化，因此这将影响每一悬臂施工阶段目标的实现，必须及时进行被动索的索力调整，调整的依据来自优化后的张拉方案，否则主梁状态将偏离施工目标越来越远。关于张拉方案的优化和被动索的索力调整，须考虑以下因素：

（1）总体张拉方案应该由一系列阶段性张拉方案构成，每个阶段都设有梁体线形与索力分布的施工目标，以此作为控制与评价施工过程的依据。

（2）张拉方案的优化与确定必须考虑施工的效率与便捷，追求可操作性，不可能按照超静定体系的理论过细考虑主动索对于所有被动索的影响。虽然主动索的后续张拉对于一系列被动索的索力均会产生影响，但其影响效果将随着被动索与主动索之间距离的增加而迅速减弱。对于混凝土梁来说，考虑相邻被动索的影响便可以得到较好的效果；而钢箱梁相对较柔，应该加大调整的范围，可以到次相邻索的范围。

（3）由于混凝土梁的刚度比较大，主动索对于被动索的影响效果衰减较快，因此可以仅考虑相邻索的影响，其张拉方案可按照二次张拉进行设计；而钢箱梁相对较柔，刚度相对弱一些，主动索张拉时对于被动索的影响范围相对大一些，因此可以考虑次相邻索的影响，张拉方案可以按照三次张拉进行设计。

基于以上考虑，在目前斜拉桥的悬臂施工中，混凝土梁的斜拉索通常采用二次张拉，钢箱梁的斜拉索可以采用二次或三次张拉。也就是说，每当悬臂施工增加一段梁体并完成梁端主动索的张拉之后,由于梁体前端上翘,导致后部相邻索和次相邻索有所松弛,因此必须实施补张拉。所谓二次张拉,是指只考虑相邻索的补张拉,因此在整个施工过程中斜拉索最多实施两次张拉;三次张拉则考虑次相邻索的补张拉,因此在整个施工过程中斜拉索最多实施三次张拉。

成桥以后还需要进行一次全桥斜拉索索力分布的检测与效果评估,将梁体弯矩分布的均匀性作为重要目标,并在此基础上制订一个全局调整方案,以此确定最终的成桥索力分布。

3. 斜拉索索力的测试与控制

在桥梁结构中,斜拉索的张拉是通过张拉端的牵引千斤顶完成的。然而,由于悬挂于塔和梁之间的斜拉索中部存在不可避免的挠曲下垂现象,特别是对于倾角较大的长索而言,这一现象更为显著。在实际工程中,仅仅依靠千斤顶的油表读数往往无法真实反映出斜拉索施加于梁端的实际张拉力。

为了更准确地测量和控制斜拉索的张拉力,必须借助弦索振动理论进行索力测试。弦索振动理论是一种基于弦的振动特性展开研究与实践的理论,通过对斜拉索进行振动测试,可以获得关于其张拉力的详细信息,从而指导实际工程中的张拉操作。

首先,斜拉索的振动测试需要考虑到挠曲下垂对测试结果的影响。挠曲下垂导致斜拉索的实际长度和张拉角度发生变化,进而影响张拉力的测量。因此,在进行振动测试时,需要综合考虑挠曲下垂的影响,采用相应的修正方法来纠正测试结果,以确保测量的准确性和可靠性。

其次,弦索振动理论的应用需要详细的数据采集和分析。通过在斜拉索上布置合适的传感器,可以实时监测振动信号,并将其转化为有关张拉力的数据。这些数据需要经过精密的分析,包括频谱分析、波形分析等,以获取准确的张拉力信息。

最后,基于振动测试得到的斜拉索张拉力信息,需要建立有效的控制策略。控制策略可以包括自动调整千斤顶的张拉力,以及采用智能化控制系统实时监测和调整斜拉索的张拉状态。这样的控制策略可以保证在不同工况下斜拉索始终保持合适的张拉力,确保桥梁结构的稳定性和安全性。

斜拉索张拉力的测试与控制是桥梁结构中至关重要的一环,通过借助弦索振动理论,可以更准确地获取斜拉索的张拉力信息,从而指导实际工程中的张拉操作,并通过有效的控制策略确保结构的安全性和稳定性。

索力测试计算的效率非常高,测试者可以迅速将测试结果反馈给张拉操作人员,使得张拉操作人员在维持千斤顶持载的状态下按照指令调整索力,使其达到当前张拉方案所设计的吨位，误差应控制在5%以内。

（三）斜拉索的换索

在斜拉索的制作过程中，钢丝束或钢绞线束的防护显得至关重要。近年来，尽管斜拉索的外层防护技术和钢束的防锈技术取得了显著进展，但柔性索的防护效果在一些特定情况下尚不能完全确保，尤其是在锚头附近。由于斜拉索在长期振动的作用下，漏气、渗水等现象难以完全杜绝，因此在经过长期使用后，个别斜拉索由于锈蚀等原因可能无法继续使用，这时不得不进行斜拉索的更换。此外，来自外部的损伤，如车辆撞击、人为破坏等，也有可能导致斜拉索严重受损，进而需要紧急更换。

因此，斜拉桥的设计应当将斜拉索的更换纳入设计范畴。一般情况下，对于密索体系的斜拉桥，斜拉索可以逐根进行更换，这为维护提供了相对便利的条件。而对于疏索体系的斜拉桥，则应当在设计阶段考虑设置临时索安装预埋件，以便在需要更换斜拉索时能够借助临时索的帮助来实现换索作业，从而保障桥梁的安全运行。

第九章　桥梁墩台与涵洞设计

第一节　桥梁墩台的设计与构造

桥梁墩台是桥梁的重要组成部分，称为桥梁的下部结构，其主要由墩台帽、墩台身和基础三部分组成。桥梁墩台承担着桥梁上部结构所产生的作用，并将作用有效地传递给地基，桥台还与路堤相连接，承受着桥头填土的土压力。墩台主要决定着桥梁的高度和平面上的位置，受地形、地质、水文和气候等自然因素影响较大。

一、桥墩的构造

（一）梁桥的桥墩构造

1. 梁桥的重力式桥墩

"重力式桥墩的主要特点是靠自身重量来平衡外力，保持其稳定。"[1] 其往往是用圬工材料修筑而成，具有刚度大、防撞能力强等优点，但同时存在阻水面积大、圬工数量大、对地基承载力要求高等缺点。其适用于荷载较大的大、中型桥梁或流冰、漂浮物多的河流中，以及砂石料丰富的地区和基岩埋深较浅的地基。

重力式桥墩由墩帽、墩身和基础三部分组成。墩帽是桥墩的顶端，它通过支座支承上部结构，并将相邻两孔桥上的荷载传到墩身上。由于它受到支座传来的很大的集中应力作用，所以要求它有足够的厚度和强度。其最小厚度一般不小于 0.4 m，中小跨径梁桥也不应小于 0.3 m。墩帽一般要用 C20 级以上的混凝土浇筑，加配构造钢筋；小跨径桥非严寒地区可不设构造钢筋。构造钢筋直径一般取 8~12 mm，采用间距 20 cm 左右的网格布置。支座下墩帽内应布置一层或多层加强钢筋网，其平面分布范围取支座支承垫板面积的两

---

① 曾范军. 浅谈重力式桥墩 [J]. 黑龙江交通科技，2011，34（8）：161.

倍，钢筋直径为 8~12 mm，网格间距为 5~10 cm。当墩帽上相邻支座高度不同时，须加设混凝土垫石调整，并在垫石内设置钢筋网。对于小桥，也可用 M5 以上砂浆砌 MU20 以上料石做墩帽。

当桥面的横向排水坡不用桥面三角垫层调整时，可在墩帽顶面从中心向两端横桥向做成一定的排水坡，四周应挑出墩身为 5~10 cm 作为滴水（檐口）。对一些宽桥或高墩桥梁，为了节省墩身圬工体积，常常将墩帽做成悬臂式或托盘式。悬臂的长度和宽度根据上部结构的形式、支座的位置及施工荷载的要求确定，悬臂的受力钢筋须经计算确定。一般要求，挑臂式墩帽的混凝土强度等级要高些，悬臂端部的最小高度不小于 0.3~0.4 m。

墩身是桥墩的主体部分，石砌桥墩应采用强度等级不低于 C25 级的石料，大中桥用 M5 以上砂浆砌筑，小桥涵用不低于 M2.5 砂浆砌筑。混凝土桥墩多用 C15 或 C15 以上混凝土浇筑，并可掺入不多于 25% 的片石。混凝土预制块不低于 C20。用于梁式桥的墩身顶宽，小跨径桥不宜小于 80 cm，中跨径桥不宜小于 100 cm，大跨径桥的墩身顶宽视上部结构类型而定。墩身侧坡一般采用 20：1~30：1，小跨径桥桥墩不高时也可以不设侧坡，做成直坡。实体桥墩的截面形式有圆形、圆端形、尖端形、矩形、菱形等。其中圆形、圆端形、尖端形的导流性好，圆形截面对各方向的水流阻力和导流情况相同，适应于潮汐河流或流向不定的桥位。矩形桥墩主要用于无水的岸墩或高架桥墩。在有强烈流水或大量漂浮物的河道上（冰厚大于 0.5 m，流冰速度大于 1 m/s），桥墩的迎水端应做成破冰凌体。破冰体可由强度较高的石料砌成，也可用强度等级高的混凝土辅以钢筋加固。

基础是桥墩与地基直接接触的部分，其类型与尺寸往往取决于地基条件，尤其是地基承载力。最常见的是刚性扩大基础，一般采用 C15 以上片石混凝土或浆砌块石筑成。基础的平面尺寸较墩身底面尺寸略大，四周各放大 20 cm 左右。基础可以做成单层，也可以做成 2~3 层台阶式的。台阶的宽度由基础用材的刚性角控制。

2. 梁桥的空心桥墩

空心桥墩有两种形式：一种为部分镂空式桥墩，另一种为薄壁空心桥墩。

（1）部分中心镂空桥墩，是在重力式桥墩基础上镂空中心一定数量的圬工体积，旨在减少圬工数量，使结构更经济，减轻桥墩自重，降低对地基承载力的要求。但镂空有一个基本前提，即保证桥墩截面强度和刚度足以承担与平衡外力，从而保证桥墩的稳定性。具体镂空部位受到一定条件限制，在墩帽下一定高度范围内应设置实体过渡段，以保证上部结构荷载有效地传递给墩身壁；为避免墩身传力过程中局部应力过于集中，应在空心部分与实体部分连接处设倒角或配置构造钢筋；对于受船只、漂流物或流冰撞击的墩身部分，一般不宜镂空。

（2）薄壁空心墩是采用强度高、墩身壁较薄的钢筋混凝土构件，其最大特点是大幅度削减了墩身圬工体积和墩身自重，减小了地基负荷，因而适用于桥梁跨径较大的高墩和软弱地基桥墩。

薄壁空心墩的混凝土一般采用 C20~C30，墩身壁厚为 30~50 cm，其构造除应满足部分镂空式桥墩规定的要求外，为了降低薄壁墩身内外温差或避免冻胀，应在墩身周围设置适当的通风孔与泄水孔；为保证墩壁稳定和施工方便，应按适当间距设置水平横隔板，对于 40 m 以上的高墩，按 6~10 m 的间距设置横隔板；墩顶实体段高度不小于 1.0~2.0 m；主筋按计算配筋，一般配筋率在 0.5% 左右，并应配置承受局部应力或附加应力钢筋。

3. 梁桥的柱式桥墩和桩柱式桥墩

柱式桥墩和桩柱式桥墩是目前公路桥梁中广泛采用的桥墩形式，由柱式墩身和盖梁组成，一般可分为单柱、双柱和多柱等形式。这种桥墩的优点是能减轻墩身重力，节约圬工材料，施工方便，外形轻巧又较美观，特别是对于桥宽较大的桥梁和立交桥。

柱式桥墩适用多种基础形式，可以在桩顶设置承台，然后在承台上设立柱，或在浅基础上设立柱。为了增强墩柱之间抗撞击的能力，在两柱中间加做隔墙。当桥墩较高时，也可以把水下部分做成实体式，以上部分仍为柱式。

桩柱式桥墩的基础只适用桩基，在桩基础顶部以上（或柱桩连接处以上）称为柱，以下称为桩。盖梁是柱式桥墩和桩柱式桥墩的墩帽，一般用 C20~C30 级的钢筋混凝土就地浇筑，也有采用预制安装或预应力混凝土的。盖梁的横截面形状一般为矩形或者 T 形。盖梁宽度由上部构造形式、支座间距和尺寸等确定，高度一般为梁宽的 0.8~1.2 倍。盖梁的长度应保证上部构造放置与抗震构件设置需要的距离，并应满足上部构造安装时的要求，另外，设置橡胶支座的桥梁应考虑预留更换支座所需位置。盖梁各截面尺寸与配筋需要通过计算确定，悬臂端高度应不小于 30 cm。

墩柱一般采用 C20~C30 级的钢筋混凝土，直径为 0.6~1.5 m 的圆柱或方形、六角形柱。墩柱配筋由计算确定，纵向受力钢筋的直径应不小于 12 mm，纵向受力钢筋截面积的配筋率应不小于混凝土计算截面的 0.4%，纵向受力筋之间净距应不小于 5 cm，净保护层厚不小于 2.5 cm，箍筋直径不小于 6 mm。在受力钢筋接头处，箍筋间距应不大于纵向钢筋直径的 10 倍或构件横截面的较小尺寸，亦不大于 40 cm。为使桩柱与盖梁或承台有较好的整体性，桩柱顶一般应嵌入盖梁或承台 15~20 cm，露出柱顶与柱底的主筋可弯成与铅垂线约成 15° 倾斜角的喇叭形，伸入盖梁或承台中，喇叭形主筋外围应设置直径不小于 8 mm 的箍筋，间距一般为 10~20 cm。单排桩基的主筋应与盖梁主筋连接。

（二）拱桥的桥墩构造

1. 拱桥的重力式桥墩

拱桥重力式桥墩，其形式基本上与梁桥重力式桥墩相仿。因为承受较大的水平推力，所以，拱桥重力式桥墩的宽度尺寸比梁桥大。同时，墩帽顶部做成斜坡，尽量考虑设置成与拱轴线正交的拱座。

由于拱座承受着较大的拱圈压力，故一般采用 C20 级以上的整体式混凝土、混凝土预制块或 C40 级以上的块石砌筑。肋拱桥拱座由于压力比较集中，故应用高强度等级混凝土及数层钢筋网加固；装配式的肋拱以及双曲拱桥的拱座，可预留供插入拱肋的孔槽，就位后再浇混凝土封固。为了加强肋底与拱座的连接，底部可设 U 形槽浇灌混凝土，其强度等级不低于 C25 级。有时孔底或孔壁还应增设一些加固钢筋网。

拱桥墩身体积较大，除用块石砌筑外，也有用片石混凝土浇筑的。有时为了节省圬工砌体，可将墩身做成空心，中间填以砂石。

2. 拱桥的单向推力墩

多跨拱桥根据施工和使用要求，每隔 3~5 孔设置单向推力墩。目前，常用的单向推力墩有以下形式：

（1）普通柱墩加设斜撑的单向推力墩。这种单向推力墩是在普通墩柱上对称增设一对钢筋混凝土斜撑，以提高其抵抗单向水平推力的能力。接头只承受压力而不承受拉力。在基础埋置深度不大，地基条件较好时，也可把桥墩基础加宽成向上形的单向推力墩。

（2）悬臂式单向推力墩。悬臂式单向推力墩是在桥墩的顺桥向双向挑出悬臂。当邻孔遭到破坏后，由于悬臂端的存在，使拱支座竖向反力通过悬臂端而成为稳定力矩，保证了单向推力墩不致遭到损坏。

（3）实体单向推力墩。当桥墩较矮及单向推力不大时，只需加大实体墩身的尺寸即可。

3. 拱桥的柱式桥墩和桩柱式桥墩

拱桥的柱式桥墩和桩柱式桥墩与梁桥相同。由于承受较大的水平推力，柱和桩的直径比梁桥大，根数也比梁桥多。当跨径较大（40~50 m）时，可以采用双排桩。拱座（盖梁）采用钢筋混凝土，构造与重力式桥墩拱座基本相同。

二、桥台的构造

(一) 梁桥的桥台构造

1. 梁桥的重力式 U 形桥台

重力式 U 形桥台一般采用砌石、片石混凝土或混凝土等圬工材料就地砌筑或浇筑而成，主要依靠自重来平衡台后土压力，从而保证自身的稳定。U 形桥台构造简单，基础底承压面大，应力较小，但圬工体积大，并由于自身重力而增加对地基的压力，一般宜在填土高度不大而且跨径在 8m 以上的桥梁中采用。

U 形桥台由台帽、台身（前墙和侧墙）和基础组成，在平面上呈 U 字形。前墙除承受上部结构传来的荷载外，还承受路堤的水平压力。前墙顶部设置台帽，以放置支座和安设上部构造，其构造要求与墩帽基本相同。台顶部分用防护墙（雉墙）将台帽与填土隔开，侧墙是用以连接路堤并抵挡路堤填土向两侧的压力。

U 形桥台台身由前墙（含上端的防护墙）和侧墙组成。梁桥 U 形桥台防护墙顶宽，片石砌体不小于 50 cm，块石、料石砌体及混凝土不小于 40 cm。前墙任一水平截面的宽度，不宜小于该截面至墙顶高度的 0.4 倍，背坡一般采用 5：1~8：1，前坡为 10：1 或直立，桥台前墙的下缘一般与锥坡下缘相齐。侧墙长度可根据锥形护坡长度决定。尾端上部做成垂直，下部按一定坡度缩短，前端与前墙相连，改善了前墙的受力条件。侧墙外侧直立，内侧为 3：1~5：1 的斜坡，侧墙顶宽一般为 60~100cm。任一水平截面的宽度，片石砌体不小于该截面至墙顶高度的 0.4 倍，块石、料石砌体及混凝土不小于该截面至墙顶高度的 0.35 倍；如桥台内填料为透水性良好的砂性土或砂砾，则上述两项可分别相应减为该截面至墙顶高度的 0.35 倍和 0.3 倍。

桥台内的填土容易积水，应注意防水，防止冻胀，以免桥台结构开裂。为了排出桥台前墙后面的积水，应于侧墙间略高于高水位的平面上铺一层向路堤方向设有斜坡的夯实黏土作为防水层，并在黏土层上再铺一层碎石，将积水引向设于桥台后横穿路堤的盲沟内。桥台两侧设锥坡，坡度由纵向的 1：1 逐渐变到横向的 1：1.5，锥坡的平面形状为 1/4 椭圆，用土夯实填筑，其表面用片石砌筑。

2. 梁桥的组合式桥台

为使桥台轻型化，可以将桥台上的外力分配给不同对象来承担，桥台本身主要承受桥跨结构传来的竖向力和水平力，而台后的土压力由其他结构来承担，这就形成了由分工不同的结构组合而成的桥台，即组合式桥台。常见的组合式桥台如下：

（1）锚锭板式组合桥台。锚锭板式组合桥台有分离式与结合式两种形式。分离式是台身与锚锭板、挡土结构分开，台身主要承受上部结构传来的竖向力和水平力，锚锭板结构承受土压力。锚锭板结构由锚锭板、立柱、拉杆和挡土板组成，桥台与结构间预留空隙，基础分开，互不影响，受力明确。结合式是锚锭板结构与台身结合在一起，台身兼做立柱和挡土板。作用在台身的所有水平力假定均由锚锭板的抗拔力来平衡，台身仅承受竖向荷载，与分离式锚锭板结构相比，其结构简单，施工方便，工程量较小，但受力不很明确。

（2）桥台与挡土墙组合桥台。由轻型桥台支撑上部结构，台后设挡土墙承受土压力的组合式桥台。台身与挡土墙分离，上端做伸缩缝，使受力明确。当地基条件比较好时，也可将桥台与挡墙放在同一基础之上。

3. 梁桥的轻型桥台

轻型桥台通常用钢筋混凝土或圬工材料砌筑。圬工轻型桥台只限于桥台高度较小的情况，而钢筋混凝土轻型台应用范围更广泛。从结构形式上分，轻型桥台有薄壁型轻型桥台和支撑梁型轻型桥台。

（1）薄壁轻型桥台。薄壁轻型桥台常用的形式有悬壁式、扶壁式、撑墙式和箱式等，其主要特点是利用钢筋混凝土结构的抗弯能力来减少圬工体积，从而使桥台轻型化。相对而言，悬臂式桥台的柔性较大，钢筋用量较大；而撑墙式和箱式桥台刚度大，但模板用量多。

用得较多的钢筋混凝土薄壁轻型桥台，由扶壁式挡土墙和两侧的薄壁侧墙构成。挡土墙由厚度不小于15 cm的前墙和间距为2.5~3.5 m的扶壁组成。其顶帽及背墙呈L形，并与其下的倒T形竖墙台身及底板连成钢筋混凝土整体结构。

（2）支撑梁轻型桥台。轻型桥台用于跨径不大于13 m的板（梁）桥，且不宜多于3孔，全长不大于20 m。在墩台基础间设置支撑梁，在上部结构与台锚之间设置锚固栓钉连接，使上部结构与支撑梁共同支撑桥台承受台后土压力，减小桥台尺寸，节省圬工数量。

台帽用钢筋混凝土浇筑，混凝土强度等级不低于C30，厚度不小于30 cm，并应设5~10 cm的挑檐。当填土高度较高或跨径较大时，宜采用有台背的台帽。当上部构造不设三角垫层时，可在台帽上做成有斜坡的三角垫层。

上部构造与台帽间应用栓钉连接，栓钉孔、上部结构与台背之间须用小石子混凝土（强度等级同上部结构）或砂浆（强度等级为M12）填实。栓钉直径不宜小于上部构造主筋的直径，锚固长度为台帽厚度加上三角垫层和板厚。

台身可用混凝土或浆砌块石砌筑，混凝土强度等级不低于C15级，砂浆强度等级不低于M5，块石强度等级不低于MU20。台身厚度（含一字翼墙），块石砌体不宜小于60 cm，混凝土厚度不宜小于 30~40 cm，两边坡度为直立。两边翼墙与桥台连成整体，成为一字形桥台，也有把翼墙与桥台设缝分离，翼墙与水流方向呈 30° 夹角，成为八字形桥台。为了节约圬工数量，也可在边柱上设置耳墙。为了增加桥台抵抗水平推力的抗弯刚度，也可将台身做成 T 形截面。八字翼墙的顶面宽度，混凝土不宜小于 30 cm，块石砌体不宜小于 50 cm，端部顶面应高出地面 20 cm。

轻型桥台基础按支承于弹性地基上的梁进行验算，一般用混凝土浇筑。当其长度大于 12 m 时，应按构造要求配筋。基础埋置深度一般在原地面（无冲刷时）或局部冲刷线以下不小于 1 m。

桥台下端与相邻桥台（墩）之间设置支撑梁，并设在铺砌层及冲刷线之下。支撑梁可用 20 cm×30 cm 的钢筋混凝土筑成，或用尺寸不小于 40 cm×40 cm 的混凝土或块石砌筑。支撑梁按基础长度之中线对称布置，其间距为 2~3 m。当基础能嵌入风化岩层 15~25 cm 时，可不设支撑梁。

（二）拱桥的桥台构造

1. 拱桥的重力式 U 形桥台

重力式 U 形桥台在拱桥中用得最多，其构造与梁桥 U 形桥台相仿，也是由前墙、侧墙和基础三部分组成。前墙承受拱圈推力和路堤填土压力。前墙上设有台帽，构造和拱桥墩帽相同。对空腹式拱桥，在前墙顶设有防护墙。侧墙和前墙连成整体，伸入路堤锥坡内 75 cm，并抵挡路堤填土向两侧的压力。

2. 拱桥的组合式桥台

组合式桥台由台身和后座两部分组成。台身基础承受竖向力，一般采用桩基础。拱的水平推力则主要由后座基底摩阻力及台后的土侧压力来平衡。组合式桥台的承台与后座间必须密切贴合并设置沉降变形缝，以适应两者的不均匀沉降。后座基底标高应低于拱脚下缘标高，台后土侧压力和基底摩阻力的合力作用点同拱座中心标高一致。

3. 拱桥的轻型桥台

（1）八字形轻型桥台。八字形桥台的台身可做成等厚度的或变厚度的。变厚度的台身背坡一般为 2∶1~4∶11，台口尺寸应满足抗剪强度要求。两边八字翼墙与台身分开，其顶宽为 40cm，前坡为 10∶1，后坡为 5∶11。

（2）前倾式轻型桥台。前倾式桥台由于台身向桥孔方向倾斜，因此比直立台身的受力情况要好，用料要省。前倾台身可做成等厚度的，前倾坡度可达 4∶1。

第二节　桥梁墩台的施工要点

"桥梁墩台施工是桥梁工程施工中的一个重要部分，其施工质量的优劣，不仅关系到桥梁上部结构的制作与安装质量，而且对桥梁的使用功能也关系重大。"[1]

一、石砌墩台和混凝土墩台

(一) 石砌墩台的施工

石砌墩台具有就地取材和经久耐用等优点，在石料丰富的山区，只要施工期限许可，应优先考虑石砌墩台方案。

石砌墩台施工的主要内容有：石料和砂浆的备料，施工支架的搭设，石料的砌筑与质量检验。墩台砌体质量应符合以下规定：

第一，砌体所用的各项材料类别、规格及质量符合要求。

第二，砌缝砂浆及小石子混凝土铺填饱满，强度符合要求。

第三，砌缝宽度、错缝距离符合规定，勾缝坚固、整齐，深度和形式符合要求。

第四，砌筑方法正确。

第五，砌体位置及外形尺寸不得超过容许偏差。

(二) 混凝土墩台的施工

就地浇筑的混凝土墩台施工工艺一般是：采取吊梁法支设墩台底模板，然后绑扎钢筋，支设侧模板，浇筑墩台下部厚 500~800 mm 的混凝土，待其强度达到设计强度的 70% 以上，足以支撑上部拟浇筑的混凝土荷载及其他施工荷载时，再继续进行上部混凝土的施工。如此，直至完成整个墩台的浇筑。对于小型墩台，也可采取墩台下部 500~600 mm 厚混凝土在陆上预制（预制时在桩柱位置上预留出桩柱孔），接着用起重船起吊安装，使柱顶的外伸筋扎入预制体的预留孔。再浇筑桩顶节点混凝土，然后继续进行上部施工的工序流程。

---

① 关欣琦.浅谈桥梁墩台的施工 [J].黑龙江科技信息，2010 (5)：227.

1. 模板的类型与要求

混凝土及钢筋混凝土墩台常用的模板，主要包括以下类型：

（1）固定式模板。固定式模板一般用木材或竹材制作，其各部件均在现场加工制作和安装。固定式模板主要由立柱、肋木、壳板、撑木、拉杆、钢箍、枕梁与铁件组成。

固定式模板的优点：整体性好，模板接缝少，适应性强，能根据墩、台形状进行制作和组装，不需要起重设备，运输安装方便。但其存在显著的缺点，就是重复使用率很低，材料消耗量大，装拆、清理费时费工，不经济。固定式模板一般只适用于中小规模的墩、台。

根据墩、台外形的不同，模板可由竖直平面、斜平面、圆柱面和圆锥面等组成。立柱、肋木、拉杆和钢箍形成骨架。骨架的立柱安放在基础枕梁上，肋木固定在立柱上，木壳模板竖直布置在肋木上，立柱两端用钢拉杆连接，使模板有足够的刚度。

（2）拼装式模板。拼装式模板是由各种尺寸的标准模板利用销钉连接并与拉杆、加劲构件等组成墩台形状的模板，又称盾状模板。其优点是预制构件尺寸准确，拆装容易，运输方便，可周转使用。它适用于高大桥墩或在同类墩台较多时。拼装模板可用钢材或木材加工制作。钢模板采用 2.5~6 mm 厚的薄钢板并以型钢为骨架，可重复使用，装拆方便，节约材料，成本较低。但钢模板须机械加工，稍有不便。木模则耗用木材较多，周转使用次数少，只适用于中、小桥梁。

（3）整体吊装模板。整体吊装模板的组装方法：根据墩台高度分层支模和浇筑混凝土，每层的高度应视墩台尺寸和模板数量、浇筑混凝土的能力以及吊装能力而定，一般宜为 2~4 m。用吊机吊起大块板扇，按分层高度安装好第一层模板，其组装方法与低墩台组装模板的方法相同。模板安装完后在浇筑第一层混凝土时，应在墩、台身内预埋支承螺栓，以支承第二层模板和安装脚手架。

整体吊装模板的优点包括：①安装时间短，施工进度快，大大缩短工期，不留工作缝；②将拆装模板的高空作业改为平地操作，施工安全；③模板刚度大，可少设拉筋，节约钢材；④可利用模板外框架作为简易脚手架；⑤结构简单，装拆方便，可重复使用。其缺点是需要一套吊装设备，且起吊质量大。

对于圆形、方形柱式墩，可根据施工现场的吊装能力，分节组装成整体模板，以加快施工进度，减轻劳动强度和保证施工安全。为了保证整体模板具有足够的强度和刚度，吊装前应展开相应的验算。

（4）组合钢模板。组合钢模板是因其轻型、装拆方便，成为运用较多的一种模板类型。它由钢模板和配件两大部分组成。钢模板包括平面模板、阴角模板、阳角模板、连接角模等通用模板，以及倒棱模板、柔性模板、搭接模板、可调模板及嵌补模板等专用模板。钢模板采用模数制设计，通用模板的宽度模数以 50 mm 进级，长度模数以 150 mm 进级（长度超过 900 mm 时，以 300 mm 进级）。配件的连接包括 U 形卡、L 形插销、钩头螺栓、紧固螺栓、对拉螺栓、扣件等，配件还有不同形式的支承件。

组合钢模板能节约大量木材，组装拆卸方便，通用性好，可多次周转使用，具有较好的经济收益。它是桥梁墩台施工中常用的模板之一，也是其他土木工程施工中常用的模板之一。

2. 混凝土浇筑

（1）混凝土拌制。

第一，混凝土搅拌的顺序宜按相关要求进行：①当无外加剂、混合料时，进入上料斗的顺序依次为粗集料→水泥→细集料；②当有掺混合料时，其顺序宜为粗集料→水泥→混合料→细集料；③当掺干粉状外加剂时，其顺序宜为粗集料→外加剂→水泥→细集料或粗集料→水泥→细集料→外加剂。

第二，为了保证混凝土拌和物的质量，根据混凝土的拌制方式和拌制设备采用相应的搅拌时间。为保证混凝土拌和物搅拌均匀，对于拌和程序与时间，应通过拌和试验确定。一般而言，混凝土搅拌的最短时间，必须符合规定。通常设置时间控制装置，以检查拌和时间。

第三，在每次应用搅拌机拌和第一罐混凝土之前，应先开动搅拌机空机运转，运转正常后，再加搅拌料，搅拌好的混凝土要做到基本卸尽，在全部混凝土卸出之前不得再投入拌和料，不得采用边出料边进料的办法。

（2）混凝土运输。

第一，运输方式和设备选择。混凝土从搅拌处至浇筑地点的运输过程中，应采取措施使混凝土保持均匀性和规定的坍落度，不出现漏浆、失水、离析等现象，保证在初凝前有充分的时间进行浇筑和捣实，否则需在浇筑前进行二次搅拌。根据运输量和运距，采用不同的运输设备，总的要求是运输能力适应混凝土凝结速度和浇筑速度的需要。当混凝土拌和物运距较近时，可采用无搅拌器的运输工具运输；当运距较远时，宜用搅拌运输车、混凝土泵车等运输。对于运输工具，要求不吸水，不漏浆。

第二，采用搅拌运输车运输要求。混凝土运输车装料前应将搅拌筒内、车斗内的积水排净。运输途中搅拌筒须保持 3~5 r/min 的慢速转动。

第三，用混凝土泵送混凝土要求。混凝土泵的选型、配管设计，应根据工程和施工场地特点、混凝土浇筑方案、要求的最大输送量及混凝土浇筑计划。对于混凝土的配合比，必须满足一定的规定。

（3）混凝土浇筑的检查与浇筑部位。

第一，浇筑混凝土前的检查。浇筑混凝土前，应对支架、模板、钢筋和预埋件进行检查，合格后方可进行，并将基础顶面冲洗干净，凿除表面浮浆。倘若运至浇筑地的混凝土有离析现象或坍落度不符合要求，应重新搅拌均匀，直到满足坍落度要求方能入模。

第二，墩台混凝土浇筑。控制混凝土的浇筑速度，以满足浇筑质量。对于墩台及基础混凝土，由于其体积庞大，一般整个平截面范围水平分层进行浇筑。大体积墩台基础混凝土，当平截面过大，不能在前层混凝土初凝或能重塑前浇筑完成次层混凝土时，可分块进行浇筑。

混凝土应按一定厚度、顺序和方向分层浇筑，应在下层混凝土初凝或能重塑前浇筑完成上层混凝土。上下层同时浇筑时，上层与下层前后浇筑距离应保持 1.5 m 以上。在倾斜面上浇筑混凝土时，应从低处开始逐层扩展升高，保持水平分层。

在振捣成型之前，应根据施工对象及混凝土拌和物性质选择适当的振捣器，并确定振捣时间。一般除少量塑性混凝土可用人工捣实外，宜采用振动器振实。

3. 混凝土养护

（1）在养护工序中，应控制混凝土处在有利于硬化及强度增长的温度和湿度环境中，使硬化后的混凝土具有必要的强度和耐久性。同时，应在浇筑完成后 12 h 以内对混凝土加以覆盖并保湿养护。

（2）一般混凝土的养护时间为 7 d，但对有抗渗要求或表观质量要求比较高的混凝土时，混凝土浇水养护的时间宜为 14 d。

（3）应根据施工对象、环境、水泥品种、外加剂以及对混凝土性能的要求，提出具体的养护方案，并严格执行规定的养护制度。为了满足清水混凝土的表观质量要求，宜采用覆盖塑料薄膜的方法进行养护，保证混凝土在不失水的情况下得到充足的养护，同时保持薄膜布内有凝结水。

（4）自然养护混凝土时，应每天记录大气气温的最高和最低温度以及天气的变化情况，并记录养护方式和执行人。采用薄膜养护时，应经常检查薄膜的完整情况和混凝土的保湿效果。

（5）冬期浇筑的混凝土，应养护到具有抗冻能力的临界强度后，方可拆除养护措施。对于采用硅酸盐水泥或普通硅酸盐水泥配制的清水混凝土，其临界强度应为设计要求的强度等级标准值的 30%。

（6）冬期施工时，模板和保温层应在混凝土冷却到 5 ℃后方可拆除。当混凝土与外界温度相差大于 20 ℃时，拆模后的混凝土应临时覆盖，使其缓慢冷却。

二、装配式墩台

(一) 柱式 (排架) 墩

装配式柱式 (排架) 墩是将桥墩分解成若干轻型部件,在工厂或预制场地集中预制,再运输到桥址现场装配成墩台,其形式有双柱式、Y 形、排架式和刚架式等。施工的主要内容为:部件预制、运送组装、连接与混凝土湿接缝以及养护等。其中拼装接头是关键工序,既要安全牢固,又要结构简单、施工便利。常用的拼装接头有承压式接头、钢筋锚固接头、焊接接头、扣接式接头以及法兰盘接头等。

装配式柱式墩台应注意以下方面:

第一,墩台柱构件与基础顶面预留的杯形基座应编号,并检查各个墩、台高度和基座高程是否符合设计要求;基座杯口四周与柱边的空隙不得小于 20 mm。

第二,墩台柱吊入基杯内就位时,应在纵横方向测量,使柱身竖直度或倾斜度以及平面位置均符合设计要求;对重大、细长的墩柱,须用风缆或撑木固定,方可摘除吊钩。

第三,在墩台柱顶安装盖梁前,应先检查梁口预留槽眼位置是否符合设计要求,否则应事先修凿正确。

第四,柱身与盖梁 (顶帽) 安装完毕,经检查符合要求后,可在基杯空隙与盖梁槽眼处浇筑稀砂浆,待其硬化后撤去楔子、支撑或风缆,再在余留空隙处灌填砂浆。

在基础或承台上安装预制混凝土管节、环圈做墩台的底模时,为使墩台身与基础连接牢固,应由基础或承台中伸出预埋的钢筋,插入管节或环圈中间的现浇混凝土内。插入所需的钢筋数量和锚固长度,应通过计算或按设计规范要求来确定。

(二) 预应力混凝土装配式墩

预应力混凝土装配式墩分为基础、实体墩身和装配墩身三大部分。其中装配墩身由基本构件、隔板、顶板和顶帽四种不同形状的构件组成,用高强度预应力钢丝或钢绞线传入预留的上下贯通的孔道内,张拉锚固后孔道压浆即成桥墩;实体墩身是装配墩身与基础间的连接段,其作用为锚固预应力钢筋,调节装配墩身的高度以及抵御洪水时漂浮物的撞击等。

施工的主要内容有实体墩身浇筑、构件预制和墩身装配等三项主要工序。在实体墩身浇筑时,应按装配构件的孔道位置,预留张拉孔道及工作孔。装配构件的预制,除保证构件质量外，应分清构件类型并分别编号。墩身装配时最关键的操作要领是"平、稳、准、实、通"五个字，即起吊平，构件顶面平，内外壁砂浆接缝要抹平；起吊、降落就位，松钩要稳；构件尺寸准，孔道位置准，中线准及预埋件位置准；砂浆填缝要密实；预应力钢筋孔道要畅通。

构件装配的水平拼装缝采用 C35 水泥砂浆，砂浆厚度为 15 mm，以便于调整构件水平高程，不使误差积累。预应力钢筋的张拉位置可以在顶帽上张拉，也可以在实体墩身下张拉，一般在顶帽上张拉居多；张拉采用一次张拉工艺，张拉顺序从墩截面的长边中心线开始，对称张拉，逐次向短边方向推进，最后张拉短边中心线处。孔道先用高压水冲洗干净，再用纯水泥浆压浆，压浆由下向上压注，并分初压与复压两个步骤，初压后约停 1 h，待砂浆初凝即刻进行复压，复压压力可取 0.8～1.0 MPa。预应力钢筋封锚前，须先将构造钢筋复位，然后用与墩身相同强度的混凝土封锚。

（三）装配式墩台施工的容许偏差

构件安装前必须检查其外形和预埋件尺寸与位置，其容许偏差不得超过设计要求；构件安装就位完毕后，经过检查校正完全符合要求后，方可焊接或浇筑混凝土以固定构件；分段安装的构件继续安装时，必须在先安装的构件固定和受力较大的接头混凝土达到设计要求的强度后方可进行。装配式墩台全过程都贯穿着质量检查工作。装配式墩台完成时的容许偏差包括：①墩台柱埋入基座内的深度和砌块墩台埋置深度，必须符合设计规范；②墩台倾斜为 0.3%H（H 为墩台高），最大不得超过 20 mm；③墩台顶面高程为 ±10 mm；墩台中线平面位置为 ±10 mm，相邻墩、台柱间距为 ±15 mm。

第三节　桥梁涵洞及其勘测设计

一、涵洞的分类

（一）依据建筑材料分类

第一，石涵。石涵包括石盖板涵和石拱涵。石涵造价、养护费用低，节省钢材和水泥，在产石地区应优先考虑采用石涵。

第二，混凝土涵。混凝土涵可现场浇筑或预制成拱涵、圆管涵和小跨径盖板涵。该种涵洞节省钢材，便于预制，但损坏后修理和养护较困难。

第三，钢筋混凝土涵。钢筋混凝土涵可用于管涵、盖板涵、拱涵和箱涵。钢筋混凝土涵涵身坚固，经久耐用，养护费用少。管涵、盖板涵安装运输便利，但耗钢量较多，预制工序多，造价较高。

第四，砖涵。砖涵主要指砖拱涵。砖涵便于就地取材，但强度较低。在水流含碱量大或冰冻地区不宜采用。

第五，其他材料涵洞。有陶瓷管涵、铸铁管涵、波纹管涵以及石灰三合土拱涵等。

（二）依据构造形式分类

第一，管涵。管涵受力性能和对地基的适应性能较好，不需墩台，圬工数量少，造价低。

第二，盖板涵。盖板涵构造简单，易于维修。有利于在低路堤上修建。跨径较小时，可用石盖板；跨径较大时，可用钢筋混凝土盖板。

第三，拱涵。拱涵适宜于跨越深沟或高路堤时采用。拱涵承载能力大，砌筑技术容易掌握。

第四，箱涵。箱涵适宜于软土地基。箱涵整体性强，但用钢量多，造价高，施工较困难。

（三）依据水力性能分类

第一，无压力式涵洞。进口水流深度小于洞口高度，水流流经全涵保持自由水面。

第二，半压力式涵洞。进口水流深度大于洞口高度，但水流仅在进口处充满洞口，在涵洞其他部分都是自由水面。

第三，有压力式涵洞。涵前壅水较高，全涵内充满水流，无自由水面。

第四，倒虹吸管。路线两侧水深都大于涵洞进出水口高度，进出水口设置竖井，水流充满全涵身。

二、涵洞的基本设计

（一）小桥涵形式的选择

1. 钢筋混凝土圆管涵

钢筋混凝土圆管涵孔径一般为 0.5~1.5 m，最小填土高度 50 cm，受力情况良好，圬工数量小，造价较低。在有条件集中预制和运输比较方便的地段多采用钢筋混凝土圆管涵。多孔时不宜超过三孔。

2. 钢筋混凝土盖板涵

由于钢筋混凝土盖板涵建筑高度较低，适于低路基地段使用，一般用作明涵。在设超高加宽的曲线上设置盖板明涵时，由于施工比较烦琐，所以可做成低填土的盖板暗涵；当洞身较短时，也可以调整桥台及桥面上的铺装高度，以适应纵坡和超高的要求。

钢筋混凝土盖板分装配式和就地浇筑两种。采用预制装配式能缩短工期、节省木材、提高质量，适用于桥涵较集中的路段，但须具备吊装设备及运输条件。采用就地浇筑施工简易，便于群众掌握。

对于分散的小桥涵工程或在旧路上改建的个别桥涵工程，多采用就地浇筑形式。在就近能开采石料，质量和数量都能满足工程要求，并且路基有足够的填土高度时，大都采用这种形式。

3. 石拱桥（涵）

石拱桥（涵）一般养护费用低，节约钢材，经济耐用。拱涵只要在永久荷载作用条件下不变形，一般超载潜力较大，砌筑技术易于群众掌握，是我国传统结构类型。由于石拱桥（涵）要求地基均匀和有较大的承载力，所以，河底纵坡大于15%时应采用阶梯式石拱涵；当沟底自然坡变化较大时，也可将涵底分段，做成缓坡段和陡坡段。

（二）洞口形式的选择

以往常用的洞口形式有：八字墙、锥形护坡、一字墙护坡、上游急流坡（或跌水井）、上游边沟跌水井、下游急流坡、下游接挡土墙附跌水、倒虹吸等结构形式。

（三）基础埋置深度及铺砌

1. 基础埋置深度

当小桥涵设在不冻胀的土层（岩石、卵石、砂砾等类土层）中时，其基底埋深可不受冰冻的限制，采用100 cm。

2. 基底坡度的选择

当河沟的天然纵坡等于或小于3%，且涵长等于或小于15 m时，基底可采用水平的，这样施工比较方便。涵底铺砌纵坡一般可采用10%。当天然河沟的纵坡大于3%，小于或等于6%时，涵底铺砌纵坡可以做成与天然河沟相同的纵坡。如为明涵，涵底基础纵坡仍可做成与天然河沟相同的纵坡，台高差小于或等于 50 cm 时，涵台、墩断面可做成等厚尺寸，当台高差大于 50 cm 时，基础及墩、台身均须断开。天然河沟纵坡很大，设置单坡较困难时，应采用阶梯形涵洞按特殊情况设计。

3. 铺砌

小桥涵均属浅基防护，所以每个小桥涵涵身、洞口都用片石铺砌。在进出洞口及涵身的铺砌部分，原地面标高低于铺砌层底面的地段，不得用素土填垫，可用片石码砌。在进出水洞口外河床处，由于受水流冲刷引起的病害较多，因此对出水洞口的设置，必须给予足够重视。

三、涵洞的勘测设计

(一) 明确涵洞位置

小桥涵位置原则上应服从路线走向。桥涵中心桩号可根据已定的路线走向及水流流向确定，同时用方向架或有度盘的水准仪，测量桥涵与路线的夹角。下列位置一般应设置涵洞：

第一，一沟一涵。凡路线跨越明显的干沟、小溪时，原则上均应设涵。

第二，农田灌溉涵。路线经过农田，跨越灌溉用渠，为了不致因修路而影响农田灌溉，必须设置灌溉涵。

第三，路基边沟排水涵。山区公路的傍山线，为了排除路基内侧边沟的流水，通常每隔 200~400 m 应设置一道涵洞，其具体位置可根据路线纵、横断面及实际地形情况设置。如在设置截水沟的地段，截水沟排水出口处应设置涵洞；路线的转角较大（大于 90°），曲线半径又比较小，进入弯道前的纵坡大于 4%，坡长在 200 m 内又无别的排水涵洞，在弯道地点附近应设置涵洞；由路线的陡坡段过渡到缓坡段，在此 200 m 内又无其他涵洞，在变坡点附近应设置涵洞。

第四，路线交叉涵。当路线与铁路、公路、机耕道平面交叉时，为了不使边沟流水受阻，同时不致冲坏相交路线的路基，一般应设排水涵。

第五，其他情况。路线通过积水洼地、池塘、泥沼地带时，为沟通公路两侧水位应设置涵洞。路线穿越村镇时，应保证地面排水畅通，也可设置涵洞。

(二) 测量河沟横断面

一般应沿路线方向测量涵址中线横断面。当河沟与路线斜交时，还应在涵位附近测量垂直河沟的断面，测绘范围一般在调查历史洪水位以上 1.0 m，或水面宽度以外 2~10 m。当沟形复杂，地形起伏较大，不宜布置洞口时，可在上下游纵面起伏较大处增测几个横断面。将这些断面套绘在一张米格纸上，以便检查涵位及其路线夹角是否合适，涵身与翼墙基础有无错位现象等。

（三）描绘涵址平面示意图

为了便于内业设计时了解涵址附近的地形、地貌现状，当地形复杂、河流较弯曲、涵位与路线斜交、上下游河沟需改道等情况时，有必要勾绘出涵址平面示意图。勾绘时一般是先按比例绘好路线和涵洞方向的关系图，再用目测的方法将地形、地貌、地物等勾绘在示意图上。必要时，可用平板仪实测出地形图。

第三部分 桥梁美学设计与养护

第十章 桥梁美学原理研究

第一节 桥梁建筑的美学特性

一、桥梁建筑的艺术特性

自古以来，建筑与绘画、雕塑被称为三大造型艺术，它和其他门类艺术有共同的特征，例如都具有鲜明的形象、强烈的艺术感染力、不容忽视的审美价值及反映民族风情、时代特征等。建筑艺术作为实用艺术，特别是桥梁建筑艺术，又不同于别的艺术，还有着它独特的艺术特性。

（一）桥梁建筑艺术

"桥梁艺术从诞生之初，便与美紧密地联系在一起，成为非常引人注目的公共艺术形式之一。"[①] 人类借助天然的石块过河，利用倒塌的树木跨越障碍时，就开始在桥梁建筑历史上留下美的印记。随着时代的发展，桥梁建筑愈加强烈地体现出一定的社会意识，不断地向建筑艺术的方向发展。桥梁建筑师以人类所知道的最难以表现的语言，也就是功能的、力学的、施工技术的语言来解决具体的实际问题。

建筑艺术是一种实用与审美相结合的艺术，它一方面受技术水平和实用功能的制约；另一方面，其形式和风格的演变又受到人们精神生活，特别是社会审美意识的影响。桥梁建筑艺术是建筑艺术的一个分支，是桥梁建筑师在熟练地掌握艺术媒介物质（色彩、线条、形体等）的自然属性及其规律的基础上，通过物质手段创造出来的，使人能够感知和认识，从而发挥其社会影响，体现一定生活内容的结构艺术形象。

桥梁作为一种建筑艺术，是技术和艺术结合的建筑，融合造型艺术的基本要素及科学技术的伟大成果。古朴典雅的中国赵州桥、精致美丽的圆明园十七孔拱桥、气势磅礴的金

① 谭勇，曾昱棋，王玺. 基于设计艺术视角的桥梁美学研究 [J]. 美与时代（城市版），2022（11）：24.

门大桥等，它们同古老的金字塔、蜿蜒的长城、高耸入云的埃菲尔铁塔等这些伟大的作品一样，都闪烁着不朽的光彩，构成了建筑的美。

桥梁建筑艺术，一方面反映出结构的空间跨越所体现出的美感，另一方面，桥梁的造型，尤其是栏杆和桥头堡等附属设施的形式都受到经济、政治、社会和文化等意识流的影响。

（二）桥梁建筑艺术的特性

1. 功能价值与审美价值相统一

桥梁建筑的创造旨在满足人类社会生活的发展需求，与某些具有纪念性和观赏性质的建筑有所不同。首先考虑的是其作为一种实用结构物的运输能力，因此其功能价值占据了首要地位。一座桥梁若能够牢固地跨越障碍，确保安全可靠且交通畅通，满足其功能需求，即被视为为桥梁美提供了必备条件。反之，若桥梁在使用过程中让人感到紧张担忧、超负荷或发生频繁事故，导致交通拥堵等，就会影响桥梁的美学体验。其次，建筑自古以来被誉为"石头的史书""无声的音乐""立体的画"，桥梁建筑同样如此。其巨大的体量、固定不变的位置、相对永久的性质以及引人注目的外观在深刻影响着环境景观和人们的生活。因此，桥梁建筑不仅需要展现出结构上的稳定和跨越能力，还要具备美的形式和内涵。只有在内容与形式高度统一、功能价值与美学价值完美体现的情况下，桥梁建筑才能显现出其不朽的生命力。

2. 艺术与技术紧密相关

桥梁建筑，如同其他建筑一样，是工程技术与艺术相互融合的产物。作为人工环境的具体表现，桥梁建筑在其实现过程中不可避免地依赖于相关技术，并消耗大量材料。因此，技术对艺术的制约主要体现在经济、材料、设计理论以及施工技术等多个方面。技术本身也构成美的因素之一，力学的不断发展、钢筋混凝土的问世等因素不断引领着建筑业的革命，为轻巧、优美、大跨度等多样化的桥梁形态的发展提供了可能性。因此，技术进步对于桥梁美具有重要的推动作用，成为桥梁美学发展中的强大动力。

尽管技术与艺术密切相关，但二者并非可互相替代的概念。新材料并不等同于桥梁的美，同样，新技术也不能代表艺术之美。只有在考虑现实条件和经济能力的基础上，最大限度地发挥技术和材料的作用，并结合人类的聪明才智，才能创造出既体现技术之美又结合艺术之美的桥梁建筑。

3. 结构外露的空间实体

尽管桥梁建筑归属于建筑领域，与房屋建筑相比，它们在多个方面存在显著差异。房屋建筑被构想为空间的分隔与组合，而桥梁则被视为空间的延伸与拓展。前者作为人们居住和工作的空间，而后者则是连接跨越的通道，常常被形容为"彩虹"或"纽带"。房屋建筑通常具有封闭的特征，其内部复杂多变的结构难以从外观中窥见。相反，桥梁结构呈现开放的外观，构成部分一览无余，功能关系明确，如桥梁的塔、梁、墩、索等直接显现在视野中。从美学角度出发，这些外显的构件不仅成为景观的焦点，同时也构成美学处理上的难点。如何将这些构件巧妙组合成为一个美的整体，相对于其他艺术门类而言，呈现出更为复杂的挑战。

4. 单维突出的空间结构物

桥梁的基本形态受其功能需求的制约，通常表现为在水平方向上单一维度突显的结构体，即桥梁沿着路线方向的长度相对于其宽度和高度而言差异显著。这种形式对于视觉平衡、比例和谐方面存在相当的挑战。在桥梁美学设计中，协调这种比例关系、改善视觉印象已成为不可忽视的课题。

5. 桥梁建筑艺术表现的局限性

桥梁建筑在本质上是一种工程结构，在艺术表现上受到多重条件的制约，其表达自由度远不及其他艺术形式。桥梁主要由几何形态组成的空间体量构成，其视觉形象通常能够赋予人们严肃、雄伟、稳定挺拔或轻盈、明快、柔美、秀丽等感受。然而，桥梁相对难以通过自身形式来具体表达更深层次的内容。在这种情况下，常常需要借助雕塑、绘画、匾额、书法、诗词等其他艺术形式，以构建深刻的艺术意境，从而引发人们的联想，激发情感，表达情怀。有时，桥梁艺术的表现还需要依赖音乐、光影、照明等元素来营造氛围。

（三）桥梁建筑艺术的原则

桥梁建筑艺术是桥梁建筑师审美意识物质化的成果，具有独特的审美价值。桥梁建筑师在进行桥梁设计与艺术构想时，通常都需要综合考虑以下艺术原则：

1. 功能与形式美相协调的原则

桥梁建筑艺术的协调性原则是确保功能与形式美之间实现完美统一的基本准则。桥梁建筑作为一种实用艺术，其设计和建造应当在实现实用功能的同时注重形式美的表达，二者相辅相成，方能创造出真正令人赞叹的桥梁艺术品。

首先，桥梁艺术的协调性原则强调实用功能与形式美的有机结合。一座优秀的桥梁不仅仅是一项工程的实现，更是一种对技术与艺术的精湛融合。功能性强调桥梁的使用效能，而形式美关注桥梁的审美价值。协调性原则的核心在于确保这两个方面相辅相成，而非取其一、舍其一。只有在实用功能和形式美的完美统一下，桥梁艺术才能真正具有深远的影响力。

其次，在桥梁建筑的设计中，常见的两种错误倾向是过分强调实用功能或只注重形式美。强调实用功能而忽略形式美的桥梁可能会显得呆板乏味，缺乏审美感。相反，只注重形式美而忽视实用性的桥梁则可能成为虚构的美的伪结构，缺乏实际可行性。协调性原则的目标是避免这两种极端，确保桥梁既具备实际功能，又展现出令人惊叹的形式美。

最后，桥梁建筑艺术的协调性原则对于长久的生命力至关重要。只有在功能和形式美得以完美统一的情况下，桥梁作为艺术品才能经久不衰。功能的实现确保桥梁的实用性和可持续性，而形式美则为其赋予独特的艺术价值，使其成为历久弥新的建筑经典。

桥梁建筑艺术的协调性原则是一项复杂而关键的任务，通过正确平衡实用功能和形式美，确保二者相得益彰，桥梁艺术才能在技术和艺术的交汇处达到最高水平，为社会留下永恒的建筑之美。

2. 满足民众审美情趣的原则

桥梁作为提供便捷交通服务的重要建筑，其设计必须考虑满足广大民众的审美情趣，而非单纯追求标新立异，将大众的审美观念视为庸俗或不美。设计优美的桥梁不仅是一种艺术理念的创作，更需要贴近普通民众的审美观，使其成为社会公共空间中的艺术品，能够为人们的生活增添美的享受，充分展现其社会效益与实用价值。

在桥梁设计中，首要考虑的是民众的审美观。桥梁作为公众性建筑，其外观形象直接影响着周边环境的美感和城市的整体形象，因此，设计者在进行桥梁美学创作时，应当深入了解当地文化、历史和社会背景，融入这些元素以满足民众的审美情趣。通过巧妙地结合当地特色，如地域风格、传统文化元素等，设计出具有独特地方特色的桥梁，使其成为城市风景线的一部分，引起民众的共鸣。

除了考虑地域特色外，桥梁的设计还应关注现代审美观的变化趋势。随着社会的发展，人们对美的理解不断演变，设计者需要敏锐捕捉潮流，不断更新设计理念。同时，注重人性化设计，考虑桥梁在不同时间、不同光线下的表现，以及在城市夜景中的独特魅力，确保桥梁在各种条件下都能令人赏心悦目。

在审美追求的过程中，设计者还须避免走向极端，即过度追求独创性而忽略实用性。桥梁作为交通工程的一部分，其实用价值不可忽视。设计者应该在追求艺术性的同时，保持对桥梁功能的合理考虑，确保其能够满足交通需求，提供高效的交通服务。

总的来说，满足民众审美情趣的原则是桥梁设计中不可忽视的重要因素。通过深入了解当地文化，融入地域特色，以及不断关注社会审美趋势，设计者可以创作出既美观又实用的桥梁，使其在城市空间中成为一道亮丽的风景线，为人们带来美的享受和实用的便利。这样的设计不仅提升了城市形象，更展现了桥梁作为公共建筑的社会责任与意义。

3. 体现时代精神的原则

桥梁建筑艺术作为一门与时俱进的艺术，体现出了时代精神的多重原则。与其他艺术形式一样，桥梁建筑经历了演变和变革，从古代的华丽装饰到现代的简洁大方，折射出社会、文化和科技等方面的巨大变迁。在桥梁建筑的演变过程中，时代精神成为不可忽视的指导原则，影响着设计师在创作中所做的各种决策。

（1）桥梁建筑在不同历史时期体现了独特的时代风格。古代桥梁以其华丽的装饰和雕刻展示了当时社会对于艺术和工艺的高度追求。这种表现方式凸显了古代社会对于建筑的审美需求，反映了当时文化的繁荣和对精湛技艺的追求。而在现代，随着社会结构和价值观的变革，桥梁建筑更注重简约、大方的设计，通过几何形状和材料的运用来表达现代社会对于效率与功能性的追求。

（2）桥梁建筑通过其巨大的空间形象展现了生活本质，反映了时代的发展和变迁。桥梁不仅仅是交通的媒介，更是连接城市之间、人与人之间的纽带。在不同历史时期，桥梁的设计理念反映了当时社会的特点和需求。例如，工业革命时期的铁桥体现了对于新材料和新技术的探索，而现代城市中的高速公路桥梁则体现了对于交通便捷和效率的重视。

（3）桥梁建筑师在设计创作过程中不可避免地受到时代精神的影响。每个时代都孕育着独特的社会氛围和文化背景，这些元素在桥梁设计中得以体现。设计师通过对时代背景的敏感把握，注入自己对于时代精神的理解和表达，使得桥梁建筑成为一个时代的标志性特色。通过对历史的回顾，我们能够清晰地看到桥梁建筑在不同时期的演进轨迹，这也成为了解社会发展和文化变革的一个重要途径。

作为一门跨越时空的艺术，桥梁建筑通过其独特的形式和结构，承载着历史的沉淀和时代的印记，为后人提供了一个窥探过去和理解未来的窗口。

4. 展现鲜明民族特色的原则

展现鲜明民族特色的原则在审美建筑领域中具有重要意义。尽管世界上并没有统一的审美标准，但各个民族由于其独特的风俗、文化传统和思维方式，必然在建筑风格上体现出独具特色的个性。这一原则的实践不仅为桥梁建筑艺术注入了丰富的文化内涵，也为社会和谐、文化传承等提供了有力的支持。

（1）各个民族由于其特有的文化传统，在建筑审美追求中展现出鲜明的民族特色。桥梁作为文化的载体，既承载着过去的传统，又反映了当代社会的发展。通过在桥梁设计中融入丰富的文化元素，人们可以在桥梁建筑中感受到民族文化的历史积淀。这不仅为桥梁建筑赋予了独特的艺术价值，也使人们能更加深刻地认识和理解各个民族的文化底蕴。

（2）展现鲜明民族特色的原则在建筑艺术中是多元化的体现。不同民族在风俗、生活方式等方面存在差异，因此，对建筑的审美追求也会呈现出多元性。这种多元性不仅在建筑风格上表现出来，还在建筑结构、材料选择等方面有所体现。通过在桥梁建筑中巧妙地融入各自的传统元素，不同民族的建筑可以在和谐中展现独特之美，为桥梁建筑艺术注入更为广泛的文化内涵。

（3）展现鲜明民族特色的原则也为建筑在社会发展中扮演着重要的角色。在全球化的今天，各个民族之间的文化交流日益频繁，桥梁作为文化的象征，成为展示各个民族精神风貌的窗口。通过在桥梁设计中体现鲜明的民族特色，不仅有助于保护和传承本民族的文化传统，也为促进文化多样性、构建和谐社会提供了重要的支持。

二、桥梁建筑的几何构成与形态

构成桥梁美的基本要素是功能美、技术美、形式美和与环境的协调美，但真正支配这些要素的则是在人们心里产生何种感觉的形态感情。形态感情源于形。桥梁建筑作为空间造型与视觉艺术，其形、色、质三大信息中最重要的也是形。而形是通过几何元素组合来实现的。几何的平面与空间构成，直接影响功能与结构序列的合理性；几何形态的比例尺度，创造了桥梁整体的均衡和谐美；几何形态的重复与变化，产生了韵律生动的情趣感。几何与造型、功能密切相关，是建筑技术与艺术的结合，是理性的形象表达，是创造建筑造型的基础。

桥梁建筑造型可以简化为几何形的线材、面材、块材的组合。点、线、面是几何的基本要素，具有一定的"表情"，通过艺术组合可以形成动势、趋向、力感、节律，从而反映桥梁建筑的风格特点，产生某种形态情感，形成特定的人文环境。

（一）桥梁建筑的点形态

桥梁建筑的点形态，类比于字母在语言中的作用，是构建整体形象的起点。点的排列有序性赋予结构以严整感，而分组组合的点则创造出形式上的韵律感。在桥梁设计中，点的对应布置更是关乎整体结构的对称均衡感，这种点的布局不仅令人感受到美的和谐，也为桥梁的稳定性和功能性提供了基础支持。

桥梁建筑中，从俯视的角度来看，塔、柱、杆等结构元素呈现出点的形状。这种点形态的布局，不仅考虑到功能需求，更注重结构的审美和形式的完整性。视觉上有序排列的点，使整座桥梁看起来更为井然有序，为人们带来视觉上的愉悦。

从侧面观察，桥梁的铰、支座、排架端头、栏杆柱头、灯具等构件同样呈现出点的形状。这种点形态的选择和布局，既满足了结构的需要，同时也在形式上追求对称均衡感。对称的点形态使得桥梁在整体上更具协调感，为其在城市景观中的融入提供了更为良好的基础。

尤其在夜晚，桥梁上的灯光照明更是以点的形态为基础。灯光随着桥面路线的竖曲线、平曲线而蜿蜒曲折，形成如诗如画的景观。这种点的布置方式不仅为夜间通行提供了足够的照明，同时也赋予了桥梁以艺术的氛围，使其成为城市夜景中一道独特的风景线。

桥梁建筑的点形态不仅是结构功能的体现，更是艺术审美的表达。通过点的有序排列、分组组合、对称均衡等设计手法，桥梁在形式上得以丰富多彩，兼具美感和实用性。这种点的审美构建，使得桥梁成为城市风景中一处令人赞叹的建筑艺术品。

（二）桥梁建筑的线形态

线是运用最多的要素，面的交线，体的棱、梁、柱、杆、索等均表现为线。

1. 桥梁中的直线

桥梁设计中的直线元素是一项重要的审美考量，其独特之美源于其坚强而刚硬的特质。直线的表现形式主要包括水平线、竖直线和斜线三个方面。

首先，水平线在桥梁设计中扮演着重要的角色，因其能够赋予结构以附着于地面的稳定感。通过巧妙地运用水平线，桥梁能够呈现出舒展、平静的氛围，同时在心理层面降低高度的感知倾向。桥梁作为一种水平方向延伸的线型结构，其水平线在设计中的功能得到了突出，通过桥面的延续、檐梁的强调以及光影效果的运用，侧面景观形成了一条流畅而优美的线条，从而增强了桥梁的跨越感和连续流畅的美感。

其次，竖直线与地面垂直，体现了力量与强度的感觉。在桥梁设计中，竖直线的运用不仅能够表达蓬勃向上、坚挺严肃的情感，同时还可以改变视觉印象，对整体比例的不协调起到局部调整作用。例如，吊索、桁杆、栏杆、灯柱、主塔以及装饰线等元素的竖直线条，使桥梁产生均衡稳定、比例和谐的美感。这些竖直线的运用使得桥梁不仅在结构上表现出力量感，同时也在视觉上达到了一种均衡的美学效果。

最后，斜线相较于水平线和竖直线更具有动感与方向感，其构图也更显活泼和生动。桥梁设计中的斜线体现在各个构件中，如 X 形、Y 形、A 形、V 形桥墩造型以及桁架斜杆、A 形主塔、刚构斜腿等。斜线的简洁、明快、充满活力的特点在斜拉桥的设计中得到了充分展现。这种设计风格使得桥梁不仅具有实用性，更赋予了其独特的艺术魅力。

直线在桥梁设计中的运用，不仅仅是为了满足结构的功能需求，更是在审美上追求一种坚强、稳定、动感和生动的美感表达。通过对水平线、竖直线和斜线的巧妙组合与运用，桥梁设计得以在设计结构的同时展现出独特的艺术魅力，成为城市风景线中一道独特的风景。

2. 桥梁中的曲线

桥梁设计中的曲线元素展现了其在美学和结构层面上的重要性。曲线的特性包括柔顺、弹性、连贯和流动，这使得曲线在心理上更具诱惑力，相较于直线更能引发观者的审美享受。在桥梁设计中，几何曲线如圆、椭圆、抛物线和螺旋线等线型规则，被广泛运用以充分表达理智、直率和统一的美感。与此同时，自由曲线如波浪线和弧线则展现出自然、舒展与奔放的美感，为桥梁注入一种独特的艺术氛围。

线的规则重复和有秩序的变化形成了节奏与韵律美，这在桥梁建筑中得到了巧妙的运用。桥梁设计师常常通过墩、柱、桁杆和栏杆等构件的排列，以及梁的高度、跨度以及拱的连续与变化，创造出连续韵律、渐变韵律、起伏韵律和交错韵律。这样的设计手法不仅赋予桥梁以律动感，更赋予了其一种独特的情趣感，使得这类无声的建筑作品仿佛变成了生动的语言和凝固的音乐。

桥梁中的曲线不仅仅是结构上的考虑，更是一种艺术的体现。通过合理运用几何曲线和自由曲线，以及线条的规律重复与有序变化，桥梁设计不仅在形式上展现了美感，更在结构与艺术的融合中创造出独特的建筑语言，使得桥梁成为城市风景线上一道独特的艺术品。

（三）桥梁建筑的面形态

桥梁建筑中的面形态是由线条的运动或围合而成的，是形状的具体表现。在平面的构成上，我们可以观察到直面和斜面的存在，而在形状上则有规则面和非规则面之分。直面呈现出端正但较为机械的特点，而斜面则具有更强的方向性和空间性。桥梁构件中涵盖了多种不同的面形，包括桥面板、栏板、侧墙和坡面等。

在曲面方面，桥梁建筑中采用了各种繁多的类型，广泛应用于不同的桥梁设计中。例如，在拱桥中，板拱呈现为柱面，双曲拱桥的拱波形成环面，而桥台两侧的边坡和护坡则呈现为锥面。为了减小水流阻力，桥墩通常采用圆柱面或圆锥台面。立交桥的边坡常采用柱面，而涵洞口的护坡则采用扭面。路线两侧的同坡可以采用曲面等形式，从而形成多样化的设计。

平面与曲面的良好组合对于桥梁建筑的几何形态至关重要，它可以创造出刚柔并济、生动活泼的美学效果。这种组合不仅令桥梁在结构上更为坚固，而且使其在审美上更具有魅力。因此，工程师在桥梁设计中需要综合考虑平面和曲面的运用，以实现形式与功能的完美结合。这种设计理念不仅满足了基本的工程需求，同时也展现了桥梁建筑在艺术和工程上的卓越融合。

（四）桥梁建筑的体形态

桥梁建筑的体形态是一个深刻而综合的主题，它涉及空间的三维特性，以及在这个三维空间中体现的诸多要素。首先，体的形成源于面的围合，这种围合不仅仅是空间的边界，更是一种创造性的限定，使得体具有了独特的特性。其中，尺度、比例、体量、凹凸、虚实、刚柔、强弱等量感与质感是体的主要特性，它们共同构筑了桥梁建筑的外在表象与内在品质。

桥梁建筑作为一个整体，是将不同功能、不同形态的各部分"体"进行巧妙组合的产物。这一组合不仅在空间上形成了对比变化，更在整体上实现了高度和谐统一。这种有机的整体性不仅通过形象的整体规模影响周围环境，还赋予人们美的感受。桥梁建筑所展现的磅礴气势、雄健风姿，或是典雅秀丽的气质、流畅轻快的活力，都是其生命感、充实感与生存感的具体体现。

桥梁建筑的特殊之处在于它是功能、技术、艺术三位一体的产物。在这三者中，几何是桥梁造型艺术的基础。几何的规则与性质，几何与力学的紧密关系，都深刻地影响着桥梁建筑的功能价值与美学价值。桥梁的形态感情，正是在几何的基础上，通过艺术的加工与设计，达到了功能与美的完美统一。因此，桥梁建筑的体形态不仅仅是对空间的构建，更是对功能与美的高度追求，展现了人类在建筑领域中对于创造力、技术和审美的共同追求。

第二节　桥梁建筑的美学要素

一、桥梁建筑的统一和谐

（一）多样统一

多样统一是形式美的一种高级形态，也是创造形式美的最高要求。从本质上讲，多样统一的和谐规律与人类社会和自然界一切事物的发展规律相一致。在桥梁设计中应该注意在变化中呈对比，于对比中求和谐；差异对比是手段，统一和谐是目的。

多样统一表现为两种形态，即有差异的统一和对立的统一。前者属于各种不同量的因素之间的变化，如各种形式要素的多少、高低、长短、大小等，呈现出渐变的调和美。后者是指各种不同因素之间的对立统一，如刚柔、明暗、冷暖、浓淡等有规律的组合，这种形态往往造成强烈的感观效果，在对比中见统一。

现代桥梁美学设计是一门集建筑美学、色彩美学、环境美学、灯光美学于一体的跨学科的综合艺术，这需要在桥梁的设计过程中综合考虑影响桥梁美感的各个元素。统一规划、统一设计、统一实施才能达到最佳的美学效果。影响桥梁美学的元素比较多，其中主要的有桥型、灯光、色彩、栏杆、环境等。

第一，桥型。桥型是桥梁美学设计中最主要的美学元素，不同的桥梁结构选型对桥型的影响巨大。桥的结构及外在表现形式把桥梁分为索桥、拱桥、梁桥和浮桥四种类型。其中跨度大、桥型又丰富的当数索桥，索桥中的斜拉桥是我国近些年最流行的大跨径桥型。

第二，灯光。桥是路的延伸，夜间照明设施是必不可少的。随着现代生活特别是夜间活动日益丰富，夜间照明功能已不仅仅是"照明"了，通过五光十色的装饰照明去展现桥梁夜景的魅力，形成城市的景点，成为桥梁美学设计的重要内容之一。

第三，色彩。色彩是审美对象的视觉属性之一。作为公共建筑物的桥梁必然与周围环境一起映入人们的眼帘，并成为景观的重要组成部分。在某些时候色彩给人视觉的影响比其附着的物体的外形还大，因此，建筑色彩在环境中对人们的视觉产生的作用和影响是不容忽视的。

第四，栏杆。桥梁栏杆保障行人或行车安全的同时，也作为桥梁的近景，使行人或置身于空间中，或可直接触摸。它是桥梁与行人最接近的部分，也是桥梁美学重要的组成部分。栏杆的美学设计直接影响行人对桥梁整体美观的评价。如果一座桥梁能够配置与其桥型风格及周围环境相协调的栏杆，这一桥梁美学元素的统一就如画龙点睛一般，使桥梁变得更加优美和谐。

第五，环境。与其他元素不同，环境并不属于桥梁结构的一部分，但是环境与桥梁的关系如同一幅画的主体与背景，如果主体与背景相互呼应，主体的美学价值就能得到更好体现。桥梁的形式与色彩等的风格应符合其所处区域的文化范畴，使桥梁建筑与区域文化相得益彰。桥梁的外形表现形式也要与其周边自然风貌、地形特点等达到和谐，这样才能融入环境当中，为环境画上亮丽的一笔。

（二）统一手法

桥梁及周围环境的复杂多样是必然的，桥梁的组成有上部结构、下部结构、附属结构，又有主桥、引桥之分，不同部位的组成部分各有不同的功能，不同的功能又表现为不同的形式，而所构成的桥梁整体，要完成一个具体的总的目的或功能。因此，一切都要围绕着这个目的，使整个桥梁建筑自身与周边环境成为有机统一的整体，而不是杂乱无章、支离破碎。从宏观来说，桥梁建筑中的多样统一手法有：多样中求统一、统一中求多样、结构体系统一和结构形态统一。

第一，多样中求统一。从复杂的结构中提出各种可以互相统一的因素，起到衔接、联系和协调的作用，使整体看起来"天衣无缝"。如桥梁中栏杆、灯柱、行杆、桥墩、跨度一般采用相同形态、相同间距或有规律的变化，从而达到整体上，统一协调、简洁明快的效果。

第二，统一中求多样。单纯的同一是统一的最简单形式，但过多的"同"会给人单调、呆板的感觉，所以同中求异，统一中求多样，求变化，才能营造出桥梁美的情趣与韵味。例如卢沟桥柱头上的狮子，它们的间距、大小、轮廓都是统一的，内容上也以表达狮子的情态为主旨而统一，但细看每个石狮却是千姿百态，趣味无穷。

第三，结构体系统一。桥梁各局部设计要体现整体划一的概念，避免产生孤立、离散、自成体系的不和谐现象，这在设计中是非常重要的。

第四，结构形态统一。恰当地处理次要部位对主体部分的从属关系，使所有细部形态从属于总体的几何形态，用相似的几何形态将各个部分协调在一起，如同音乐中主旋律反复出现一样，产生和谐统一的美感。

二、桥梁建筑的均衡稳定

桥梁建筑作为一种具有独特空间实体结构的建筑形式，其外在形象展示的体量呈现出一种令人感受到的均衡稳定感。这种稳定感不仅来自左右对比的平衡，还涉及上下对比的稳定性，两者紧密相连。一般而言，具备均衡外观的桥梁建筑往往能够满足稳定性的要求。

均衡在桥梁建筑中的表现，不仅体现了其结构的稳固和耐用性，更反映了桥梁建筑的基本功能，从而引发人们的美感。均衡被视为桥梁建筑必不可少的特性，是桥梁美学设计的基石。它为桥梁外观赋予魅力，促使稳定感得以形成，同时防止出现建筑物外观的杂乱现象，是建筑物达到造型美观的基础。

在桥梁建筑中，均衡不仅仅是形式上的追求，更是结构上的必然选择。均衡的外观不仅仅是一种视觉上的享受，更是确保桥梁在承载荷载和各种力的作用下能够保持稳定的关键。正是由于均衡的存在，桥梁才能够在各种自然和人为因素的影响下保持坚固的结构，为行人和交通工具提供可靠的通行通道。

总体而言，桥梁建筑的均衡稳定不仅仅是建筑外观的一种装饰，更是建筑结构的一项基本要求。通过追求均衡，桥梁得以在形式和功能上达到完美统一，既能够满足实用性需求，又能够引发观者的审美享受。因此，在桥梁建筑的设计和施工过程中，对均衡稳定性的关注和追求是至关重要的，它直接影响着桥梁的安全性和美学效果。

三、桥梁建筑的韵律优美

桥梁建筑作为一种融合了工程学和艺术性的结构，其韵律优美的特征在多个方面得以体现。

首先，桥梁设计中的结构布局经过精心的规划，使得整个桥梁呈现出一种谐调而均衡的美感。通过考虑荷载分布、强度要求以及材料力学等因素，工程师们在设计中运用了高度的技术和创意，以确保桥梁的结构不仅满足实用性的需求，同时也呈现出一种内在的和谐感。

其次，桥梁建筑在形式上追求简洁而不失丰富的设计语言。通过采用流线型的拱桥、悬索桥等各种形式，桥梁设计旨在实现结构与美学的完美结合。这样的设计不仅有助于桥梁在空间中的协调融合，同时也为行人和交通参与者提供了愉悦的视觉体验。桥梁设计者在形状、线条和比例的处理上，注重使结构看起来自然而流畅，进而产生一种优雅的韵律感。

此外，桥梁建筑在材料的选择和处理上追求高度的审美价值。工程师们在选用材料时考虑其强度、耐久性及可塑性等特性，以确保结构的安全性和可靠性。同时，桥梁设计中也注重材料的表面处理和装饰，通过采用各种工艺和雕刻技术，使得桥梁在日光照耀下呈现出丰富的质感和光影效果。这种审美的材料运用不仅为桥梁增添了艺术的氛围，同时也强化了其在城市风光中的独特地位。

总之，桥梁建筑的韵律优美体现在其结构、形式和材料处理的协调统一。这种优美并非仅仅是建筑工程的技术问题，更是对工程师创造力和审美追求的体现。桥梁作为城市建筑的重要组成部分，其韵律优美的设计不仅为城市增色添彩，同时也反映了现代社会对于建筑艺术的追求和推崇。

第三节　桥梁设计与景观环境

桥梁建筑历来是功能与艺术的结合，以它的千姿百态融合于自然之中，既造福于人类，又给人们以美的享受。景观环境中的桥梁明显具有实用、观赏两大功能。桥梁是实用性很强的建筑，在具有实用的同时还必须有吸引人的外形，而这种外形在其周围环境中又是贴近自然的，从协调中体现桥梁的特色和风格。"天人合一"是中华民族古典哲学观，受这种理念的支配，我国古代桥梁建筑特别注重与自然环境的协调，善于利用地形、地貌效法自然，使桥与景融为一体、互相烘托、相得益彰。现代桥梁建筑，要与环境做有机的配合。"桥梁设计与环境的协调程度是衡量桥梁设计水准的重要标准。"[①] 作为景观桥梁的选址、结构形式，更应结合周边环境中的景观特征进行构思。只有结合地形、地物、因地制宜的桥梁，才能形成桥梁自身的特色，提高桥梁建筑的审美价值。

人们观察桥梁时，桥梁必然与其周围环境一起映入眼帘，而桥梁的形象也就加入到环境的总体图像之中，并在人们心目中起到某种信号作用或象征作用，同时便转化为心理环境的存在。作为景观一部分的桥梁，必须与景观环境相协调。既要使桥梁本身和谐，更要与其周围环境和谐，而且和谐能调节与观者的关系，这是获得人们认可的关键所在。周围环境是客观存在的，选择与环境相协调的桥梁造型，这是一个很大的桥梁美学设计舞台。

一、桥梁与景观环境的协调设计

"现代的桥梁不仅仅是跨越障碍的结构物，更是设计师和人们眼中的'艺术品'。"[②] 从建筑的眼光来看，桥梁是有灵性的，桥代表联系，代表畅通无阻，代表与周围环境的协调。桥梁自身的功能和作用都表明其与环境的完美结合。桥梁设计是否合理，是否赏心悦目，除了满足交通功能外，就在于桥梁本身的韵味及其与环境相处的艺术。

桥梁美学中的协调包括桥梁与环境（含建筑物）、结构体系的协调、整体与局部、局部与局部、组成杆件所构成的图形之间、桥梁形式、色彩、内涵等各个方面之间的协调。归纳起来为桥梁与环境的协调、桥梁本身的协调两大类关系。

（一）桥梁形态与环境的协调

1. 桥梁形态与环境

（1）梁式桥。平直刚劲、简洁有力的梁式桥，具有很强的沿水平向伸展的力动感和穿越感。它与宽阔的江河、平坦的地平线及现代城市直线条的建筑相一致。因此，梁式桥适宜于平原地区和现代城市。

---

① 路宁. 桥梁设计与环境协调的美学探究 [J]. 运输经理世界，2020（13）：81.
② 纪盈舟. 桥梁美学设计原则及应用浅析 [J]. 中国水运，2022（2）：153.

（2）拱桥。拱的弧线优美轻柔、古朴大方，具有华夏民族拱式建筑的艺术特征，它还具有兼容人文景观和自然景观协调美的特性。拱桥适宜于文化古城和水乡城市，这类城市的特征是河渠纵横，古塔高耸，亭、廊随处可见，寺院遍地。塔、亭、廊与拱桥通过历史共存是不可分的同一族建筑，建筑形式大多具有拱券、拱洞、圆顶、穹隆，所以拱桥与这类城市的特征和风貌十分协调。

拱桥具有固有的曲线美，与起伏变化、富有层次的山峦互相呼应、浑然一体。在与环境协调上，拱桥风格、功能与外形的统一比其他桥型优越，拱桥曲线的外部形态和韵律变化更符合人们的美感要求。与其他桥型相比，拱桥更适宜于山区、峡谷环境。

（3）刚构桥。刚构桥简练、挺拔的形态，具有强劲的力动感，力的传递路线非常明确。刚构桥多用于桥下需要较大净空和建筑高度受到限制的情况，斜腿刚构桥尤其适宜于跨间不大的 V 形深谷或立交道路上。刚构桥跨度不大，而造型设计的自由度很大，有利于从周围环境出发，考虑结构各部分的尺寸比例。

（4）悬索桥、斜拉桥。悬索桥、斜拉桥适宜于海峡、港口城市。悬索桥的梁、塔、主缆简洁的构图，以柔性曲线与刚劲直线的结合，使刚劲的纵梁借助于空中气势磅礴的弧形主缆，在很大的空间中一跃而过，表现出力线明快、简洁流畅的现代气息。斜拉桥桥面极其纤柔，主梁线条简洁、舒展和连续流畅，形成极强的跨越感。索塔的高扬功能，起着象征作用和标志作用，主导着建桥处的环境空间，是景观中最重要的因素。这两种桥型的索塔耸起、缆索弯曲、跨径很大的特征与宽阔的海面、弯曲的海岸、隆起的岛屿岩峰十分相宜。港口城市则船桅林立、吊机上下、白帆往来，与悬索桥、斜拉桥的索塔、拉索的刚柔相济、似动非动的风姿相和谐。

2. 地理环境特征与桥型

（1）平坦地形。平坦地形上采用梁式桥，可充分利用梁体所具有的水平心理诱导力线，使横跨河流、不断伸展的桥梁动势与水平舒展的风景相协调，并增强平稳的安全感。

平原地区是通视性好的平坦地形，适宜这种地理环境的为连续感强的桥型，如连续梁桥、连续刚构桥、连续桁架桥及连拱桥等。但是，平原地区视野开阔，通常自然景物层次单调，要用桥梁调节环境，则用强调法，突出桥梁重组环境的作用。对于大型桥梁可采用中承式、下承式拱桥，斜拉桥，悬索桥等。当水面宽阔、桥面较高、主桥有相当跨径和明显凸形纵向竖曲线时，采用梁式桥或刚构桥，也会突显桥的景观作用。

（2）山区地形。在层次清晰的山体环境中，连绵不断的山脉形成桥梁的绿色背景，山体的尺度和规模都比桥梁大得多，同时山体天际线向上形成自由的不规则形态，向上的视觉诱导力和动态感很强。如果选择诱导力向上的斜拉桥和悬索桥，由于诱导力方向与山体相同，在与山体对比的环境中，难以发挥斜拉桥和悬索桥在造型上的优势。

如果是群山环抱、山脉起伏变化，在跨越不大、切割很深的 V 形山谷建桥，采用斜腿刚构桥或上承式拱桥，会产生"一桥飞架"的豪迈感。因为这两种桥型的视觉诱导力线沿轴向两侧下方传递，与山体诱导力方向相反，容易取得视觉空间的均衡，再加上曲线轮廓，更容易与地理环境达到自然和谐。

建桥处如果位于山区中的小川，山形平缓、溪水绕流，远山构成水面景观的背景。采用多跨较大跨径、梁高较低的梁桥或多孔拱桥，在山谷中不醒目，较容易与周围环境协调。

山区河道平时水流量不大，水位随季节暴涨暴落，在季节性宽浅河床上建桥，应十分注重桥下的空间形态及桥上与桥下的比例。如建造多孔连续拱桥，拱脚埋得很低，几乎接近河底，远远望去得不到拱圈的完整形象，给人一种压抑感。如果在这种地形上修建悬索桥或斜拉桥，虽然索塔本身宏伟壮观，但桥下墩台却很矮，总体感觉上长下短比例失调。因此，在这类地形上建桥，要注意因地制宜、合理取舍，不要片面追求新桥型和大跨径。

（3）港湾地区。港湾环境视野开阔，背景轮廓线低矮、简单，所以，视觉诱导力软弱。在此环境下，建造较大规模的桥梁在景观上容易取得协调，这是因为使桥梁的规模与景观的规模取得一致。如采用具有视觉诱导力线向上、跨度较大的索式桥型（悬索桥、斜拉桥或二者的混合结构），则气势壮观，桥梁的形态美得到充分的展现，可构成景观的主体。又如采用强调法协调的大跨度中承式或下承式拱桥，也可与环境共同构成优美的景观。如果采用视觉诱导力线水平伸展、具有很强力动感的梁式桥，由于桥体与环境的形态接近，很容易形成景观的载体。

（4）城镇地区。城镇中拥有大量的房屋建筑及公共设施，背景轮廓线疏密不一、参差不齐，环境较为繁杂，所以一般应以中小桥为主。城市桥梁建设在构成城市形象上具有重要的作用，对周围环境空间影响很大，因此，设计城市桥梁要遵循对周围环境进行保护、利用、改善和创造的原则。

从桥型与周围景观融合出发，桥梁应根据附近建筑物的重要性、价值、久存性来考虑在风格、尺度及细节上的协调。其主要体现在以下两个方面，①桥型与城镇建筑的整体风格协调，尤其是历史文化名城或者民族风格完整地区。如位于广西三江侗族自治县的程阳桥，保持着独特的民族风格，折射出侗族古文化的积淀。②桥梁尺度与城市整体规划中建筑群的总体布置相协调。

3. 桥梁形态与环境协调的类型

桥梁形态与环境协调的类型是在设计和建造桥梁时需要认真考虑的重要方面。在处理环境空间与桥梁实体的协调时，通常可以归纳为三种基本类型：消去、强调和融合。

（1）消去法是一种通过隐蔽桥梁的存在来实现与环境和谐协调的方式。当桥梁的存在对周边环境或景观产生不利影响时，可以通过巧妙设计，将桥梁处理得不引人注目，使其融入环境之中。这种方法的目标是减弱桥梁在视觉上的存在感，以确保它不破坏周边自然或人工环境的整体美感。

（2）强调法则是突出桥梁存在，使其成为环境的一部分，并可能具有支配性、标志性或象征性的作用。当桥梁本身具有独特的设计或在环境中起到重要的视觉引导作用时，采用强调法可以有效地突显其特色，使其成为景观中的亮点。这种类型的协调强调了桥梁的独特性和在环境中的重要角色。

（3）融合法是一种在桥梁与环境之间实现基本相同格调互相融合的手段。当桥梁与周围环境既不产生冲突，也无须特别强调时，采用融合法是合适的选择。这种方式旨在创造一种统一的感觉，使桥梁与其周边环境相互协调，形成一个和谐的整体。

在实际设计中，选择何种类型的协调方式取决于桥梁的具体功能、环境特征以及设计者对整体美感的追求。因此，在桥梁设计的初期阶段，应充分考虑周边环境，灵活运用这三种类型的协调手段，以实现最佳的设计效果。这不仅有助于提升桥梁在视觉上的整体品质，也能够更好地融入其所处的自然或城市环境中。

（二）桥梁比例、尺度与环境

1. 桥梁比例

桥梁建筑中尺寸的比例是指平面或空间各部分之间的关系，它包括空间部分（虚）和实体部分（实）、凹进部分和凸出部分、高起部分与低落部分等的比例。桥梁整体及其每个局部都应根据功能要求、结构性能以及美学法则而赋予合适的大小和尺寸。处理好整体比例关系、各组成部分的比例关系，以及相互之间的比例关系，对桥梁整体美观的影响至关重要。只有从整体到每个细部都具有良好的比例关系，桥梁建筑才能获得统一和谐的效果。

桥梁在考虑内部分割的比例时，要处理好分跨，因为分跨的比例关系对桥梁整体效果和协调环境影响很大。对于桥孔跨径的布置，在我国古式拱桥中不少三孔桥、五孔桥跨径之间的比例与黄金分割相吻合。现代桥梁建筑以轻巧、简洁为审美标准之一。对于实腹拱桥、引桥挡墙等的大面积墙面，应当善于利用墙面分割来调节桥梁整体的比例关系，以协调环境。

2. 桥梁尺度

桥梁尺度即桥梁建筑与人或人们所习见的某些特定标准（如栏杆、踏步、车辆等尺度标志）之间的大小关系。如果二者一致，则反映桥梁建筑形象如实表达了桥梁的真实大小，称自然尺度或正常尺度。但在形象外观上却往往会出现差别，则表明建筑形象没有如实反映建筑物的真实大小。此时，可能出现失去正常尺度感的两种情况：①实际尺寸大，但给人的印象比它实际尺寸小些，构成特殊的环境氛围，产生自由的非正规的亲切感（亲切尺度）；②本身尺寸并不大，但经过处理后的形象却显得很大（夸大尺度）。城市桥梁与人相距较近，关系密切，应具备一种真实、自然、正常的尺度。风景环境中的桥梁，宜采用亲切的尺度，提供一种舒适、宜人、休闲的空间，让人们领略到园林桥梁典雅、秀丽的风姿。用强调法处理桥梁造型，在环境中突出桥梁的存在，可适当运用夸大尺度。

桥梁建筑的尺度处理包含着很多要素，其中栏杆对于显示桥梁尺度所起的作用特别重要，其他细部处理对桥梁整体的尺度影响也很大。例如，在设计中，禁忌把各种要素按比例缩放，尤其是栏杆上装饰的传统花饰、纹样，它们在人们心目中早已留下某种确定的大小概念，一旦放得过大就会使人对整体估量得不到正确的尺度感。装饰纹样的疏密、粗细、隆起程度的处理，也须具有合适的尺度感，过于粗壮或过于纤细都会因失去正常尺度而有损于整体的统一。尺度处理还因材料不同而异，同时还要考虑近看或远观的效果。

3. 比例、尺度与环境协调

桥梁在平面布局、空间组合时，比例、尺度要与环境做整体考虑，做到桥梁配合环境，环境使桥梁增色，彼此协调，相得益彰。在景观环境中，桥梁的比例、尺度与环境在构图上更需要和谐一致。在处理比例、尺度协调上，以下三方面的问题值得在设计中特别注意以下方面：

（1）桥梁的比例、尺度要与桥梁的体量和规模大小相适宜。

（2）桥梁的体量与规模（尤其是主桥的体量）大小要与江河的规模大小相一致。

（3）桥梁的比例、尺度应与桥头广场、街道及周围建筑相适应，达到舒畅和谐，做到布局合理、空间平衡。

（三）桥梁与桥梁的协调性

1. 桥梁之间的协调原则

在观景上，桥梁是游览路线上的景物之一，桥梁的布置和形象处理与景物布置是一致的，对于桥梁之间的协调就在于其形象的节奏和韵律的处理上。于是，桥梁之间的协调原则如下：

（1）同一条河流上或跨越同一条道路上多座桥梁，如相隔一定距离时，宜在注意总体风格和体量上大致统一的基础上，追求桥型的多样性。设计需要有一个总的格局，然后在这总格局中再去进行变化。

同一条游览路线上的多座桥梁，如北京颐和园西堤六桥是清乾隆年间仿杭州西湖苏堤六桥而建的。自堤南向北其名称为：界湖桥（三跨石梁桥）、练桥（桥上建重檐方亭）、镜桥（桥上建重檐六角亭）、玉带桥（石拱桥）、幽风桥（桥上建重檐阔三间长形亭）、柳桥（桥上建重檐长方亭）。六桥在总体风格大体一致的基础上，追求形态的变化，即使同是亭桥也变化各异。按序分析西堤六桥，这个桥梁群体以桥身最高的玉带桥为中心，六个桥的桥体和桥亭均在有序渐变，因而很自然地形成了和谐的桥梁系列。

（2）相邻很近、并列的桥梁或老桥拓宽，宜保持桥型完全一致。因为这样在透视下，不会产生视觉紊乱的感觉。若桥型本身设计得富于韵律，则双桥并进，更能增强韵律的效果。

2. 系列桥梁的设计思想

从景观和旅游的要求出发，进行桥梁系列化设计，不仅要考虑桥梁与其环境的协调关系，还要考虑桥梁与桥梁之间的关系。考虑乘船沿河旅游和沿游览道路旅游的特点，同一条河流上或跨越同一条道路上有多座桥梁时，要增强桥梁自身的系统性，重视各座桥梁的有机联系。必须改变单体桥梁设计的传统观念，树立系列桥梁的设计理念。

（四）桥梁材质与地方特色

桥梁的材质对其视觉效果产生深远的影响，特别是在与地方特色相结合的情境下。比较石墙与混凝土墙面的视觉效果，前者自然生动，富有生气，而后者显得灰暗沉闷，这直接反映了材料质感对于桥梁美感的重要性。在桥梁设计中，材料与桥型相互制约，同时受到环境要求的限制，巧妙处理二者关系可以使其相辅相成，否则可能导致不尽如人意的效果。

当代桥梁建筑普遍采用钢材和混凝土，这使得桥梁呈现出灰暗而单调的外观，同时施工痕迹也显而易见。然而，若作为景观桥梁，这样的外观将带来永久性的遗憾。为了弥补这一缺陷，景观桥梁必须经过精心的表面处理，以确保其形体和谐、色彩明快、质感自然。

在考虑桥梁材质时，应充分发挥结构材料固有的美感，并同时注重就地取材，充分利用具有地方特色的材料。运用材料的自然美和对比效果，可以达到建筑朴素而自然的美感。桥梁材质处理的关键方面如下：

第一，桥梁的饰板、梁和细柱宜采用光面处理，而桥梁墩台则适宜使用粗糙的表面，以形成有层次感的整体效果。

第二，桥梁材质的选择须考虑自然条件的影响，同时要与结构需要相结合，确保在不同环境中都能展现出最佳的视觉效果。

第三，考虑观者的视觉距离，通常人在 25 m 以内能够获得最佳的视觉效果，能够清晰辨认材质和纹样。因此，实际表面质感处理的程度应由观者可能到达的视距来决定。

第四，对于人行道铺装，需要充分考虑当地气候和环境特点，选择合适的色彩、质感和尺度，以确保人行道与桥梁整体风貌相协调。

总体而言，桥梁的材质与地方特色的结合对于创造独特、美观且具有地域特色的景观桥梁至关重要。通过精心的材料选择和处理，可以使桥梁在自然环境中融洽而谐调地存在，为人们提供美好的视觉体验。

（五）桥梁与环境其他方面的协调

在建筑环境设计的范畴中，桥梁作为重要的构成元素，其景观效应已长期被认为是基本内容之一。周围的建筑物在设计中被划分为不同等级，包括临时性和永久性建筑。桥梁的造型应当与周边自然形态相协调，并且周围的建筑物应以桥梁的形态为基本格调，以确保从属地位的建筑物外观与桥梁相互协调。

桥梁的基本功能在于作为道路的延伸，因此其立面和平面设计应与道路有机连接，呈现连续流畅的整体效果。在这一过程中，特别要注重包括道路在内的整体设计，以确保桥梁与周边环境的和谐统一。

桥梁不仅仅是交通的通道，更是人和车辆往来的场所，其形态深受民族思想和民族性的影响，同时还受到时代爱好和时尚要求的塑造。因此，在桥梁的造型设计中，需要考虑其与环境的协调性，以及所选造型可能产生的象征作用和信号作用。

桥梁的建筑还应与周围的绿化相结合，充分考虑环境的映衬作用。对于园林桥梁建筑，其形式应与园林设计手法相适应，现代桥梁采用现代园林设计手法，而古典桥梁则相应采用古典的造园手法。桥梁的造型不仅要充分发挥滨河地带及驳岸的优点和特征，还要将周边绿化融入桥面，实现人工因素与自然因素的相互融合，创造出和谐优美的空间环境。

桥梁建筑的设计还需要与江河水体相协调，运用水面架桥等设计手法，以取得对比与衬托的艺术效果。这一设计理念旨在使桥梁与水体相得益彰，创造出更为引人注目的景观。综上所述，桥梁与环境的协调不仅涉及形态的统一，还关乎功能的贴合以及与自然、绿化、水体等多方面的融合，以创造出更为完美、和谐的建筑环境。

二、桥梁设计中的构景

"新时期下对桥梁设计的要求越来越高，桥梁建筑不仅要满足基础的使用功能，还要展现出较好的美感，具备一定的艺术欣赏价值。"[1] 桥梁造型与周围环境相融合，即可获得融合性的桥梁景观美，可见，桥梁造型是构成景观美的重要因素。从某种意义上说，景区中桥梁有无特色，往往取决于设计者如何理解和运用环境条件去组景（因地制景）和借景，从桥梁总体布置到细部处理都应重视这个问题。桥梁在景观环境中是重要组景要素之一，而景观桥梁本身就是构景的结果。利用桥梁借景、对景和框景等处理手法增加景物层次，是对风景资源利用的常用手法。

（一）桥梁借景设计

桥梁借景设计是一种景观设计手法，旨在充分利用桥梁周围或视野范围内的优美景物，将其引入桥梁景观范围以内，以丰富画面构图，赋予景色更具特色和变化，创造一定的意境，以提升景观效果。借景的方式多种多样，包括远借、邻借、仰借、俯借、应时而借等。

远借是指通过桥梁远处的景物，如远处的山峦、湖泊等，为桥梁景观增色添彩，形成遥相呼应的美感。邻借则侧重于利用桥梁附近的建筑、植被等元素，将其巧妙地融入桥梁景观中，产生一种融合感。仰借和俯借则分别强调视角的仰视与俯视，通过改变观察桥梁的角度，使得周围的景物在视觉上与桥梁相互交融。应时而借则是根据季节、天气等变化，灵活运用不同的景物来丰富桥梁的景观效果，使其更具变化和生动性。

在风景园林中，桥梁借景可以被巧妙地融入整体设计，形成"情景交融"，产生丰富的意境。此时，常常运用桥梁的名称、楹联等元素来点缀景观，达到更为艺术化的效果。借形组景是一种常见的构图手法，将具有景效价值的远、近建筑物，自然景物纳入画面，使整体景观更加生动和富有层次感。

（二）桥梁对景设计

桥梁对景设计则强调桥梁与景物之间的相互关系。正对是指桥中轴线一端有景点，而

---

① 刘梓寅，毛应. 新时期下桥梁美学设计方法研究 [J]. 中国建筑装饰装修，2021 (7)：172.

互对则是指桥的两端都有景点。通过桥梁对景设计，可以使行车的正前方具有适当的目标，赋予行驶在桥上的人以明确的方向性和距离感。这种设计方式不仅使桥梁本身具有特征，还丰富了所在道路的景观，使整体环境更加有趣和引人注目。

（三）桥梁框景设计

桥梁框景设计是园林桥梁建筑中一项重要而独特的设计元素，其通过合理利用桥孔、索塔、门架、栏杆和桥廊柱等开敞部分，形成一个精心构建的取景框。这个框景不仅仅是一个结构性的元素，更是一个将自然和人工景物融合、对比的艺术手法。在这一设计中，桥梁的各个开敞部分被巧妙地运用，形成了一种独特的视觉体验，使得人们在欣赏桥梁的同时，也能沉浸于错综复杂的景观对比中。

首先，桥孔、索塔、门架等结构构件在整体设计中扮演着重要的角色。它们不仅仅是桥梁的支撑和连接部分，更是桥梁框景设计的主体。这些构件的形状、位置和数量的合理搭配，直接影响着桥梁整体的视觉效果。通过巧妙地调整这些构件的布局，可以形成一个独特的取景框，将整个桥梁空间划分为内外、暗明、近远等多层次，为观者呈现出复杂而有趣的景观。

其次，栏杆和桥廊柱等细部设计也是桥梁框景的重要组成部分。这些细部构件不仅起到了桥梁的边界和保护作用，更在桥梁的整体景观中发挥了装点和引导的作用。通过精心设计的栏杆和桥廊柱，可以在桥梁上形成各种独特的景观取景点，使得观者在行走过程中，不断感受到景观的变化和转换，达到移步换景的效果。

最重要的是，桥梁框景设计使得真实的自然风景通过设计师的构思，被观者通过景框观察，产生一种错觉，仿佛是欣赏一幅纸上的艺术画作。这种错觉不仅仅升华了自然美，更将其转化为一种艺术美。通过对内与外、暗与明、近与远、人工与自然景物的对比，桥梁框景设计为园林桥梁注入了更为丰富的层次和深度，使得其成为一个真正意义上的艺术品。

（四）桥梁构景设计的注意事项

桥梁构景设计是一项复杂而重要的任务，要确保桥梁与周围环境协调一致，同时满足交通功能需求。以下是在进行桥梁构景设计时需要注意的一些重要事项：

第一，桥梁轴线和桥位选择。桥梁轴线和位置通常由交通功能决定。一旦确定了桥梁的方向和位置，周围的景物相对固定。在这种情况下，桥梁构景设计往往是比较被动的。首先，要确保桥梁的造型与周围景物协调一致；其次再运用借景、对景和框景手法，使整体景观更为和谐。

第二，重点部位的组景设计。桥头广场、观景平台、梯道和桥廊等地是桥梁构景设计的重点部位。在这些区域，需要有具体的组景要求，包括景物的布置和视线的引导，以确保整体景观的美观和功能的完善。

第三，栏杆和索塔设计中的框景手法。在栏杆和索塔的设计中，需要注意框景手法的运用。这有助于突显特定的景观元素，同时确保安全性和实用性。

第四，视野范围的考虑。考虑人眼的视野范围，包括水平方向约160°、垂直方向仰角50°和俯角70°。在这个范围内，主视线通常位于正中偏下约15°的位置。清晰度随着物体距离视轴的近远而变化，因此需要有意识地组织景观元素，确保重要的景物位于视轴附近，避免处于视野周边而被忽略。

第五，重视桥梁景观设计。桥梁景观设计应根据桥梁景观建设标准、景观开发利用目标、地区建设规划和环境保护要求等要素进行。结合桥型、交通及桥位周围环境、人文历史特点，对桥梁及其环境进行美学创造和景观资源开发。在建设资金允许的条件下，可以将桥梁作为构景要素，进行适当的景观设计。

桥梁构景设计的成功需要综合考虑交通需求、美学原则和环境保护要求，以确保桥梁不仅具有实用性，还能够融入周围环境，为人们提供愉悦的视觉体验。

第十一章 桥梁美学设计方向

第一节 桥梁结构的美学设计

桥梁在交通系统中扮演着重要的角色，不仅具备强大的交通跨越功能，还为建筑美学与艺术增添了丰富的内涵。桥梁如同一道道优美的风景线，成为城市的独特标志。桥梁不仅仅是交通基础设施，更是美的表达媒介，美学原则在桥梁设计中扮演着不可或缺的角色。在当今精神文明蓬勃发展的背景下，桥梁不再仅仅被视为交通工程，更被赋予了艺术结构的身份，融入人们的社会文化生活之中。桥梁外观的美观与谐调对其具有极其重要的意义，因此桥梁美学设计正受到越来越多人的重视。因而，深入探讨桥梁结构的美学设计不仅具备理论研究的价值，更具有实践应用的现实意义。

一、梁桥的美学设计

（一）梁桥结构的美学设计

1. 梁桥主梁美学设计

梁桥是一种在竖向荷载作用下无水平反力的结构，其主要承重构件是梁，由于外力的作用方向与梁的轴线趋近于垂直，因此外力对主梁的弯折破坏作用特别大。在满足受力要求的前提下，做到梁的形态优美、纤细轻盈、流畅连续一直是梁桥美学设计的重要内容。一般采用的有等截面梁和变截面梁。等截面梁在表达形态上比较简洁，但是其美感受到梁的长细比影响，当长细比较小时，梁会显得笨重。变截面梁在桥梁的构件当中是富有表现力和视觉效应的。变截面梁在桥墩处梁高增加，突出了梁中力的传递。同时，通过减小平均厚度使梁更加纤细，所以往往可以构成比等截面梁更加独特和优雅的造型。

2. 梁桥桥墩美学设计

桥墩是桥梁的主要结构，桥墩的结构形式、数量、桥墩的布置及桥墩和主梁的组合都会对桥梁的美产生很大的影响。合理的桥墩设计和布置，不仅是桥梁满足结构设计的要求，也是桥梁美学的要求。因此，桥梁美学设计必须考虑桥墩的造型。对于上部结构比较单调的梁桥，桥墩是重要的视觉元素，其造型是否符合桥梁风格，是否优美直接决定桥在人心目中的整体形象，因此桥墩对梁桥的造型影响很大。对于体量较大的梁桥，并且桥下景观和交通要求比较高的时候，桥墩可以通过如下处理手法创造轻巧的形象：

第一，缩小桥墩底面面积，减轻桥的重量感，并且可以对桥墩做内收、挖空等处理手法，桥墩外形产生丰富变化的同时，也减轻了桥梁的沉闷感。

第二，采用 Y 形、V 形、H 形等空透式异型桥墩，空透的形体产生轻盈质感。

第三，通过给桥墩设置纵向线条或凹槽（道理如同西方古典柱式），强调竖直方向感的同时也虚化了桥墩，凹入部分可减轻桥墩的笨重体积感。

另外，下部结构的设计根据实际情况通过减少横向墩柱的数量，来增强桥下的透明度。对墩帽的设计通过采用 T 形盖梁、隐含式盖梁、半隐含式盖梁或干脆取消盖梁等措施，使桥墩看起来不那么粗大、厚重。对于需要通过桥墩表现力量感与浑厚感的梁桥，处理手法则与上面恰好反过来。在桥墩的形式上应避免挖空、内收等形体处理手法，增强桥墩的浑厚感，将表面粗糙、无光泽，具有较大体量的材料作为贴面材料，如砌石、毛石等。

色彩的不同处理手法也可使桥墩产生或轻巧或稳定等不同的感觉。例如将明度高的色彩（轻感色）设置于结构上部，明度高的色彩可以使上部结构在视觉上取得较好的轻巧感；反之，将深色（重感色）置于桥墩下部，增加下部的重量感，加强稳定感。另外，桥墩若采用光滑反光的表面可以使桥墩更为轻巧灵动，而粗糙质朴的表面则使桥墩更加雄浑厚重。

3. 梁桥桥台美学设计

桥台作为将作用在桥梁上部结构的荷载传递到基础的结构，通常位于桥梁的端部，并与路堤相连接，用于抵挡两侧土体的土压力，以确保桥梁的安全。桥台的造型与桥梁整体的协调性，以及与周围环境的融洽程度，是桥梁美学设计中的重要考量。尤其在跨数较少的桥梁中，桥台造型的美学设计与桥梁整体美学设计密切相关，同时对桥址附近的环境也会产生显著影响。

桥台的位置和形式受到桥型、水文地质等多种制约条件的影响。决定桥台最终视觉效果的因素主要包括上部结构梁高、桥台的高度、桥下净空以及上述各因素之间的比例关系。桥台体量越小，整体造型越显得轻盈，但这可能导致桥梁跨度增大，因此需要进行全面考虑。桥台的位置和形式受到桥型、水文地质等多种制约条件的影响。决定桥台最终视觉效果的因素主要包括上部结构梁高、桥台的高度、桥下净空以及上述各因素之间的比例关系。桥台体量越小，整体造型越显得轻盈，但这可能导致桥梁跨度增大，因此需要进行全面考虑。以下要点是要达到桥台给人以良好视觉效果的关键：

第一，尽量降低桥台的体积。大体积的桥台会导致桥梁外观的长细比减小，同时也减少了桥下空间，从而减弱了景观效果。因此，减小桥台的体量可以使桥梁呈现更长、更优雅的外观，尽管这样做有时可能会增加跨径。

第二，注重桥台与桥梁两侧环境的融合方式。桥台与桥梁上部结构以及桥梁地基的连接方式直接关系到桥梁的美学形象，特别是在大型薄壁桥台中，桥台的连接形式对桥梁的整体造型影响深远，因此需要设计人员认真对待。

第三，桥台造型要和周围环境相协调。通过与周围环境的互相衬托，往往能够使桥台造型具有美感。做好桥台与环境的和谐：①对桥台的材质表面进行合理修饰，尤其是对于大型桥台，可以在其表面进行铺装、衬砌、雕刻、装饰等；②对于桥台周围土体进行修饰。如果桥台周围土体荒芜、颜色单调，会对桥台产生不好的影响，给人一种负面情绪，因此，可以通过对桥台周围土体进行绿化、铺砌等手段，对其进行改造，从而与桥台构成具有一定美感的造型效果。

4. 梁桥栏杆美学设计

栏杆作为桥面系的重要组成部分，位于桥面边缘，是桥梁的附属设施之一，负责提供安全保护。在视觉上，栏杆为行人和车辆提供了安全感。梁桥由于形势水平、坦直，主要以水平线条为主，缺乏其他造型构件，因此需要栏杆造型具有适度的多样性，以打破桥面原有的单调景观。栏杆的线条可以是垂直的，也可以穿插弧线和曲线，通过这些设计手法，可以减轻梁桥桥面强烈的水平线条感，丰富桥梁线条的类型。因此，栏杆作为梁桥桥面造型的组成部分，直接影响整体桥梁的形象。在栏杆的设计中，考虑尺度、材料、比例、造型以及背景等因素是至关重要的。栏杆的尺度对桥梁整体形象产生重大影响。如果栏杆造型纤细，通过对比可以突显出桥梁的高大雄伟。相反，如果栏杆宽厚而粗壮，会使桥梁整体显得矮小。尺度对比能够给人不同的心理感觉，因此设计者可以根据实际情况选择不同的尺度效果，如自然尺度、夸张尺度或亲切尺度等，以达到预期的设计目的。

栏杆材料的选择直接塑造了桥梁的整体风格。金属属性的栏杆呈现出较强的现代感和都市氛围，其风格简洁明了，通常不过分装饰，展现出理性和锐利的情感。相反，采用混凝土制作的栏杆则给人亲切、朴实和厚重的感觉，创造出自然趣味或沉稳厚重的桥梁风格。此外，栏杆的高度与桥面宽度、人行道高度之间存在一定的比例关系。根据实际需要建立适宜的高宽比例，以实现理想的视觉效果。例如，当桥面和人行道较为狭窄时，设计者可以选择采用往外凸出的曲面通透栏杆，使空间和视觉都能朝外延伸，营造出人行道的开敞感觉。

5. 梁桥其他构件美学设计

桥梁的梁体在桥梁设计中占据着至关重要的地位。在造型设计方面，通常需要考虑如何最大限度地减小梁体的高度（或在视觉上产生减小效果），以使桥梁呈现更为灵动和纤巧的外观。箱形梁由于其相对较小的建筑高度和出色的整体受力性能，因此，成为被广泛采用的结构形式之一。此外，采用梯形箱梁或将箱梁的外侧腹板设计成倾斜状，能够进一步增强梁体的纤细效果。通过设置翼板悬臂部分的悬挑，可以使整个梁体投射出阴影，使其在视觉上显得更为纤细。将安全带或人行道尽量外挑，有助于减轻梁体自身重量，减少下部墩数，这不仅在力学和经济上具有意义，同时在美学上也具备独特的价值。

（二）梁桥的美学设计要点

梁桥的造型要注意从整体着眼，力求形式优美、线条明快、构造清晰、纹理有致等。在设计上需要注意以下方面：

1. 比例与尺度

比例是指整体或局部构件的长、宽、高之间的尺寸关系。在梁桥的美学设计中，比例和谐是确保建筑物美学质量的基础。对于梁桥而言，需要考虑桥梁整体高度、宽度、跨径深度之间的三维比例关系，以及悬臂结构与支承单元之间的比例关系，还有梁高与跨度之间的合理比例。良好的比例不应仅受科学数据制约，由于符合力学的数据有时在人的直觉上并不能体现出良好的比例与尺度，因此设计师需要具备一定的美学修养与直觉把握。

如果想要赋予梁桥轻巧感觉，桥梁的每个构件并非越细、越薄就越好，而是需要考虑比例与尺度的合理性。例如，梁桥的梁体大小、桥梁宽度与高度过大，上部显得较为厚重，如果下部再配以感觉纤细的桥墩，则可能不会使桥梁显得轻巧，反而给人一种头重脚轻的不安定感。薄墩厚梁或薄梁厚墩都可能导致比例不协调的后果。此外，桥梁的比例、形式与周围环境也密切相关。在开阔地带的跨线桥中，若搭配宽大的薄壁墩（宽桥），可能会给人一种阻塞感，同时也破坏了桥梁与环境融合的效果。

2. 材质与色彩

对于水平、坦直、简洁的梁桥而言，适当的表面装饰可以有效提升桥梁整体形象。特别是对于那些人流经过的梁桥，选择合适的表面材质对于提升桥梁品位至关重要。由于现代桥梁多采用混凝土，其灰暗的色调常常给人一种沉闷的感觉，如果不进行装修，桥身可能显得单调沉闷，容易沾染污迹，从而影响城市整体形象。常见的梁桥装饰方式包括水刷石、贴面、喷涂和室外涂料等。在条件允许的情况下，最好选择天然石材进行表面装饰，既能展现自然质感，也提高了整体品质。

对于桥墩和桥台，可以采用粗糙的表面，而在装饰面板、梁、栏杆等部分，则最好选择平整且无光泽的表面，以保持材料的自然色泽。如果选择混凝土，建议使用浅色硅酸盐水泥，有助于提升整体色彩亮度。

在美学方面，色彩扮演着重要的角色，尤其要考虑色彩与所选用材质结合后所传达的感觉。由于梁桥风格偏向质朴，因此并不适合使用过于花哨的色彩，色彩的搭配宜保持简洁而不过于复杂。桥跨结构和桥墩可以采用相同的颜色，强调整体结构的一致性；或者根据实际需要，通过对比的色彩突显桥跨结构和桥墩的差异。通常情况下，深色的桥墩搭配浅色的桥跨结构能够突显桥墩的轻巧和纤细感。

3. 形体与环境

城市环境中高高低低的楼群，使得桥梁的存在既不应否定，也不应强调，而是应当采用融合的手法来处理桥梁和环境的关系。而梁桥与造型张扬的索桥相比，正好适合这样的环境，梁桥开朗平直、简洁有力的特点，尤其适合修建在原本环境就已经比较杂乱的城市环境当中，维持人们的视觉平衡，打造和谐的城市空间景观。

梁桥跨越的可能是河流，也可能是其他的行车道，因此其下部形体必须考虑到与下部的行车道及绿化的关系。是与环境融合，尽量隐于环境之中，还是突出桥梁本身，吸引人的注意力，这需要结合实际来协调桥梁与环境的关系。

二、拱桥的美学设计

拱桥历史悠久、造型优美，经过几千年的发展，设计与建造拱桥的技术已不可同日而语。桥梁美学是桥梁科学技术与美学的结合，随着经济实力的提高和科学技术的进步，人们对拱桥建筑也提出了更高的要求，因而研究拱桥的桥梁美学具有重要的意义。

（一）拱桥构造的美学设计

1. 主拱形态美学

主拱不仅是拱桥的主要承重部位，主拱形态也是拱桥最重要的视觉要素。拱圈的设计应兼顾美学与力学。优美的拱曲线孕育着强大的力量，产生一跃而过的动感和跨越感，加上柔美拱曲线与直线的梁柱结合，呈现出刚柔相济、韵律优美的绰约风姿。

拱圈的线型对拱桥的美感具有显著的影响。在拱桥的设计中，通常采用的拱圈曲线包括规则的圆弧线、抛物线或悬链线。对于跨径较小的拱桥，圆弧线是常见的选择。这种线型的施工相对简便，形态简洁且优美、宁静、稳定。例如，古罗马时期建造的大批拱桥广泛采用半圆拱，而赵州桥则是一座采用割线圆弧拱的著名实例。

在历史的发展过程中，抛物线的组合在拱曲线设计中也得到了应用。例如，建于1569年的佛罗伦萨圣桥的拱曲线就采用了两抛物线的组合。类似的大跨扁平拱在文艺复兴时期的桥梁设计中也得到了广泛应用。

悬链线的应用为拱桥带来了更大的跨径潜力。例如，万州长江大桥就是悬链线拱桥的一个实例。在恒载作用下，如果不考虑拱圈由恒载弹性压缩产生的影响，拱圈截面将只承受中心压力而不会产生弯矩。从美学的角度看，随着矢跨比的减小，桥型更加优雅美观，跨越感也更为突出。

拱截面的设计也可以根据实际需求进行选择。等截面拱构造简单且施工方便，但在材料利用方面，变截面拱更为合理。法国工程师马烈脱提出的镰刀形拱是一种独特的变截面设计，其特点是拱顶至拱脚的惯矩逐渐减小。这种造型为桥梁增添了别具一格的美感，例如法国的 Oise 桥便是采用这种设计的典范。

2. 主拱与桥面的相对位置

根据主拱与桥面的相对位置，拱桥主要可以分为上承式桥、中承式桥和下承式桥。当桥面位于主要承重结构之上时，称为上承式桥；桥面位于承重结构之下时，则称为下承式桥；而桥面位于桥跨结构高度中间的称为中承式桥。除了固定式桥梁外，有时根据特定的建设环境和使用需求，还会采用开合桥、浮桥和漫水桥等特殊形式的桥梁。

在当前的桥梁设计实践中，中、下承式拱桥已成为主流选择。它们不仅保留了拱桥的基本力学特性，充分展现了拱圈混凝土材料的抗压性能，而且其构件设计简洁明了。特别是多孔连续的中、下承式拱桥，凭借其造型的起伏和构件的轻巧设计，给人以美的享受。同时，这类桥梁还具有广泛的适用场景。

3. 拱桥的桥台与桥墩

拱桥桥墩是桥跨结构的支撑点，应设在视觉上能提供水平与垂直支撑反力的地形处。当跨数较少时，为避免二重性问题，常采用奇数跨，而且从跨中向两边跨度逐渐递减，各跨的矢跨比保持一致。当桥墩的位置确定后，桥墩高度受上部结构形式、桥面高度和地形的影响。对于坦拱，应采用较低而宽厚的桥墩，显示出承载的力感；对于多跨高架拱桥，桥墩相对较高，墩拱接合处应简洁流畅，使力的传递自然而连续。为了减小桥墩对水流的阻力，桥墩常带分水尖，这不仅加固了桥梁的支撑结构，还改善了水面通道惯有的狭窄特性，减小了水流波浪。

桥台的体量是桥台设计应考虑的主要因素。过大的桥台显得十分笨重，与轻盈的拱桥和周围环境不相协调。故应尽量采取使其隐蔽的方式，减小桥台的体量感。对于跨越山谷的拱桥，可以充分利用山体做埋置式桥台，加上被山林树丛遮掩，使桥自然融于景观之中。

总之，拱桥桥墩、桥台美学设计要点与梁桥的墩台一样，要体现力线明确，给人以稳定安全感，体量尽可能轻盈，形态上要注意与整体相协调。

（二）各类拱桥的美学特征

拱桥的类型很多，从形态上可分为实腹拱桥、空腹拱桥、桁架拱桥、刚架拱桥及组合体系拱桥等。

1. 实腹拱桥

实腹拱桥常用于小跨径拱桥，由于拱圈与侧墙连成整体，面积较大，从美学角度上须注意以下方面：

第一，桥梁整体的均衡感，即拱顶不宜太薄，否则拱顶会消失在阴影中，这样会损害拱的形象及整体连续性。

第二，尽可能利用天然材料，充分体现坚实、古朴、厚重的材质感。

第三，连拱等跨时，因缺少变化略显单调，应按照地形特点及通航需要，采取从中孔向外孔矢高与跨径递减的方案，形成既统一又富有变化的渐变韵律。

2. 空腹拱桥

当跨径大于40 m，而矢跨比较大时，采用实体侧墙看上去就感到笨重了。空腹拱不仅能减轻自重，节省材料，而且可以更好地利用拱上构造以增加虚实、空透的变化，并形成节奏韵律来统一整体，给人以美感，特别适合自然风光十分优美的环境。我国是空腹石拱桥的鼻祖，自然在全国各地这类桥梁数不胜数，譬如赵州就以其桥古朴、稳健、优美的形态彰显了我国桥梁建筑的独特的民族风格。

3. 桁架拱桥

自人类进入钢铁时代起，主拱圈采用钢桁架的拱桥得到迅速发展，21世纪初完成了几座著名的双铰钢桁架拱桥，如美国纽约狱门桥和澳大利亚悉尼港桥等。钢筋混凝土桁架桥发展于20世纪60年代，其下弦杆为拱形，上弦杆一般与桥面组合为整体，在跨中部分因上、下弦杆很接近做成实腹段，而空腹段利用拱上结构与拱圈形成桁架使之整体受力，这样不仅结构合理，节省材料，而且自重较轻，形态轻盈、空透。

4. 刚架拱桥

刚架拱桥是在桁架拱、斜腿刚架基础上发展起来的一种新桥型，属于有推力的高次超静定结构，由于构件比桁架桥少，自重轻、刚度大，经济合理，且造型优美简练，已得到广泛应用。刚架拱桥的几何形态是否合理、优美是设计的关键，实腹段和弦杆的上缘线一般与桥面线平行；实腹段下缘一般采用抛物线、圆弧线或悬链线；主拱腿可根据跨径大小和施工方法的不同，设计成等截面直杆或变截面直杆，有时出于美观的考虑，也可采用弧形杆。

5. 组合体系拱桥

组合体系拱桥是将行车系结构与主拱按不同构造方式组成一个整体的共同受力的桥梁，一般分为中、下承式。其在桥面上空呈现的曲线轮廓会给人留下深刻印象，优美的形态，加上谐调的色彩，令人赏心悦目，不仅给人心理上带来满足，也改善了环境景观，所以是现代拱桥常用的桥梁形式。组合体系拱又可分为罗兹拱、朗格尔拱和尼尔森拱。在刚拱柔梁（如罗兹拱）中，由刚拱悬吊桥面，梁可做得更纤细；在刚梁柔拱（如朗格尔拱）中，受力以桥面系的主梁为主，则拱可做得十分纤细；如采用斜吊杆组成三角形或网状（如尼尔森拱），可起到桁架的作用，拱圈与主梁均可做得更加纤细轻盈。

三、悬索桥的美学设计

（一）悬索桥构造的美学设计

1. 悬索桥线形美学设计

桥梁的外观受其线形设计影响显著。线形设计涵盖平曲线与竖曲线，须与道路基本线形、周边地形、桥下净空以及其他结构进行协调过渡。由于桥梁是线路设计的一部分，桥梁的线形通常由线路设计人员来定。这在一定程度上加大了美学设计的难度。设计人员在确保结构安全、造价合理、净空要求和控制点不受影响的前提下，应积极寻求美观的桥梁线形。

对于悬索桥这种大跨度桥梁，采用凸形竖曲线设计可以避免视觉上的下垂错觉，增强桥梁的跨越感，并提升穿越桥梁的视觉通透性。如若将悬索桥的平面线形设为曲线，则会加大加劲梁的抗扭刚度与高度要求，不仅在结构上难以实现，而且会增加施工难度和成本。因此，悬索桥的平面线形通常选择直线设计。

2. 悬索桥桥塔美学设计

悬索桥的桥塔高耸挺拔，蕴藏着力的紧张感和直向蓝天的动势，是结构工程学和建筑美学的有机结合，起着象征和标志作用，所以桥塔在悬索桥美学设计中至关重要。

（1）桥塔高度由受力和主缆垂度决定。桥塔的高度足够，主缆中央离开主跨桥面就会有一段距离，从而维护了主缆形状的完整性。主缆粗些，使外轮廓线更加明确。对悬索桥，如果考虑塔高 h 与跨径 L 的关系，塔高 h 被限制不超过 $0.25L$。

（2）对桥塔结构影响较大的因素是塔柱的断面。塔柱的断面尺寸须根据缆索悬吊桥梁的强度、刚度以及稳定性要求进行选定。在塔柱较细的情况下，通常可选择矩形或圆形截面。若塔柱断面较大，可采用切角或凹槽处理方式，以提高其承载能力。一般而言，塔柱断面尺寸应随塔柱高度的增加而逐渐减小，这样既符合力学性能要求，又经济合理，并能有效展现向上的动势。通过切角或凹槽处理，可形成各种形状的截面，如凹形、凸形、十字形、丁字形和 H 形等。这些处理方式在塔柱表面形成了纵向线条，结合光影效果，不仅丰富了表面的变化，还增强了塔柱的耸立感。此外，这些处理方式还为搬运和安装提供了便利。以美国金门大桥为例，其桥塔截面自下而上层层内收，形成了向上收敛的节奏感。这种设计朴实无华，却又不失宏伟壮观之感。

（3）桥塔沿桥轴方向的正面形象决定桥塔的特征和性格，是桥塔设计的着重点。目前常采用的基本为门形的三种桥塔形式：桁架式、刚构式及混合式。

桁架式，一般采用 1~3 对斜撑将两侧塔柱连接起来。在采用桁架式门形桥塔时，斜撑的位置应留出足够的通行空间，以免通行者感觉空间阻断，从而产生压迫感。

刚构式，由垂直的塔柱与水平构件刚结组成，形态简洁、稳重，孕育着力的紧张感。采用刚构式门形桥塔时，应避免路面到塔顶的空间过大而产生的不安定感。一般可在塔顶设置梁高较大的水平梁，或在水平梁的下缘设置向上凸的弧形曲线，或在塔柱中间位置加设一根水平梁以消除不安定感。

混合式，桥面以上为刚构式，桥面以下为桁架式。混合式的桥塔上部简洁轻快、下部繁杂，易失去视觉平衡，应注意相互对应。

3. 悬索桥主缆与吊索美学设计

多数悬索桥采用两根主缆，这些主缆可被集中至 A 形桥塔或单柱式桥塔的顶端，或者分别通过门式桥塔的两塔柱顶端。而选择单根主缆的设计，可以避免缆、索交错的繁杂感，使视觉效果更为简洁明了。吊索悬挂在主缆上，形成高低起伏、动向分明的景象，其规则性的排列和有规律的长短变化，刚柔并济，构成了悬索桥形态美的重要元素。对于大跨度悬索桥的吊索布置，存在两种主要形式：垂直吊索和斜吊索。当吊索以倾斜方式布置时，对加劲梁的约束会增强，从而增加其刚度，降低挠度。然而，斜吊杆会经历反复的受力，导致疲劳性能降低。

4. 悬索桥加劲梁美学设计

轻巧纤细、简洁明了、连续流畅是现代悬索桥加劲梁的设计目标。大跨径悬索桥的抗风要求，使得加劲梁必须有足够的刚度和抗风稳定性。扁平箱梁，其形状两侧均有尖嘴状的风嘴，不仅有利于抗风稳定，而且在光影效果下使梁看起来更纤细轻巧，因而成为悬索桥单层桥面的发展趋势。

5. 悬索桥锚碇美学设计

锚碇是悬索桥的关键受力结构，主要分为隧洞式和重力式两种类型。在自锚式悬索桥中，主缆直接锚固在梁上，无须设置锚碇。隧洞式锚碇则是将主缆锚固于地下岩石中，通常完全不可见，对桥梁外观影响较小。而重力式锚碇则是通过混凝土的重量来锚固主缆，通常放置于地基之上，体积较大，显得较为笨重。因此，对于重力式锚碇的美学处理显得尤为重要。

重力式锚碇的美学处理方法主要包括消去法、融合法和对比法。消去法是将锚碇的大部分埋入地下，仅露出小部分，使锚碇尽可能地与周围环境融为一体。融合法则是根据周围环境条件，如水面、植被等，将锚碇露出地面，但须注意露出部分不应过于显眼，以免影响整体的美观性。此外，还需要确保锚碇露出部分与整体尺寸的协调性，以免给人以不稳定的感觉。对比法则是将锚碇的大部分暴露可见，通过与桥塔、引桥梁柱等结构的对比，突出锚碇的巨大体积感。

在处理重力式锚碇时，设计者应注重其造型设计，通过刻槽分格、艺术图案等方式，避免单调感，同时还可以进行拓扑优化，将应力较小的部分挖空，使结构受力更加合理，同时也节省了材料，减轻了笨重感。

厦门海沧大桥的锚碇内坐落着我国第一座桥梁博物馆，由海沧大桥建设展示馆、中国桥梁百年回顾展示馆和海沧大桥监控中心三大部分组成，从而完美地实现了桥梁造型美和人文历史景观的融合。

（二）悬索桥的美学特征

第一，比例均衡。悬索桥与梁桥相比，增加的桥塔和主缆协调了后者水平方向的构图比例，向上伸展的桥塔的动势和水平方向的加劲梁的动势不仅保持令人满意的视觉平衡，也创造出更大范围的景观形象。

第二，气势恢宏，宏伟壮观。目前只有悬索桥能达到最大跨径，并获得气势磅礴、无与伦比的景观效应。其高耸的主塔、粗壮的主缆、强劲的大梁将空间一跨而过，具有很强的律动感与跨越感，构成宏伟壮观的景观形象。

第三，刚柔并济，形态优美。悬索桥桥塔高耸，缆索下悬，凭空飞渡，上下起伏，气韵生动，梁、塔、缆索简洁的几何构图及柔性曲线与刚劲直线的结合，使桥型清晰、动态分明，充分体现了力线明快、简洁流畅、功能与形式统一的优美形态。

四、斜拉桥的美学设计

（一）斜拉桥构造的美学设计

1. 斜拉桥桥塔美学设计

在斜拉桥中，桥塔作为主体构件要素，承担着重要的力学作用。其高大挺拔的外观，不仅引人注目，还具有象征和标志的功能。作为景观的重要组成部分，桥塔的设计应当在满足结构安全的基础上，遵循桥梁景观设计的原则，对其造型和外观进行完善。这样既能体现桥塔自身的力量感和紧张感，又能展现其向高空延伸、冲破苍穹的动势。这种设计可以激发参观者深入思考，从感性的"情境"层面进入更深层次的"意境"层面。最终，这样的桥塔将不仅具备高度的功能性，还展现了动态的美感。斜拉桥的独特风格主要受塔的造型和索的布置形式影响，主塔的造型、结构形式受工程条件、桥跨、桥面宽、拉索布置等因素影响。主塔的塔形一般分为直柱无上横梁门塔、异形门塔、柱门塔和 A 形门塔。

直柱无上横梁门塔：简洁，流畅，单一。心理诱引力线突出，高扬功能和动感强。上部无横梁缺少联系，比较孤立，较少采用。

异形门塔：简洁独特，心理诱引力线突出，但高扬功能和动感弱。横桥向由于上宽下窄，中间收腰，内敛性弱，稳定性不强，国内外较少采用。

柱门塔：造型简洁，门概念突出，心理诱引力线突出，高扬功能和动感强，较常采用。

A 形门塔：较直柱门塔生动活泼，能增加光影效果，有一定的向上动势和高扬功能。两塔柱顶端相互结合，稳定性强，较常采用。

桥塔的正立面造型是桥塔美学设计的要点。其造型方式多样，而独柱式斜拉桥是最多见的形式。它形态十分简练，一般情况下为提高视觉上的均匀感，常常超过最上端拉索的锚固点而向上延伸一段，以突显高耸挺拔。除此之外，将塔的上部挖空，让风穿过，也能有效减小风振。

双柱式主塔的桥面空间宽敞，无压迫感，外观简约，视野宽广。然而，对于大型跨度桥梁，为了增强稳定性，通常会将两根塔柱用横梁连接成门形或 H 形。此外，通过适当地倾斜和变形塔柱，可以创造出多种形态，如 A 形、倒 Y 形和花瓶形等，这些变化使得塔的外观更加生动和活泼。对于门形、H 形、A 形和倒 Y 形塔的梁下塔柱部分，常见的处理方法有两种：一种是按照原始方向延伸塔柱，以产生挺拔的力量感和雄伟的屹立形象；另一种是不增加基础尺寸，而是将塔柱内收成钻石形，这不仅增加了梁下的空间，还使外观更加优雅美观。例如，日本的北海道桥就采用了这种处理方法。

除上述常规构造外，近年来，主塔的造型设计呈现多元化趋势，不乏创意独特之作。例如西班牙的阿拉米罗桥，其 L 形设计仿佛竖琴般优雅，力感十足且稳固平衡。塔柱断面的形状不仅关乎主塔的视觉效果，对结构的抗风性能也有重要影响。当塔柱断面较小时，常见的形式有圆形、长圆形和矩形。而当断面较大时，为了增强视觉宽度，我们应对其进行"切角"或"凹槽"处理。多角断面与凹槽在设计中的应用十分广泛。例如，凹槽为锚具的安装提供了便利，同时减少了外观的烦琐感。此外，其产生的纵向线条更突显了塔柱的纤细感，使其更具向上耸立的动感。

2. 斜拉桥拉索美学设计

斜拉桥的动势是由主梁、桥塔和拉索来共同体现的。拉索不仅是斜拉桥的主要构件，而且也是决定桥梁景观的重要因素，它的斜直线分置，与桥塔构成简洁、稳定的几何构图，蕴藏着明确、强劲的力感，同时又加强桥的平衡感。

众所周知，桥梁是承重结构，由于构造外露，因而在其内部存在"物理上的力"，但另一方面又以"心理上的力"吸引人们。桥以各种传力构件产生了心理诱导力线，斜拉桥的斜拉索作为能产生心理诱引力线的一种构件，由于其布置形式不同，所产生的心理诱引力线效果也不同。拉索与主梁角度越大，引导观赏者向上的力势感越强，而其夹角与桥梁工程的结构力学性能有关。斜拉索按其所组成的平面，通常分为单索面、双索面和多索面。多索面往往应用于超宽桥面（桥宽超过 40m）的斜拉桥。

单索面设置在桥梁纵轴线上，这对于设置有中央分车带的桥梁特别合适，基本上不需要增加桥面宽度，具有最小的桥墩尺寸和最佳的视觉效果。但是，单平面斜索只能支撑竖向荷载，拉索对主梁抗扭不起作用，由于横向不对称活载或（和）风力产生的作用而使主梁受扭，因此，主梁横截面宜采用抗扭刚度较大的闭合箱形截面。

双索面可以分为平行双索面和空间双索面两种。平行双索面又有两种布置方式：一种是将索平面布置在桥面宽度外侧，另一种是索平面布置在桥面宽度之内。采用双索面时，作用于桥梁上的扭矩可由拉索的轴力来抵抗，主梁可采用较小抗扭刚度的截面。至于空间双索面，它对桥面梁体抵抗风力扭振特别有利（斜向双索面限制了主梁的横向摆动）。倾斜的双索面应采用倒 Y 形、A 形或钻石形索塔。双斜塔面的拉索可以提高结构的抗扭刚度，而且空间双索面体系斜拉桥的抗风动力性能好。

根据斜索在索平面内的布置，它又可以分为辐射形、竖琴形和扇形三种形式。斜拉索的倾角一般为 25°~65°，最小不小于 21°。

第一，辐射形布置的斜拉索在主梁上呈现均匀分布态势，而在索塔部分则集中在塔顶的单一节点上。这种布局确保了每根斜拉索都具备可能的最大倾角，从而最大化斜拉索的垂直分力对主梁的支撑效果。由于索力主要取决于垂直力的需求，因此所需的斜索拉力较小，从而节约了材料用量。相较于竖琴形布置，辐射形布置能节省拉索材料 15%~20%，而且这种布置有助于形成几何不变体系，优化结构的变形和内力分布。然而，这种做法也存在一些缺点。由于大量斜索汇集于塔顶，锚头的布置可能会变得拥挤，增加了构造处理的难度。此外，塔身从上至下承受最大的压力，自由长度较大，塔身刚度必须满足压屈稳定的要求。

第二，在竖琴形布局中，斜拉索以平行的方式布置，保证了每一根索的倾角一致，使得外观呈现出最佳的美学效果和良好的韵律感。每对斜索分别与塔的不同高度相连接，这种连接方式简化了索与塔的构造处理。由于所有索的倾角一致，相应的锚固构造也相同，这有助于塔的稳定性，因此塔中的压力会逐渐向下增加。然而，这种布局也导致各对索之间的拉力差异在塔身的各个部分产生较大的弯矩。尽管这种结构是几何不变的，但对于内力和变形的分布并不理想。为了改善这一问题，可以在边跨内设置辅助墩。值得注意的是，竖琴形布置时斜拉索的倾角较小，导致总的拉力增加，因此需要更多的钢索材料。

第三，扇形布置的斜拉索是不相互平行的，是介于辐射形和竖琴形之间的拉锁布置形式，一般在塔上和梁上分别按等间距布置，兼顾了以上两种形式的优点并减少其缺点，因此有较多的斜拉桥采用这种形式。

3. 斜拉桥主梁美学设计

随着密索体系的发展，斜拉桥主梁的设计愈发趋向轻薄和纤细。目前，主梁断面形式以抗扭刚度优良且便于与拉索连接的箱梁为主，其形态断面多为倒梯形，既满足了抗风稳定的要求，又在光影效果下显得轻盈美观。钢箱梁作为当前最常见的主梁断面形式，具备诸多优点，如梁高较低（仅为跨径的 1/400~1/300），能充分利用箱体空间隐藏线路系统等。对于需要双层桥面的情况，钢桁架梁可作为加劲梁使用，其设计与悬索桥类似。此外，主梁的纵断面线形通常为水平直线，简明舒展，具有速度感和连接顺畅感。在三跨斜拉桥中，当桥跨较大或因桥下净空需要时，可采用纵向竖曲线，这样既能避免大跨径梁易给人带来的下垂感，又能使桥梁的侧面景观形态优美，展现出极强的跨越感。

4. 斜拉桥桥墩美学设计

在大型桥梁景观设计中，桥墩的景观设计是不可或缺的一部分。如果忽略了桥墩的景观设计，将严重影响全桥景观的整体效果。根据桥梁美学原则，桥墩的造型设计应遵循独特性、轻巧性、优美线性以及和谐比例的原则。通过合理排列单体桥墩，可以形成起伏有致的节奏，展现出序列韵律美，并且要确保与周围环境的协调。在斜拉桥设计中，桥墩必须具备承受压力的安全可靠功能。除了考虑功能、经济、施工技术和管理的因素外，景观设计还需要确保与上部钢箱梁及周围环境的协调性。桥墩纤细感设计对景观影响较大，为了使桥墩看上去轻盈纤细有味，设计中可采取以下做法：

（1）桥墩表面装饰。增加纵向装饰线条或开槽形成凹入部分，增加光影效果，使墩表面实体面积减少，既减轻桥墩笨重的体积感，又改善单调表面。

（2）改变桥墩断面形状。桥墩断面形状取决于功能、结构及施工技术，在实际断面处理过程中，可以把棱角以切角或圆弧过渡，使墩角过渡自然且显得轻盈活泼。

（3）采用空透式桥墩。把墩上部的开口设计成空透式，使桥墩体态更为灵透、轻盈，增强整体韵律感，减轻墩的体量感。

（二）斜拉桥的美学特征

作为现代桥梁的杰出代表，斜拉桥和悬索桥均展现出独特的景观特征。它们同属于悬吊式结构，规模庞大，给人留下深刻的印象。斜拉桥和悬索桥的索塔向上伸展的动势以及斜拉索的动态美感，在视觉上与水平延伸的主梁动势形成平衡。

斜拉桥具有优良的刚度、空气动力性能和轻巧纤细的美感，这些特点都充分展现了现代桥梁的魅力。其桥面长细比极佳，斜拉索细而有力，主梁纵向线条简洁流畅，形成强烈的跨越感。虽然斜拉桥和悬索桥在景观特征上存在相似之处，但它们之间的区别也是显而易见的。斜拉桥以直线的刚性为基础，其塔、索、梁构成稳定简洁的三角形几何形态，而悬索桥则以柔美的主缆曲线为基调。斜拉桥的主要结构构件包括索塔、主梁和斜拉索。这些主体结构构件的景观设计在桥梁景观设计中占据重要地位，对桥梁的整体风格和形象产生深远影响。以松花江大桥为例，它是一座典型的现代斜拉桥，充分展现了斜拉桥的独特景观特征和强大功能。

五、其他附属设施的美学设计

(一)桥梁栏杆美学设计

桥梁栏杆是用来保障行人或车辆行驶安全,防止坠落或冲撞的一种必要的安全设施,是与行人接触最为接近的部位,因而造型设计效果影响着桥梁整体的视觉效果。桥梁栏杆形式虽然多种多样,但总体上可大致分为以下四类:

第一,栅栏式。栅栏式栏杆是指栏杆与立柱按等间距或有规则变化来排列,用一根通栏扶手连接,不需要过多地雕饰,只求规格严整、简洁明快、连续流畅、施工简便,在各种桥梁工程中得到广泛应用。

第二,栏板式。栏板式栏杆分为实体栏板和镂空栏板两种形式。实体栏板式栏杆要在两个立柱间设置预制栏板,栏板上面经常雕着各种体现民族风情的饰物,用以增加情趣感,适用于中小型石桥、混凝土桥及园林桥。镂空栏板式栏杆立柱间的栏板按设计图案和纹样留出不同几何形状的孔洞,以便呈现出不同形式的镂空图形。该种形式的桥梁栏杆,不仅可以通过镂空的轮廓和形状形成刚柔、虚实、静动、疏密的美感,也可以透过空隙使人们看到若隐若现的风景,引起人们无限遐想,有着强烈的艺术效果。

第三,棂格式。棂格式栏杆由结构多变的棂格图案组成,形式多变、生动活泼,形成了韵律性强的建筑风格。

第四,混合式。混合式是前几种栏杆形式的综合,既有较为规律的基本图案又有较为灵活的表现形式,打破了立柱式桥梁栏杆的单调感,也赋予了其一定内涵。比如,我国古代桥梁望柱上雕刻的狮兽等饰物,西方桥梁望柱上雕刻的希腊神话人物等饰物都赋予了桥梁栏杆一定内涵。

桥梁栏杆美学设计要点如下:

第一,栏杆尺度要有"度",既保证安全又保持美感。桥梁栏杆的首要功能是保证车辆、行人的安全,在满足基本功能的条件下再考虑美学设计,使其既有一定使用功能又有强烈的视觉形象。桥梁栏杆要有足够的强度和刚度,经得起拥挤和冲撞,同时在心理上给人带来安全感。为了做到这一点,应严格设计桥梁栏杆的尺度,过于纤细、稀疏的栏杆设计一定程度上会引起驾驶员心理上的不安全感。因此,栏杆设计时应结合桥梁整体设计适当增加栏杆的粗度,并紧凑布置栏杆,使驾驶员、行人经过时具有一定安全感。同时,栏杆布置应尽量不影响驾驶员的视线,以免影响行车安全。

第二,造型设计要与桥型相适应,使其紧密构成一个整体。栏杆作为桥梁总体构造的一部分，栏杆造型设计应对桥梁整体美观起到衬托和加强作用。因此，栏杆造型设计要与桥型格调相一致，设计形式相统一。比如，桥梁整体设计风格简单明快、纤细轻巧，栏杆设计格调也应如此，否则会造成栏杆造型相对整体突兀、不协调，不仅影响桥梁美观，也对驾驶员、行人心理产生干扰。

第三，形式设计要多样与统一，做到相辅相成、相得益彰。当前，桥梁栏杆形式设计大多千篇一律，基本是简单明快的设计风格。尽管简单实用，但由于构成栏杆的各个构件和图案造型不是灵活多变的，这样的栏杆设计难免让人产生单调乏味的感觉，因此，可以借助形式多样的构成构件和图案造型使栏杆设计形式变化多端，但要避免杂乱无章，以免造成反效果。为了使栏杆设计格调明快、形式多样，设计应力求做到在变化中求统一，使二者相辅相成、相得益彰，才会取得设计美感。

第四，造型与周围环境协调，自然融入周围环境。桥梁作为关键基础设施，通常承载着一个地区的独特地域风格和民族传统。为了有效地传承一个地区的文化和风俗，桥梁栏杆的造型设计必须与当地的建筑风格和民族特色相协调。以新疆为例，其桥梁栏杆上经常采用伊斯兰教风格的图案，彰显了该地区的历史和宗教特色。而在云南西双版纳，桥梁栏板上通常刻有孔雀图案，这代表了傣族人民对吉祥的追求和对孔雀的深厚情感。在汉族地区，桥梁栏杆上则常见石狮等兽物雕饰，这体现了汉族人民的权威意识与文化传承。只有遵循这样的设计原则，所构建的结构才能真正融入当地的文化环境，并充分展示该地区的文化和民俗风情。

（二）桥头建筑美学设计

在很多桥梁的两头均建有大小不同、高低不等、形状各异的附属性建筑物，这些附属性建筑物称为桥头建筑。在苏州宝带桥头，修有碑亭、古塔。在都江堰安澜桥头，建有桥亭。在北京北海公园堆云积翠桥两端，各建高大牌楼一座，红柱绿瓦，色彩绚丽，形态美观。这些附属建筑和桥梁巧妙结合、高低错落、纵横有序，使桥的总体布局更为完善、合理。同时，它们也成了指示道路、导航引渡的标志。

1. 桥面铺装设计

桥面铺装又称车道铺装，其作用是保护桥面板防止被车轮或履带直接磨耗，保护主梁免受雨水侵蚀，并借以分散车轮的集中荷载。常用的桥面铺装有水泥混凝土、沥青混凝土两种铺装形式。水泥混凝土铺装的造价低，耐磨性能好，适合重载交通，但养护期长，日后修补比较麻烦。沥青混凝土铺装维修养护方便，通车速度快，但易老化和变形。

2. 植栽设计

在工程实践中，鉴于其独特性，桥梁上的绿化布置作为一种新兴事物，其设计和建设均须严格遵循"安全、经济、适用、美观"的原则。首先，确保桥梁的基本交通功能畅通无阻；其次，景观设计务必服从结构设计，确保美学设计不会对结构的承载能力、刚度、稳定性和使用寿命产生负面影响；再次，桥面绿化设计须具备完善的防水和排水功能，为植物提供适宜的生长环境；最后，还应充分考虑环境保护和生态建设的重要性，在利用桥梁跨越河道的同时，妥善处理景观生态问题，将桥梁本身打造成新的景观资源。

景观绿化带以常绿植物为主调，充分利用乡土树种，采用"灌+草"的多层次、立体式的多元复合群落式种植形式，可在里面栽种具有一定观赏价值的园林植物作为点缀，或种植草本植物和低矮灌木，起到分隔道路的作用。在设计原则上既要保证绿化带的连绵不断，形成井然有序的立面，又要保证桥梁有着良好而通畅的观景视廊，同时使绿化与周边环境构成和谐的相互关系。

在植物选择方面，应优先挑选那些具备优良抗旱、抗涝和抗瘠薄能力的浅根系灌木、地被植物。在确保植物正常生长的前提下，应尽量减少种植土的厚度，以减轻桥面的承载压力。为避免对桥面结构的潜在破坏，应避免选用根系穿刺性强的植物，同时也要避免选用生长迅速的乔木和灌木植物。在具体的景观绿化植物选择上，黄杨、美人蕉、矮牵牛和万寿菊等是常用的备选品种。种植土方面，一般可选用田园土、改良土或无机种植土。这些种植土应具备质量轻、养分适中、清洁无毒以及安全环保等特性，以确保植物的健康生长和环境的和谐共存。

第二节　桥梁色彩的美学设计

形、色、质是视觉艺术的三大信息，也就是说桥梁美除了前几章所讲的造型艺术外，色彩与材质也是决定桥梁美的重要因素。

一、色彩的基本知识

在人们生活的世界里，所有的客观存在都具有色、形、质。其中，色彩具有丰富的表现力，能够引发出丰富的感情效应。

（一）色彩系统

1. 孟赛尔色彩系统

"孟赛尔色彩系统是建立在人视觉感受和判别的基础上的色彩描述体系，也是印刷色彩复制的理论基础。"[①] 孟赛尔把色彩划分为三个维度——色相（hue）、明度（value）、饱和度，简称 H、V、C。红（R）、橙（VIt）、黄（Y）、黄绿（GY）、绿（G）、蓝绿（BG）、蓝（B）、蓝紫（PB）、紫（P）、紫红（RP）十种颜色以顺时针排序，组成了孟赛尔的色相环体系，也就是色立体的最外圈。在孟赛尔的色相环中，每种色相被平均分成了十等份，各个色相的中央的第五号为各个色相的代表，比如 5GY 为黄绿，5B 为蓝等，整个色相的总数为 100。孟赛尔色立体是一个比较完整的色彩系统，其表示色彩的方式科学、简单、明了，我们感知的所有的颜色都能找到在孟赛尔色立体中相应的坐标位置，其被广泛用于工业设计、建筑设计和平面设计等领域。

2. 日本色彩研究中心（NCD）色彩系统

NCD 色彩系统所依据的基本色彩原理，源于孟赛尔色彩系统，并对孟赛尔色彩系统进行了科学的分类和扩展。把色彩、人与社会作为主体因素考虑，形成了独特的理论体系，将色彩应用于社会的各领域，致力于色彩应用与设计心理及城市色彩规划等方面的研究，为设计师提供了科学的色彩理论依据。语言形象坐标与色彩形象坐标是 NCD 的基本工作模型，坐标轴上每种语言、每个形容词都对应于色彩形象坐标中的一种或多种色彩，形成了从主体到语言、色彩再到理论的循环，这样就能使设计师对色彩的搭配使用更加具有科学性，并能更熟练地使用色彩。

（二）色彩效应

1. 色彩的温度效应

各种不同的颜色通过物理光刺激，对人的心理产生直接色彩效应。强烈的照射、高浓度和波长很长的色彩，都能使人产生兴奋感。例如，较明亮的红色，会比一种暗淡和灰度较大的紫色活跃得多；纯粹干净的黄会比同明度的蓝更具有醒目效果。这向我们明确地肯定了色彩对人心理的影响。人们心理对色彩的基本物理性分类包括冷色和暖色，对于颜色的物质性印象，大致由冷、暖两个色系产生。波长较长的红色光、橙色光、黄色光，本身

---

① 王志霞．试论 GT 工艺的基本原理与应用方法 [J]．印刷质量与标准化，2016（12）：29.

给人温暖的感觉，相反，波长短的紫色光、蓝色光、绿色光，则有寒冷的感觉。夏天，在冷食或冷饮包装上使用冷色，视觉上会引起人们对这些食物冰冷的感觉。冬天，把卧室的地毯换成暖色，就会有令室内暖和一些的感觉。以上的冷暖感觉，并非来自物理上的真实温度，而是人们主观的视觉与心理产生的反应。总体来说，人们在日常生活中既需要暖色，又需要冷色，在色彩的表现上也是如此。

2. 色彩的重量效应

高明度的色彩显得轻盈，低明度的色彩则显得厚重些，暖色相对比冷色重，这就是色彩诱发的重量效应。所以，同体积的盒子，红色盒子会比白色盒子给人的重量感强。

3. 色彩的尺度效应

高明度及暖色调属于膨胀色，低明度的色彩及冷色属于收缩色。因而，相等的面积，白色要比黑色给人的感觉要大一些，红色比蓝色要大。同样，高明度及暖色为近感色，低明度冷色为远感色，即同距离的色面，暖色、亮色要比冷色、暗色显得更近。

4. 色彩的感情效应

人们所看到的色彩究竟以何种形象表现，不仅要取决于它在时间和空间中的位置关系，而且还取决于它的准确的色彩，以及它的亮度和饱和度。歌德曾把色彩划分为积极的（主动的）和消极的（被动的）色彩。主动的色彩能够产出一种"积极的、有生命力的和努力进取的态度"，被动的色彩则适合表现那种"不安的、温柔的和向往的情绪"。

（三）色彩生理

不同色彩由于波长不同，会影响人对物体的视觉感知程度。比如，红色的波长最长，视觉上的灵敏度高，可以在短时间内引起人们的注意；白色是各种色彩加在一起的统一体，是可以起到吸引人们注意力的膨胀色，但是由于它含有多种色光，进入到人们眼内的光量子多，会造成相对较大的消耗，容易造成视觉疲劳；绿色居于可见光谱的中间部位，是视觉技能最舒适的"保护色"，有利于镇静视觉神经，使人产生平和、寂静的心理感受。

色彩体现桥梁审美的同时还应该具有安全性，色彩的一系列视觉属性，应该成为桥梁色彩的重要考虑因素，尤其在相对嘈杂的城市环境中，驾驶者要不断修正车体方向，进行换挡等一系列操作，并且由于路况的复杂、车辆繁多，经常处于过度紧张的状态，容易产生烦躁的心理，色彩是缓解这种紧张、烦躁心理的有效途径。比如，使用位于光谱中间部位，可以给人带来宁静感和满足感的绿色，就可以减轻驾驶者的紧张情绪。

（四）色彩协调

将两种以上的色彩加以配合，以获得单一色彩所不能显示的效果，称之为配色。配色存在色彩是否协调、如何协调的问题。一般色彩协调有调和与对比两种手法。

1. 调和

调和是指配色的色彩要素比较接近，形成相似色之间的平衡，达到主色调与配色统一和谐。如同色相不同明度的浅红、淡红、深红，同色相不同彩度的橘红、大红、紫红；相邻色相的红、橙、紫之间互相配色容易和谐，使人感觉平和而舒适。色相环中 1/4 圆范围内几种邻近色的配合，一般都能形成协调的色调。另外，暖色之间配色会更温暖、热烈，冷色之间配色更显阴凉、清爽、宁静。同时，也要注意色彩要素过于接近就会模糊不清，似是而非，反而会减弱色的表现力。

2. 对比

对比指色彩要素之间强调差异，形成互补色间的平衡，给人以鲜明、强烈的感受。色相中相离甚远的色彩及差异较大的浓淡、明暗、冷暖之间配色都可形成对比，如黑与白、红与绿、黄与紫、橙与蓝等。对比色之间明度和彩度相差很大时，则会明者更明，暖者更暖，增加色彩的表现力。但是当对比色的彩度都很高时，就会变得刺目而不安，交通信号灯的红、黄、绿就是利用这一点发挥其引人注目的作用。另外，还要注意色彩对比的效果，如灰色在白色背景下感觉深，而在黑色背景下又感觉亮，在蓝色背景下发黄，在红色背景下发绿，在黄色背景下发紫。白色墙面在阳光下发黄，而投在上面的影子又有些发蓝紫，红色对联上的黑字发绿等，这都表明了色彩的概念是相关的而不是孤立的。

总之，任何色彩都无所谓美与丑，美与丑产生于色彩间的协调配合。因此在色彩配色构思中，处理调和与对比的原则应该是总体上强调调和，而有重点地形成对比，做到统一中有变化，调和中有对比。

（五）色彩影响因素

1. 光照

表面色的本源来自光波的反射，所以光照对色彩有直接影响。如在日光灯和自然光下看同一个物体，其色彩会有所不同，光线越强，色彩的明度则相应越高，呈现的色彩彩度越弱。然而，当光线越暗，明度越低，色彩彩度也会减弱，其原因是在强、弱光线下，人视觉的敏锐性减退了。另外，光影对桥梁色彩的表现效果也有很大影响。对于相对不平整的表面，光线越强，阴影越深；反之，光线越弱，阴影也就越弱。暗色粗糙的表面，阴影则不会那么明显。

2. 气候

在天气晴朗的时候，色彩会清新鲜亮；天气阴暗，则色彩也相应含糊、暗淡。另外，桥梁色彩还会因透视现象而逐渐变化，与背景色接近的色彩变化得快，与背景色对比较大的色彩相应变化得比较慢。

3. 面积

桥梁色彩涂装的面积会直接影响到色彩要素所要表达的效果，如色彩的明度、彩度等。为保持色彩的均衡，涂装色彩的明度和彩度面积应成反比，即面积增大，彩度和明度应降低。为保持视觉感的均衡，明度应与面积相反。明度高的色彩应与彩度低的色彩搭配，小面积的高明度色彩宜与大面积的低明度色彩搭配。同明度、同彩度的对比色只能引起人们的注意，而不能给人以美感。

4. 材质

材质光滑的表面色彩明亮而鲜明，如果把过于鲜明的色彩用于大面积光滑表面上，则会使人容易产生视觉疲劳，色觉减退。而在桥梁底部，也就是阴影部则宜采用光滑表面并施以彩度和明度较高的色彩。相反，材质相对粗糙的表面，因反光少，明度降低，色彩相对较暗。

二、桥梁色彩

"随着社会的发展，人们的物质文明和精神文明水平不断提高，对于美的追求更为强烈，对于色彩的应用更为广泛，更为理想地从传统心态到现代思潮发生着日新月异的变化。桥梁设计的建筑形式和桥梁建筑色彩形式大体相似，都是在一定历史条件下产生的文化产物。"[①] 桥梁是为了满足通行需要的特殊建筑，桥梁色彩的设计是桥梁景观整体设计当中重要的一个环节。这是因为色彩不仅能够强化桥梁的形象，展示桥梁的个性，而且还能够体现出桥梁的地域性、文化性和独特性。因此，桥梁色彩成为影响桥梁景观的重要因素。桥梁色彩通过色相、明度、彩度、表面肌理影响人们的心理，并通过联想使人们获得不同的感受。这就要求桥梁的色彩不仅要符合桥梁本身结构上的需要，还要与周围的环境、民风民俗相协调统一。

---

① 张隆达. 论色彩在桥梁设计中的创新理念 [J]. 城市建设理论研究（电子版），2013（3）：1.

（一）桥梁色彩的设计

色彩作为物体视觉属性之一，是自然界广泛存在的一种美学资源，对人类而言具有极高的价值。桥梁色彩作为影响桥梁景观效果的重要因素之一，也是直接展示桥梁外观形象和个性的关键因素。在桥梁设计中，色彩的运用对于体现桥梁的地域性、文化性和独特性起着至关重要的作用。桥梁色彩设计是一种有意识地将色彩应用于桥梁各构件的造型设计中的过程，旨在利用色彩引发人的联想和情感效果，传达设计者的意图或优化桥梁造型，从而创造富有性格和美感的桥梁。

桥梁建筑在造型上相对简单，通常由少数几个构件构成。在此背景下，色彩在塑造桥梁形象方面显得尤为重要。若大面积采用单一色彩，可能会导致桥梁显得单调乏味，整体形象不够鲜明。因此，根据桥梁的造型特点以及色彩三属性的作用原理，我们应对桥梁涂装进行合理控制，分别考虑标志色和普装色两个方面。标志色是用来展现桥梁个性的色彩，通常具有较高的纯度，效果醒目，视觉冲击力强。然而，标志色的使用面积不宜过大，应主要应用于桥梁的关键部位，如桥塔、主缆、主构件以及桥栏等重要景观节点。通过合理运用标志色，可以进一步提升桥梁的整体形象和个性化特征。

（二）桥梁色彩的主要功能

桥梁建筑的色彩，其主要作用包括视觉审美功能和实用功能。

1. 视觉审美功能

近年来，桥梁景观设计中普遍采用涂装着色的方法来提升桥梁的视觉审美效应。优秀的桥梁色彩设计，可以达到以下效果：

（1）通过巧妙运用色彩，突显桥梁的结构特点，并与夜景元素相互呼应，进一步增强桥梁的审美吸引力。

（2）利用色彩来强调桥梁的标志性、象征性和区域性特质，从而展现城市的独特风貌。

（3）利用色彩的心理效应，引导并激发审美主体的情感共鸣，提升桥梁的审美体验。

（4）通过色彩来表现和传达地域文化的独特魅力。

2. 实用功能

桥梁色彩依附于涂装材料，如油漆、聚胺胶、塑料、碳纤维等，这些材料都具有良好的防止水、气、光、声等腐蚀的性能，这就赋予了涂装色彩在保护桥梁方面的实用功能：

（1）桥梁防腐是确保桥梁结构安全、延长其使用寿命的重要措施。尤其对于钢结构桥梁，防腐更是必不可少。有效的防腐措施可以防止有害物质侵入，从而确保桥梁结构的完好性。

（2）涂装除了具有装饰作用外，还可以弥补结构表面的缺陷。通过合理涂装，可以对桥梁结构表面进行完善和美化，提升整体外观效果。

（3）利用涂装的色彩效果，可以强化行车安全。色彩的诱导性在交通安全设施中得到广泛应用，通过合理的颜色搭配和涂装设计，可以提升行车的安全性和舒适性。

（4）色彩的心理感应在缓解驾驶员和乘客的视觉疲劳方面也具有一定的作用。通过合理运用颜色和搭配，可以降低长时间驾驶带来的疲劳感，提高道路交通的安全性。

（三）桥梁色彩的影响因素

1. 城市或自然环境

桥梁色彩的选定须慎重考虑，以适应城市环境色彩。桥梁景观作为城市景观体系中的一部分，其色彩应与整体环境相协调，避免产生突兀之感。同时，桥梁景观亦须展现其独特之处。中庸的色彩或许会使桥梁在繁杂的城市环境中失去特色，进而丧失其作为景观标志的特性。以厦门海沧大桥为例，在进行色彩设计之初，便对周边环境色彩进行了深入调查与分析，并参考厦门地区的建筑色彩倾向，最终确定采用银蓝色作为海沧大桥的整体色调。

2. 文化传统

在历史的长河中，各个城市与民族逐渐形成了独具特色的色彩习惯。例如，江南地区的灰瓦白墙、德国城市的红瓦白墙，这些不同的色彩搭配，不仅是不同民族审美趣味的体现，更是其文化传统的象征。可以说，色彩已经成为城市历史的重要组成部分。以四川锦屏东桥为例，这是一座位于彝族自治地区的上承式拱桥。为了更好地融入当地文化，该桥的色彩涂装方案巧妙地借鉴了彝族的传统服饰色彩。众所周知，彝族崇尚黑、白、蓝、青等色，其服饰通常以黑、蓝色为主，并配有白色的花纹，领口、袖口及裙边等部位则常常以彩色线条进行装饰，因此，四川锦屏东桥以蓝色为主色调，同时在拱脚处采用黑色、红色、黄色和青色进行装饰，成功地展现了彝族浓厚的民族特色。这一色彩搭配不仅强化了桥梁的结构美感，更与其所处的地理环境、民族文化相得益彰。

（四）桥梁色彩的设计原则

桥梁色彩设计是一个实践性很强的课题，既要有严肃的理论指导，又要尊重区域文化特点。它包括自然环境、人文环境、色彩的不同表现性、各地区所具有的景观色彩特质、色彩审美主体的社会性等,这造成了色彩审美的非权威性,使色彩选择成为复杂的问题。这就需要设计者在进行桥梁色彩设计时,充分考虑当地的景观色彩特质。桥梁色彩设计一般要遵循以下原则:

(1) 桥梁色彩应与周围的环境相协调。桥梁作为周围环境的一部分,其色彩设计须充分考虑环境因素的影响。在色彩设计之前,应深入了解桥址周围环境的色调变化及其存在时间等资料,以确保桥梁色彩与环境的协调性。若须突出桥梁的形态特征,可采用对比色,以增强其视觉效果。对比色通常指色相性质相反、明暗差别较大的色彩组合。以金门大桥为例,其褐红色的涂装在周围浩瀚海域的衬托下,营造出超现实的壮观形象,令人难以忘怀。此外,不仅大型桥梁需要色彩设计,中小型桥梁同样可以通过合理的色彩涂装来强调其存在,从而成为景观的重要组成部分,为环境增添魅力。

为了确保桥梁与周围环境和谐相融,色彩选择至关重要。在色彩相辅相成的原则指导下,应选取与环境主色调相近的调和色。以美国新塔科马桥为例,其绿色设计巧妙地融入周围的林木环境中,营造出柔和、高雅、宁静的视觉效果。随着城市建设的飞速发展,立交桥和人行天桥在城市中日益普及,色彩在桥梁建筑中的地位愈发重要。桥梁的色彩应与周围建筑环境相互映衬,形成和谐统一的整体。通常,主色调应以淡雅为主,同时辅以深浅搭配,以突显桥梁的立体感。以上海武宁路人行立交桥为例,其采用淡雅的黄白色调,从而显得清新脱俗。现代社会,人们对生活环境中的色彩越来越关注。许多城市已经确立了自身的城市色彩主调。因此,在桥梁色彩设计中,应以城市色彩为基础。在环境条件允许的情况下,可以适当选用一些鲜艳度稍高的色彩,为城市增添一抹亮眼的点缀。

(2) 充分考虑地域性、文化性、主题性与亲切感,体现桥梁建筑风格。桥梁色彩的配色自然要考虑当地的风土人情及气候等对色彩的影响,尊重各地区、各民族对色彩的爱好习惯,兼顾民风民俗。世界著名的色彩大师朗克罗教授便提出了色彩地理学这一学说,指导我们在色彩设计时应该注重对地域性、气候、文化、饮食等的考虑。如信奉伊斯兰教的民族喜爱象征圣洁的白、蓝、青等色,而汉族喜欢喜庆的红、黄、褐等暖色;又如墨西哥的桥用黄色为多,因为这是该国的一种官方色;加拿大人则喜欢黑色。另外,寒冷的地方宜采用暖色调,而炎热的南方宜采用冷色调等,都是在配色时应予以考虑的因素。香港青马大桥,为了使大桥更加美丽壮观,使行车更加畅通无阻、四季平安,按照传统的风俗,将大桥由海面至桥顶分别涂装成蓝、绿、红、黄、金等五层颜色,表示水生木、木生火、火生土、土生金的吉祥意愿。其中红色为主色调,整座大桥梁缘涂成一条 30 cm 宽的荧光红色,在蓝天碧海之间分外醒目。青马大桥现已成为香港的新标志,旅游的新热点。

（3）桥梁色彩应与桥梁自身的规模、形态相协调。桥梁的形态规模与地理位置中的地质条件、外部荷载、跨度大小、构造形式和建筑材料等多种因素紧密相关。为了更好地展现其功能美与形态美，选择与之相匹配的色彩同样至关重要。对于气势恢宏的桥梁，应采用与之协调的明亮且强烈的色彩，例如金门大桥。而对于纤细轻盈的桥梁，则应选用感觉柔和优雅的中间色或调和色。以江苏省无锡市的金臣桥为例，其采用的米黄色调与简洁的桥型相得益彰，进一步突出了整体的轻盈感，营造出和谐统一的氛围。

（4）桥梁自身构件的配色要统一和谐。在配色的过程中，设计师必须始终保持构件之间的和谐统一。对于梁桥，设计师应重点关注梁缘和栏杆的配色。通过合理的配色，就可以将桥面的优美竖曲线充分展现出来，并增强其连续流畅的美感。对于拱桥，主拱圈的配色同样重要。合适的配色可以更好地展现其优美的空间形象，并增强其跨越感。吊桥和斜拉桥通常采用高明度的白色、白灰色、银灰色或青灰色。这些色彩在蓝天白云的衬托下，营造出一种崇高和清新的感觉，仿佛是擎天之柱。以日本长崎的新西海桥为例，整个桥体选择了蓝色，与桥下的蓝色大海和上方的蓝色天空相呼应，营造出一种空灵纯净的氛围。这种配色既不破坏自然风光，又与周围景色相互映衬，达到了和谐统一的效果。

（五）桥梁色彩方案设计阶段

桥梁色彩方案设计大致可以分为以下四个阶段：

第一，技术准备工作。根据建设单位提出的方针、要求及有关技术资料做好技术准备工作，如熟悉资料、调研、制订工作计划等。

第二，桥址环境调查。在进行桥址环境调查时，需要充分调查和了解当地的民风民俗、周边建筑色彩、气候、地形地貌以及环境色调等一系列因素。桥址环境调查的程序大致可概括为：选址、调查、取证、归纳、编谱、小结。通过这一过程，确定桥梁与气候、民俗和环境色调相协调的主色调。

第三，技术设计。挑选多种主色调比较方案并进行色彩设计，提出搭配方案，向建设单位、专家以及社会各界提交评审。鉴于城市大型桥梁的色彩影响范围广，当地政府和社会非常重视，因此必须广泛征求政府和各界人士对色彩设计方案的意见。此外，各阶层人士对色彩美的认知存在较大差异，通常需要经过反复比较和多次研究才能初步确定结果。接着，对选定的方案进行更深入的色彩和色度分析研究，提出符合各方要求的涂装色彩推荐方案效果图，并报送建设单位和政府，组织专家和社会人士进行评审，获得批准后才能成为实施方案。

第四，施工图设计。主要任务是配合负责钢结构涂装防护设计和施工的单位，以及负责混凝土结构涂装设计和施工的单位，配制出符合色彩设计方案所需求的涂装材料的色彩。

第三节　桥梁照明的美学设计

桥梁，无论是跨越风景秀丽的江河水面还是横亘于繁忙的城市道路之上，由于其地理位置的重要性和引人注目的视觉形象，成为城市中不可忽视的重要景观节点。设计出色的桥梁夜景照明，无疑在美化城市面貌方面发挥着关键作用。随着高科技的不断发展，现代照明器具持续更新，有条件地通过五光十色的艺术照明来展现桥梁夜间景观的迷人魅力，使景观桥梁能够呈现出全天候的美学效果，创造出富有层次、神秘迷人、流动变幻的夜空世界，激发人们无尽的遐想与憧憬。"桥梁是交通的重要组成部分，伴随着新材料的不断创新和结构技术研究的新成果，桥梁呈现出更加丰富的类别形式。桥梁夜景观是照明科学技术和桥梁艺术的有机结合，其功能照明意在实现夜晚人工光下的安全性，景观照明则强化视觉美感，突出艺术和文化品位。"① 因此，各级政府对桥梁艺术夜景的重视逐渐增强，甚至将桥梁夜景效果作为评价现代桥梁水平的标志之一，使其成为现代城市景观桥梁或桥位环境建设中不可或缺的重要组成部分。

一、桥梁照明的设计原则

桥梁照明设计要遵循安全、适用、经济和美观的基本原则，具体为：

（1）所有灯饰和照明光源均不得影响航空、航船、行车和行人安全。

（2）以人为本，充分注重人们的视觉舒适度，避免光污染。

（3）桥梁与城市干道相连，不仅承担着大流量的交通功能，而且是市区主要的景观视轴。因此，桥梁的照明设计首先应该保证桥面的交通照明，其次是桥体的夜景照明。

（4）每一座桥梁都有自己的形态特征，均具有浓郁的特色和鲜明的风格，现代与古典相映成趣，这些都应成为夜景照明渲染的要素。

（5）考虑不同的方位和角度进行桥梁照明设计，选取适当的亮度比，照明效果使得桥体在三维空间的环境中凸现出它的大小细部，表现桥梁总体艺术造型与具有特性的单体结构相结合。

---

① 孙志彬. 桥梁及桥梁照明与城市［J］. 新材料新装饰，2014（9）：563.

（6）具有不同功能的多种光源不致互相干扰，以及造成衍射、泛光、乱影等负面效应。

（7）照明设施和照明管线尽可能隐蔽，不能影响桥梁白天的景观；灯具应造型新颖，照明高效均匀，安装维护方便。

二、桥梁照明的设计要点

（一）桥梁普通照明设计

第一，对于曲线梁桥，应该适度增加曲线外侧灯柱的间距，以提升视线引导效果。桥两端与道路照明的衔接应该自然流畅，充分突显连续感。照明灯柱的造型应与桥梁的形状、规模以及周边环境协调一致，而且灯柱与栏杆在材料和形式上应该基调统一。灯柱的设置可以与栏杆相结合，使照明与结构造型融为一体。为了提示人们已经进入桥梁范围，可以在桥头端柱上设置标志灯。

第二，立交照明灯的布置形式，在单向匝道上，照明灯可以单侧布置，而在环形桥上设于外侧，这样的布置方式具有行车引导效果好和造价低的优点。当桥面较宽时，照明灯可以双侧对称布置，这样的纵向光线均匀度和引导性都比双侧交错布置更好。中心对称布置，即将照明灯布置在中间分隔带上，比两侧布置更经济，并且可以获得良好的视觉引导效果。对于大型立交，为了避免沿各路线方向设置照明而引起视觉混乱，可以采用高杆集中照明，以确保各部分的照明互相协调。例如，北京二环玉蜓桥以高杆照明突显立交在半空间的整体形象，就成为城市综合建筑艺术的一景。

（二）桥梁夜景照明设计

尽管普通照明对桥梁夜间景观有一定的作用，但桥梁夜景照明与普通照明存在本质上的区别。桥梁夜景照明是照明科学与桥梁建筑艺术的有机结合，它在拓展桥梁的景观表现方面起到关键作用，全天候展示桥梁的美学特征，同时在表现城市夜间景观的空间层次和景深方面发挥着重要作用。由于桥梁的宏大体量和独特的带状结构，相对于一般建筑夜景设计而言，桥梁夜景设计具有一些独特的特点。例如，夜幕中的桥梁景观更趋向于形成一道亮带，而索塔、墩、台等桥梁建筑艺术的高潮成为夜景设计的重点和亮点。总之，这种点、线结合的夜景格局更能突显桥梁的个性美和本质美。

1. 桥梁夜景照明的设计要点

从桥梁夜景的这些特点出发，其夜景照明设计要点如下：

（1）照明要素选择。对于桥梁夜景照明，如果光照均匀配置，将桥梁结构全部照亮，反而会造成平淡的光环境，所以必须根据不同桥型的形态特征，选择出主要表现的对象，即照明要素。例如，索塔、主缆、斜拉索、纵梁两侧面、拱圈（肋）、桥面饰边等。

（2）立体感表现。光线来自一个方向，照明对象会出现规则的阴影，形成鲜明的立体感。但光线方向过于单一，也会产生令人不快的强烈明暗对比和生硬的阴影。当然，照明方向过于扩散，照明要素各个面的照度相近，则立体感就会削弱甚至消失。因此，要合理布置光源，调整光照角度，使照明要素的主照面、副照面和投影面的照度合理分配，以获得合适的主体感。投射索塔的灯具宜有不大于10°的安装倾斜角度，需要时还可采用截光型灯具。

（3）色彩表现。由于光源不同的光谱分布而造成在不同光源照射下观看照明对象时，其外观色彩会发生变化，所以光源的色调直接影响物体色彩的表现。如果需要准确表现照明要素的色彩，则须选择高显色性光源。如以红色为主色调的美国金门大桥使用了橘黄色调高压钠灯，其表现效果更为显著。

（4）眩光控制。眩光可以是直射的，也可以是反射的。采用半透明的漫射板改善灯具发光面、用反射器或格片来遮挡光源，都可以避免直射眩光。避免反射眩光的方法，则要使光的入射方向与观看方向大致相同，或从侧边入射到反射面上。

2. 桥梁夜景照明的主要目的

桥梁夜景照明目的在于丰富建筑空间的深度与层次，在夜间充分显示桥梁整体轮廓与材质美，创造美的环境与氛围，使夜景照明为人类提供未能想象到的形与色的世界。

3. 桥梁夜景照明的表现手法

夜景照明采用的表现手法主要包括空间、时间和形态三种不同的方法。在空间方法中，根据所选用的灯具和光源，可区分为四种照明方法，即点光法、线光法、面光法和内光外透法等；时间方法中，最常见的是按季节或时间段变换光源的色调或照度，同时根据黄昏、夜晚和深夜等不同背景照明与环境要求，创造出具有不同特点的夜间景观；形态方法中，最常采用的是静态光与动态光的区分，其中动态光常使用光纤或彩灯串产生流动变化的照明效果。

4. 桥梁夜景照明的设计内容

（1）以人工光展示桥梁的形态特征和建筑风格，即根据不同桥梁结构的特点，选择照明要素和合适的照明方法表现对象。例如，设置在悬索桥主缆上的彩灯串和拱桥拱肋上的泛光灯，可将主缆与拱肋的优美曲线分别展示在夜幕之中。对于索塔和斜拉桥的索面，通常采用泛光照明投射，能够使索塔显得更为挺拔壮观，而索面则呈现轻薄如纱的效果。例如，瑞士 La Plata 桥采用系杆拱结构，主梁下巧妙设置了具有节奏规律和烘托桥体形象的吸顶灯。这不仅使整座桥梁看上去轻盈而飘逸，同时还呈现出亮丽而清晰的倒影效果。此外，若在桥上设置亭或亭廊，通过巧妙运用泛光灯和线光源，以及亭廊内的灯光外透和色彩变化，夜晚可勾勒出亭与廊的高低起伏，随着桥体形状的变化形成节奏韵律。这与桥上流动的车行灯光以及桥下波光粼粼的水面相互交融，与城市背景中的灯光共同构成了梦幻般的夜间景观。

（2）通过光效果来改善桥梁建筑的外观，突显各种桥型的形态特征，同时弥补桥梁局部结构可能不美观的短板。例如，对于悬索桥庞大而笨重的锚碇、斜拉桥交叉的拉索、桁架桥复杂的腹杆以及立交桥下密集的墩柱等视觉现象，都可以通过夜景照明的处理来避免。

（3）在照明设计中，光照度和光色彩应有助于表达照明主题，光面的色彩和照度应该柔和均匀，给人以舒适感。同时，还需要考虑不同季节和时间的需求，冬季可以采用暖色光，夏季则使用冷色光；在黄昏至夜间，照明对象需要全面照明，照度要相对较高，而深夜则可以减少照明要素和照度，以适应不同的环境和氛围。

（4）桥梁夜景照明的灯具是桥面重要的硬质景观构成，现代的建筑夜景观设计提出了建筑与灯具一体化的概念，桥梁照明灯具也要与桥梁景观成为一个整体。灯具造型要与桥梁建筑风格和形态特征相一致，为了反映桥梁景观中对地域文化的追求，有时还要选择具有地域风格的灯具造型。

第十二章　桥梁检测与养护维修

第一节　桥梁检测及状况评估

一、桥梁检测与评估的目的

"桥梁技术的不断进步要求桥梁检测技术也需要根据桥梁特点进行不断创新，检测和评估技术的好坏直接关系到桥梁的使用寿命和桥梁的使用安全性。"[①] 通过对城市桥梁实施必要的检测与评价，保证城市桥梁的安全运营和高效管理，使其在合适的养护下，达到可接受的安全水准，完成设计寿命期的预定功能。通过桥梁检测和评估可获得以下效益。

（一）掌握桥梁技术现况

实时的检测与评估使桥梁管理人员能够掌握桥梁结构是否损坏或服务功能是否降低，通过分析检测过程中得到的桥梁状况信息，可以及时采取相应的维护措施，消除危害桥梁的因素，提高桥梁的运营安全度和服役年限，保障公共运输安全。较深程度的检测可以提供构件及材料的退化程度信息，包括退化形成的原因与退化对桥梁构件的影响程度，达到跟踪结构与材料的使用性能变化的目的，并使桥梁维护计划更具针对性，效率更高，降低维修成本。

（二）提供养护管理依据

桥梁由于营运使用多年，主要部位出现裂缝、错位、沉降等缺陷，通过检测评定确定桥梁各部损坏的程度及实际承载能力，为桥梁的养护及维修加固提供必要的依据；通过检测评估可以了解车辆和交通量的改变给桥梁运营带来的影响。原来按旧标准规定的荷载等级设计建造的桥梁，需要根据检测评估结果，确定现有桥梁的承载能力，以采取相应的管

---

① 李志亮．钢架拱桥的检测与评估 [J]．城市道桥与防洪，2021（5）：242.

理维护措施，如限载或加固、提级等。

随着现代化工业建设的发展，特大型工业设备、集装箱运输逐渐频繁，超重车辆过桥需要通过检测评估，确定过桥可行性，并为临时加固提供技术资料。桥梁遭受特大灾害时，如因地震、洪水等而受到严重损坏或在建造、使用过程中发生严重缺陷等（如质量事故、过度的变形、严重裂缝及意外撞击导致的受损与断裂等），须通过检测评估为桥梁的修复加固提供可靠依据。

（三）积累桥梁信息数据

通过建立城市桥梁信息管理系统，桥梁检查可以系统地收集、积累桥梁技术资料，建立动态数据库，为桥梁管理与评定提供第一手数据，检测数据是桥梁管理信息系统中数据库的主要信息来源，以此作为结构状态评估的基本依据，并为桥梁构件和桥跨的退化分析提供客观的数据，进而为管理人员决策提供必要的数据支持。桥梁检测和评估数据信息的积累，是顺应现代化信息管理的需要，是桥梁信息管理系统的基础和关键步骤。

二、桥梁检测与评估工作内容

城市桥梁的检测与评估工作的内容主要包括：①记录桥梁当前状况；②了解车辆和交通量的改变给设施运行带来的影响；③跟踪结构与材料的使用性能变化；④为桥梁状态评估提供相关信息；⑤建立桥梁结构性能数据记录；⑥为养护、设计与建设等部门提供反馈信息。

三、桥梁检测的类型划分

桥梁检测作业，依检测时机、详细程度、检测方法的不同，有各种不同分类，具体如下：

第一，按程度分类，可分为一般检测和详细检测。一般检测仅以目测或以简单的量测器具检测；详细检测指一般检测结果无法充分评估桥梁构件的退化，必须进行更详细的检测，须特殊仪器及专业人员。

第二，按时机分类，可分为常规性检测、定期检测和特殊检测。①常规性检测是指平时实施的桥梁异常状况及损伤检测，以对行人造成影响，须紧急维修的异常状况、损伤为检测重点；②定期检测是指定时对桥梁所有构件实施的全面检测，以及确认经常检测记录的桥梁异常状况、损伤；③特殊检测是指发生天灾（如台风、暴雨、地震造成的水灾及震灾）或人祸（如火灾或人为破坏）后，可能损伤桥梁结构所做的不定期检测。

第三，按方法分类，可分为非破坏性检测和破坏性检测。①非破坏性检测是指检测时，不造成桥梁结构体损坏的检测方法，一般以目测或以声、光、电、磁等媒介进行间接的检测；②破坏性检测是指对桥体结构进行局部的破坏，以获取必要的检测资料，如钻芯取样检测。

第二节　桥面与支座的养护维修

一、桥面的养护与维修

桥面是桥梁直接承受车辆载重的部分，它把车辆活载比较均衡地传递给桥跨结构。桥面状态是否完好，直接关系到车辆在桥上运行是否平稳和安全，关系到桥梁各部分的受力状况及其使用寿命。所以，桥面在构造上必须坚固性好，整体性强，各部尺寸准确，经久耐用并经常保持良好状态。

(一) 桥面铺装层的养护与维修

1. 沥青铺装层的养护维修

对沥青铺装层应观察其是否平整，有无跳车现象；是否有龟裂，是否有松散、露骨，即桥面是否出现锯齿状的粗糙状态；是否有车辙、推移、波浪等现象。一经发现，应视其病害情况及时进行相应的修补和整治。

(1) 裂缝的养护维修。沥青铺装层的裂缝有多种形式，应根据裂缝产生的不同情况采取相应的养护措施。

(2) 车辙的养护维修。一般可采用沥青混合料覆盖车辙并加铺沥青混合料薄层罩面的方法。如条件许可时，可用加热切割法（使用铣刨机及或加热切削整平机）铣刨或切削，然后参照沉陷处理的方法进行车辙部分的维修。

(3) 坑槽的养护维修。桥面坑槽的修补在养护维修作业中是比较常见的。补坑所用沥青混合料有采用加热拌和式与常温拌和式两种。常温拌和式材料能够贮藏、袋装，便于搬运以及冬季施工作业；但是常温材料修补桥面坑槽的耐久性一般较差，仅作为临时修补使用。

2. 钢纤维混凝土铺装层养护维修

应经常观察其表面是否平整，是否有龟裂，表面是否脱皮或局部破损露骨，表面是否磨耗呈平滑状态。还应观察铺装层下的排水效果，一旦铺装层下积水，会影响铺装层本身的使用寿命。

钢纤维混凝土桥面如有发生纵缝、横缝或网缝，要及时修补：对宽度<0.2 mm的缝可用环氧树脂胶泥封闭；对宽度≥0.2 mm的缝可用环氧树脂浆液压力灌浆。钢纤维混凝土桥面如果局部损坏严重，可将损坏严重的部分凿除重新铺装；如果严重损坏的面积大，考虑到长远，改为改性沥青混凝土桥面。

3. 水泥混凝土铺装层的养护维修

对水泥混凝土铺装层应观察其是否平整，是否有裂缝，是否有露骨等现象。其中，最关键的是要观察是否有大面积裂缝或局部裂缝（错台）。

（1）板块断裂的维修。当损坏分布全桥面板时，可用多个风镐将旧板凿碎清除，再根据通车期限要求，选用合适的材料浇制板块、抹面、压纹或拉槽，养护灌缝；如为局部损坏，则画线凿除或用锯缝机配合在上口锯除损坏部分（包括边缘松动部分）清除干净，将接缝处清除干净，必要时还应刷上水泥或其他黏结剂，并立即用适宜的修补材料予以修补，其表面压纹或拉毛尽量与原板块相同，为了加强新旧混凝土结合，须在接缝处再加耙钉或锚筋。其原有纵横缝应认真恢复，必要时其上部锯缝深度应加深。如损坏处布有钢筋时尽可能不要弄断，不得已切断时，经论证分析认为应恢复时，必须接好。

（2）裂缝的修补。

第一，压注灌桩法。对宽度在0.5 mm以下的非扩展性的表面裂缝，可采取压注灌浆法。灌注材料可用环氧树脂或其他黏结材料。

第二，扩缝灌浆法。局部性裂缝且缝口较宽时，可采取扩缝灌浆法。修补材料可用聚合物混凝土或其他新型快硬高强材料。

第三，条带罩面法。对贯穿全厚层的开裂状裂缝，宜采取条带罩面法进行修补。

第四，表面龟裂的处置对于表面裂缝较多及表面龟裂，可把裂缝集中并划为一个施工面，将其中所有裂缝四周松动部分切割成一块深20 cm的凹槽，把混凝土碎屑吹刷干净，灌筑早强混凝土，喷洒养护剂养护到设计强度。

（3）孔洞坑槽的维修。孔洞、坑槽主要是由于混凝土材料中夹带松木、纸张和泥块等杂物所致，影响行车的舒适性。其修补方法主要包括：①先将孔洞凿成形状规则的直壁坑槽；②用钢丝刷将损坏处的尘土、碎屑消除；③用压缩空气吹干净；④用快硬砂浆或早强混凝土进行填补；⑤喷洒养护剂进行养护。

（4）混凝土铺装层的局部修补。铺装层的边或角的破损可采用局部修补的方法维修。

4. 改性沥青混凝土铺装层的养护维修

（1）检查桥面铺装层是否有坑槽、纵裂、横裂、网裂、车辙、松散、不平、磨耗，以及是否有桥头跳车现象等。这些检查一般由目测即可完成。桥面的平整情况则可借助板尺等简单工具进行测量。检查出桥面铺装层的病害后，应针对不同病害分别采取不同的养护维修措施。

（2）局部裂缝的养护维修。由于沥青材料性能不良、老化或桥面板本身出现损坏而引起沥青混凝土桥面铺装层的裂缝，养护维修有多种形式。对纵裂、横裂或网裂等形式，可根据裂缝产生的不同原因采取相应的措施。通常的做法是将已损坏的沥青混凝土凿除，按工艺要求重新铺沥青混凝土。

（3）坑槽的养护维修。桥面坑槽的修补在养护维修工作中是常见的。修补坑槽应仍用改性沥青混凝土。修补作业的具体做法主要包括：①用切割机垂直切除坑槽四边损坏部分，并将切割下来的松散的残渣清除干净；②切割完毕后，在坑槽四壁，即在修补范围内涂刷黏结剂；③摊铺改性沥青混凝土；④整平、压实修补处。

（二）桥面伸缩缝的养护维修

桥面伸缩缝是最容易遭破坏而又相对难以加强和修复的部位。如果置小破损于不顾，势必会发展成严重的破坏，就会严重影响交通，甚至会危及行车安全，这时就得进行修补或彻底更换。所以，注意做好经常性的检查、养护等工作，及时进行修补，是非常重要的一项工作。

1. 桥面伸缩缝的检查

有计划、有组织地做好经常性的检查工作可以尽早地避免因小的损坏而演变成大的破坏。日常检查工作主要包括：①伸缩缝是否堵塞、挤死、失效；②各部分的构件是否完好；③锚固连接是否牢固，连接件是否松动；④有无局部破损；⑤密封橡胶带是否老化，失去弹性，异常变形或开裂；⑥伸缩缝是否有不正常的响声或异常的伸缩量；⑦伸缩缝各基本单元间隙是否均匀；⑧刚构件是否锈蚀、变形；⑨伸缩缝处是否平整，有无跳车现象；等等。为便于养护维修，对检查应做好记录，建立检查记录档案。

2. 桥面伸缩缝的养护

桥面伸缩缝要经常注意养护，使其发挥正常作用。其日常养护工作的主要内容如下：

（1）伸缩缝应经常养护，如清除碎石、泥土杂物；拧紧螺栓，并加油保护；修理个别损坏部分等，使其发挥正常作用；若有损坏或功能失效要及时修理或更换。

（2）早期使用的伸缩缝主要有以下类型：

第一，U形钵铁皮伸缩缝，要防止杂物嵌入，若钵铁皮老化、开裂、断裂，应拆除并更换为新型伸缩缝。

第二，钢板伸缩缝或钢梳齿板伸缩缝，应及时清除梳齿的杂物，拧紧连接螺栓。若钢板变形、螺栓脱落、伸缩不能正常进行时应及时拆除、更换。

第三，橡胶条伸缩缝，若橡胶条老化、脱落，固定角钢变形、松动，则应及时拆除、更换。

第四，板式橡胶伸缩缝，若橡胶板老化、预埋螺栓松脱、伸缩失效则应及时更换。

3. 桥面伸缩缝的维修

（1）修补前应查明原因，采用行之有效、与之相适应的修补方法。修补工作要依据缺陷的程度，或部分修补，或部分以致全部更换。

（2）对于钵铁皮伸缩缝，当其软性填料老化脱落时，在充分扫清原缝泥土后，重新注入新的填缝料。当铺装层破坏时，要凿除重新铺筑。凿除破损部位要画线切割（或竖凿），清扫旧料后再铺筑新面层。当采用混凝土浇筑时，要采用快硬水泥并注意新旧接缝要保持平整，对铺筑部分要加以初期养生。

（3）对于钢板伸缩缝，当钢板与角钢焊接破裂时，应清除垢秽后重新焊牢；当梳齿断裂或出现裂缝后，也要采取焊接方法进行修补。排水沟堵塞后应及时予以清除。

（4）桥面伸缩缝的修补或更换工作大都不阻断交通，因此，通常可考虑采用限制车辆通行，半边施工，半边通行车辆；或白天使用盖板，夜间施工时禁止通行；或白天使用盖板，夜间限制车辆通行，半边施工，半边开放交通等方法。总之，均要注意抓紧时间，尽量缩短工期，且保证修补质量。

（5）伸缩缝的更换要选型合理，以满足桥跨结构由于温度，混凝土收缩、徐变等引起的变形的需要，使行车平稳、不漏水。对于中小跨径桥梁，当位移量小于 80 mm 时，可选用浅埋式单缘型钢伸缩缝或弹塑体伸缩缝；位移小于 50 mm 时，可选用弹塑体填充式伸缩缝；对于大位移量桥跨结构，可选用结构性能好的大位移组合伸缩缝（如毛勒缝）。

二、桥梁支座的养护与维修

"桥梁支座在整个桥梁工程中起到支撑作用，它的工作原理是将上部结构的荷载（包括恒载和活载）传递到桥梁墩台，并承受结构转角等变形，从而直接影响桥梁的使用状态及寿命。"①

（一）桥梁支座的养护

第一，支座各部应保持完整、清洁，位置正确，活动支座伸缩与转动正常。每半年一清扫，清除支座周围的垃圾杂物，保证支座正常工作。

第二，橡胶支座应经常清扫，排除墩帽积水，要防止橡胶支座接触油脂，防止支座因橡胶老化、变质而失去作用。

第三，支座与梁底、支座与砂浆垫层之间的接触面应平整。梁体位移及转角应不受阻碍。支座垫板与锚螺栓应紧密接触，并不得有锈蚀。支座垫层上如有积水，应立即清除。

第四，支座或支座组件如有缺陷或产生故障不能正常工作时应及时予以修整或更换。

第五，梁支点承压不均匀，板式橡胶支座出现脱空或过大压缩变形时应予以调整，板式橡胶支座发生过大剪切变形、老化、开裂等应及时更换。支承垫石空洞、不密实缺陷等应及时进行处理。

第六，对盆式橡胶支座应设置防尘罩，防止尘埃落入或雨雪渗入支座内。支座外露部分应定期涂红丹防锈漆进行保护。防尘罩应经常清洁和防蚀处理，防止橡胶老化变质失去弹性。

（二）桥梁支座的维修

桥梁支座是桥梁结构中的重要组成部分，它承载桥梁结构的重量并允许结构在外部力的作用下发生变形。支座的维护对于确保桥梁的安全运行和延长使用寿命至关重要。

第一，定期巡检。进行定期的支座巡检，检查支座的外观和结构是否有明显的损伤或磨损。特别注意支座上是否有渗漏物，以及支座底部是否有异常沉降。

第二，清理和润滑。清理支座表面的灰尘、泥土和其他杂物，以确保支座能够正常移动。润滑支座的活动部件，如滑动表面，以减少摩擦和磨损等。

第三，防腐保护。对于暴露在恶劣环境中的支座，特别是海上或高腐蚀区域的桥梁，需要进行防腐保护，以延长支座的使用寿命。

第四，检查支座底座。支座底座是支座与桥墩或支承梁连接的地方，需要定期检查其是否有裂缝或损伤，以确保支座的稳固性。

第五，测量变形。使用合适的测量工具，定期测量支座的变形情况。如果发现异常变

① 肖大维. 探讨桥梁支座常见病害的养护维修与更换措施［J］. 建材与装饰, 2019（4）：246.

形，需要进一步调查原因并采取必要的修复措施。

第六，紧固件检查。检查支座上的紧固件，确保它们紧固良好，没有松动或腐蚀。松动的紧固件可能影响支座的性能。

第七，应急预案。制订桥梁支座的应急预案，以便在发现紧急问题时能够迅速采取适当的措施，确保桥梁的安全运行。

第八，记录维护历史。记录每次维护的情况，包括巡检结果、维护措施和更换的部件等。这些记录有助于分析支座的性能和制订未来的维护计划。

第三节 各类型桥梁的养护维修

一、梁式桥跨的养护与维修

（一）钢桥的养护与维修

1. 钢桥的养护

（1）表面清理。定期清理桥梁表面的尘土、油脂和其他杂物。这有助于防止腐蚀和减轻钢结构的负担。

（2）防腐涂层。检查并维护防腐涂层。如有破损或剥落，应及时修复，以保护钢结构免受大气腐蚀。

（3）检查连接件。定期检查连接件，如螺栓、螺母和焊缝等，确保连接件紧固牢固，防止松动和腐蚀。

（4）防水排水。检查桥面排水系统，确保排水通畅，防止水分在桥梁结构上积聚，减缓腐蚀过程。

（5）监测结构变形。使用结构健康监测系统监测钢桥的变形和应力情况，及时发现异常变化，并采取适当的措施。

2. 钢桥的维修

（1）腐蚀修复。如发现钢结构部分有腐蚀，应进行腐蚀修复。这可能包括清理受损区域、刷涂防腐涂层或涂漆，以及更换受损的钢材。

（2）焊接修复。对于焊接连接部分，如有发现焊缝裂缝或损伤，需要进行焊接修复或更换受损的部分。

（3）支座维护。定期检查和维护桥梁支座，确保支座能够正常工作。修复或更换受损的支座部件。

（4）紧固件检查。定期检查和紧固螺栓、螺母等紧固件，确保其紧固牢固，防止由于松动而导致的结构问题。

（5）替换损坏部件。如发现任何严重损坏或不可修复的部件，需要进行及时的更换。这可能包括支座、横梁、桥墩等关键结构部分。

（6）动态荷载测试。定期进行动态荷载测试，评估桥梁结构的实际承载能力，发现潜在问题并制订相应的修复方案。

（二）钢—混凝土组合梁桥的养护与维修

钢—混凝土组合梁桥是一种常见的桥梁结构类型，由钢构件和混凝土构件组合而成。为确保其安全运行和延长使用寿命，需要进行日常养护与维修。

1. 钢—混凝土组合梁桥的养护

（1）定期巡检。进行定期的桥梁巡检，特别注意关键区域，如支座、节点、连接处等，检查是否有裂缝、锈蚀、变形等现象。

（2）清理桥面。清理桥梁表面的杂物、污物和积水，防止腐蚀和劣化。特别是在气候潮湿或多雨的地区，要及时排除积水，避免对桥梁结构造成不利影响。

（3）防腐保护。钢结构部分容易受到大气腐蚀的影响，因此需要定期进行防腐保护。使用合适的涂层或涂漆，确保钢部分免受氧化和锈蚀的影响。

（4）检查伸缩缝。如有伸缩缝，要定期检查伸缩缝的密封性能和变形情况，确保其正常工作。需要及时修补或更换损坏的伸缩缝材料。

（5）监测结构变形。使用结构健康监测系统监测桥梁的变形和应力情况，及时发现异常变化。这有助于预测潜在问题并采取及时的维修措施。

2. 钢—混凝土组合梁桥的维修

（1）裂缝修复。如发现混凝土结构出现裂缝，需要进行修复。修复方法包括充填、粘贴纤维增强复合材料、注浆等，具体方法应根据裂缝的类型和程度而定。

（2）防水处理。对于混凝土部分，进行防水处理是重要的维护手段。使用合适的防水涂料或封闭剂，保护混凝土免受水分侵蚀。

（3）钢构件修复。如有发现钢构件被锈蚀或损伤，需要进行修复或更换这可能涉及刷涂防锈漆、焊接补强等措施。

（4）替换损坏部件。如发现任何严重损坏或不可修复的部件，需要进行及时的更换。这可能包括支座、横梁、桥墩等关键结构部分。

（5）紧固件检查。定期检查和紧固螺栓、螺母等紧固件，确保其紧固良好，防止由于松动而导致的结构问题。

（三）钢桥防腐涂层的养护与维修

钢桥的锈蚀是造成钢桥使用寿命折减的重要因素，而良好的涂装防护是保证设计寿命和延长使用寿命的有效措施。因此，定期对钢梁进行锈蚀及涂装状况的检查，并及时进行涂层维护，是钢结构桥梁维修养护的主要工作。

1. 钢桥防腐涂层的养护

（1）定期检查。进行定期的涂层检查，特别是在每年的春季和秋季。检查防腐涂层的整体状况，确保涂层没有破损或剥落。

（2）清理表面。清理涂层表面的灰尘、油脂和其他杂物。这可以通过轻柔的清洁工具、清水和温和的清洁剂完成。

（3）修复损伤。如发现防腐涂层有损伤，应及时修复。修复可以包括涂刷补漆或补涂防腐涂层，应确保涂层的完整性。

（4）防水排水。检查桥梁的排水系统，确保排水通畅。积水可能导致腐蚀，因此要确保雨水能够迅速排除。

（5）监测环境。考虑桥梁所处环境的影响，如海岸地区的盐雾，会对涂层造成额外的压力等。在恶劣环境中，可能需要更频繁地检查和维护。

2. 钢桥防腐涂层的维修

（1）表面准备。在进行维修之前，确保钢表面干燥、干净，没有锈蚀或油脂。这可以通过打磨、除锈等方法完成。

（2）涂层修复。使用与原涂层相兼容的材料进行修复。选择合适的防腐涂层材料，按照制造商的建议进行涂刷或喷涂。

（3）局部修复。对于小面积的损伤，可以进行局部修复，但对于大面积的损伤，可能需要重新涂覆整个区域或整个桥梁。

（4）完整性检查。维修后，进行完整性检查，确保修复区域与周围涂层无缝衔接，防止涂层脱落。

（5）记录维护历史。记录每次维护的日期、工作内容和使用的涂层材料。这有助于跟踪涂层的耐久性和制订未来的维护计划。

二、钢管混凝土拱桥的养护与维修

（一）钢管混凝土拱桥关键部位的日常检查

1. 吊杆及锚具的检查

由于桥梁长期处于微振状态，必须对吊杆进行经常检查。第一、第二年内一般可每两个月检查1次，以后每半年检查1次。主要检查内容如下：

（1）检查吊杆两端的锚固部位，包括吊杆端部及冷铸锚头、横梁锚固构造、吊杆套管等是否有浸水、锈蚀和开裂、松动等。防护套管油漆是否完好，冷铸锚头有无松动、裂缝或破损。

（2）对吊杆的振动进行观察。观察吊杆振动是否明显（特别是在大风时），减振措施是否损坏失效，防护套是否破坏；当桥上发生6级以上大风后，应检查吊杆有无异常。为了分析吊杆的振动，应记录桥上风力、风速、风向和温度、湿度资料，并进行分析。

（3）检查吊杆的防护层有无裂纹、破损、老化和积水，重点检查吊杆端部出口处钢管护套以及钢管护套与PE护套连接处的外观情况。检查吊杆的钢管护套有无松动、油漆脱落、锈蚀，套管顶是否密封，连接处有无渗水、漏水等。若套管破裂，吊杆可能会因雨水的渗入而受到腐蚀。

（4）根据外观检查情况，适时抽检吊杆端部及减振器的防水情况和橡胶老化变质等情况。

2. 钢管混凝土拱肋的检查

对钢管混凝土拱肋（含横向连接系）应检查涂层有无损坏或剥落，拱肋及连接系的所有焊缝有无裂缝，尤其应注意检查拱座与拱肋交界的转折区及系杆锚固区混凝土有无裂缝、积水。如发现结构有裂缝，应对有损伤裂缝的杆件、螺栓、焊缝等标上颜色，经常观察其发展情况，并对裂缝起讫位置、缝宽等情况进行详细记录。

3. 系杆、防护板及混凝土结构的检查

系杆及防护板应注意检查系杆及锚头、防护罩有无锈蚀，外部油漆有无损坏，连接是

否松动，防锈油脂有否向外渗漏，钢箱有无锈蚀。对混凝土结构（含主桥纵、横梁，拱座处外包混凝土等）主要检查混凝土有无裂缝、渗水、表面风化、剥落、露筋和钢筋锈蚀等。在日常检查中尤以混凝土结构物的渗水、渗漏为最主要项目，并判断损坏情况。应重点检查吊杆锚头附近及横梁预应力束锚头附近有无裂缝，纵横梁固结部分是否开裂。

（二）钢管混凝土拱桥的桥梁检测

1. 检测内容

为了利于分析桥梁可能发生的病害原因，须对结构进行永久性控制检测。针对钢管混凝土拱桥结构复杂的特点和养护要求，应检测的内容主要包括：①定期测定桥面线型、纵向位移伸缩量；②定期测量拱肋在纵向、横向及垂直方向的变位，以及拱桥跨度与矢度的变化；③定期测量控制断面应力、系杆预应力束及吊杆索力；④定期测定其动力特性；⑤定期检测主拱肋、墩台有无异常的沉降、位移。为此，成桥后应在每墩（台）处，主拱各吊杆处（上、下游）、拱座处设置固定观测点。桥梁的固定检测点的设置要牢固可靠，应按永久性测量标志设定。当观测值出现异常时，应查明原因，委托设计部门计算，采取措施进行处理。

2. 检测基准

为确保各检测项目所获得的信息正确可靠必须建立桥梁检测基准，其中包括高程基准及平面位移检测基准。这些高程基准点和平面基准点均应定期进行检测。在对不同周期观测资料进行分析的基础上，判定它们的稳定性，以便作为各项检测项目的依据。

3. 观测要求

（1）沉陷观测。高程基准网联测、桥墩沉陷与倾斜观测、桥面线型测量等均应按国家标准测量规范的二等精度要求实施。考虑到桥面行车的活荷载对观测精度的影响和不中断交通的条件下，每次观测的时间应选择在夜间至凌晨桥面车辆少的时间段。桥墩沉陷、倾斜、桥面线型等观测点的高程测定均应闭合在已知高程的基准点上。

（2）拱肋变位观测。拱肋在温度及桥面行车动荷载的作用下，时刻处于变化状态，并且随着荷载重量的不同其摆动幅度亦有差别。因此，每次观测时，应进行连续跟踪观测，观测的时间间隔视车流量的大小而定，白天的时间间隔不宜超过 2 h；夜间车流量小，观测的时间间隔可适当长一点，每间隔 3~4 h 观测 1 次。连续观测 24 h。

（3）吊杆及系杆索力的测定。一般只进行恒载索力的测试，在第一、二次应选在冬季和夏季各进行 1 次，以后每年进行 1 次，5 年后视实际情况而定，索力测量应与主梁线型测量同步进行。索力测量建议采用频率法。

（4）应力测量。定期对主拱肋控制断面应力进行测量。在实际的养护过程中尤其应注意对拱座处焊接钢管的环向应力的测量。

（5）裂缝观测。若桥上出现裂缝应注意跟踪观测，并分析原因。

（6）动力特性变化。由结构动力特性的变化可间接评判结构损伤程度，因此，应定期测量结构动力特性及振型变化。测量的主要内容有：①主梁动力特性及振型；②主拱肋动力特性及振型；③吊杆动力特性及频率。

4. 观测周期

变形检测的观测周期除特殊要求外，一般可在建成后的前五年每年观测1次。若无异常时，以后每三年观测1次。每次观测的具体时间最好以年为周期。钢管混凝土拱桥段桥面的线型观测应与索力测量同步进行。

（三）钢管混凝土拱桥的特殊检查

1. 火灾过后的检查

若由于行驶在桥上的油车或其他运载易燃物品的车辆发生意外等原因引起火灾，过后，一定要做仔细检查。查清火灾原因，确定受火灾影响的范围和部位。检查的主要内容如下：

（1）火灾影响范围内的桥面、伸缩缝及纵横梁是否受损。

（2）火灾影响范围内的每根吊杆及其有关连接件是否受损，吊杆拉力有无变化。

（3）如果火灾发生处距吊杆较近，则须检查吊杆防腐有无变化。若吊杆的防腐系统损坏严重，还要进一步查看吊杆的钢丝是否也受到损伤。

检查后，应对损伤部位尽快处理。吊杆及其有关连接件防腐烧脱者应做防腐处理，如有断丝和损坏的零部件应予以更换，同时须对火灾影响范围内的各吊杆索力进行测定。将此次测定值与前次定期观测的结果相比较，看是否有较大变化。如索力变化较大，应首先分析变化的原因，再进一步考虑是否更换或调整索力。

2. 船只等大漂浮物撞击后的检查

若发生失控船只和大漂浮物撞击主墩承台之事，除按有关规定办理外，还应立即做详细检查。调查肇事船只和大漂浮物的吨位、撞击速度、方向和高度等，估算撞击力的大小。根据估算的撞击力对整体结构进行空间分析，判断结构有无功能降低的迹象。检查方法如下：

（1）用肉眼观察受撞部位的损伤状况。观察混凝土表层有无破碎和开裂，是否有构造钢筋或受力钢筋暴露出来。如有破碎，应对破碎范围大小、程度及所在位置做出描述。如有开裂，应对裂纹的数量、分布情况及所在位置做出描述。

（2）用无损探伤仪器对被撞区域进行无损检测，判断混凝土内部是否产生损伤。

（3）用脉动方法测定主墩动力特性的变化，所测基频的阶次应尽可能高，并应结合相应振型来判断主墩受撞后的损伤程度。

3. 各种事故后的结构检算

在地震、超重车辆过桥、船只等漂浮物撞击桥墩以及桥上行驶的车辆撞击拱肋或吊杆后，还应对结构进行检算，确定结构的使用功能是否仍能满足要求。此外，还应对相应状态下结构的动力特性及响应进行计算，以评判这些意外事故是否会导致故障发生。另外，应对可能发生故障的部位进行仔细测量，用动力特性的变化来进行故障诊断。

（四）钢管混凝土拱桥的养护

第一，定期巡检。进行定期的巡检，检查拱桥的外观和结构是否有明显的损伤、裂缝、锈蚀等情况。特别关注连接部位、支座和桥墩。

第二，清理和排水。清理桥梁表面的尘土、树叶和其他杂物，确保桥梁表面保持干燥。定期清理排水系统，确保排水通畅，防止水分在结构中积聚。

第三，防腐保护。钢部分容易受到大气腐蚀的影响，因此需要进行防腐保护。使用合适的涂层或防腐材料，定期检查并修复涂层的破损。

第四，混凝土保护。定期检查混凝土部分，特别是桥梁下部结构，以确保混凝土表面的完整性。修复任何裂缝，使用防水涂料或混凝土密封材料保护混凝土。

第五，支座检查。定期检查和维护桥梁支座，确保支座能够正常工作。修复或更换受损的支座部件。

第六，结构变形监测。使用结构健康监测系统监测桥梁的变形和应力情况，及时发现异常变化。这有助于预测潜在问题并采取及时的维修措施。

（五）钢管混凝土拱桥的维修

第一，钢管防腐修复。如发现钢管部分有腐蚀，需要进行腐蚀修复。清理受损区域，修补或更换受损的涂层，并确保防腐效果。

第二，混凝土修复。对于混凝土部分，如有发现裂缝或损伤，应进行混凝土修复。这可能包括充填、粘贴纤维增强复合材料，注浆等。

第三，支座维护。定期检查和维护桥梁支座，确保支座能够正常工作。修复或更换受损的支座部件。

第四，钢管连接点检查。定期检查钢管的连接点，确保连接牢固，如有发现松动或损伤，及时进行修复或更换。

第五，结构加固。根据检查结果，采取必要的结构加固措施。这可能包括在关键部位增加支撑、加固钢管等。

第六，定期涂层维护。如果使用了防腐涂层，定期检查涂层的状况，如有损坏或剥落，应加以修复或重新涂覆涂层以确保防腐效果。

第十三章 桥梁养护安全与应急预案

第一节 桥梁养护的安全保证

一、桥梁养护安全施工作业

(一) 一般养护安全施工作业

第一,必须在养护车辆停放后,准备好全部维护设施才能上桥作业,包括导向牌 1 块、施工牌 1 块、40 码限速牌 1 块、大量的红白锥形帽;人行道破损维修时要把养护作业区域进行施工维护后再进行养护作业,一般维护设施为导向牌 1 块、施工牌 1 块、40 码限速牌 1 块、大量的红白锥形帽。其他养护作业时必须在养护车辆停放后,准备好全部维护设施才能上桥作业,包括导向牌 2 块,施工牌 2 块,60 码、40 码限速牌各 1 块(间隔 5 m),大量的红白锥形帽。

第二,现场作业人员必须身穿工作服、反光背心,头戴安全帽。

第三,来到现场后,派专人指挥交通,并在确保安全的情况下迅速将维护设施安放到位。

第四,在道板维修作业时,在作业区域附近不影响交通的位置停放工程车,该车要熄火,拉上手刹,并将挡位挂入 1 挡;其余养护作业时,在作业区域内停放工程车且车辆必须停放在养护作业施工点前 20 m,该车不得熄火、拉上手刹,并将挡位挂入 1 挡。

第五,在所有维护设施到位后,派专人(施工员)用照片形式将当天维护及养护情况进行记录、保存。

第六,严格执行车辆驾驶员安全管理制度,不发生有责安全事故。

(二) 登高车安全养护作业

第一,必须在准备好全部维护设施后进行作业,包括导向牌 1 块、施工牌 1 块、限速牌 1 块（间隔 5 m）、大量的红白锥形帽。

第二，现场作业人员必须身穿工作服、反光背心，头戴安全帽。

第三，来到现场后，派专人指挥交通，并在确保安全的情况下迅速将维护设施安放到位。

第四，由于桥下交通情况复杂，维护设施摆放时须注意交通引导，警示牌放置在视野良好的位置，防止被桥墩、绿化等遮挡造成隐患。

第五，在所有维护设施到位后，派专人（登高车驾驶员）用照片形式将当天维护情况进行记录、保存。

第六，严格执行车辆驾驶员安全管理制度，不发生有责安全事故。

第七，由于登高车支腿展开需要空间，维护摆放范围要求横向 4 m 以上。

第八，登高车使用时要求至少配备 2 名操作人员，1 名在工作斗内操作，另 1 名在操作台辅助操作以应付突发事件。

第九，工作斗内作业人员必须佩戴安全带，作业时不得随意攀爬工作斗护栏，不得随意抛撒杂物。

二、桥梁养护交通安全作业

"桥梁是公路设施的一个重要组成部分，桥梁的技术状况不仅直接影响车辆的通行，而且对保障人民财产的安全和维护社会稳定具有十分重要意义。"[①] 养护作业按照养护的规模和要求及进行方式主要分为固定作业、局部作业、零星作业、流动作业四个部分。养护作业采用的交通控制布置方式主要划分为以下三类：

（一）半封闭交通安全作业

半封闭交通安全作业，指一个车道封闭或半幅路封闭交通的作业模式。

1. 局部作业封道要求和封道顺序

先在警告区端点前设置好前方作业等警告标志。车辆先停靠在施工车道作业面的前方 60 m 处，装卸设施必须在车辆内侧，斜放交通路锥若干只，间距小于 1.5 m，并与车道分隔成 30°，逐个安放，并配置有效警示灯。依次安放 40 码限速牌和导向牌各 1 块、施工牌 1 块、60 码限速牌 1 块、导向牌 2 块、施工牌 2 块（间隔 5 m）。车辆停放在作业面后 30 m 处，并开启导向箭头指示灯。交通路锥一直安放到施工作业面顶端边线，每只间隔 1.5

① 李丹．对桥梁养护安全管理工作的几点认识 [J]．商品与质量，2016（8）：372.

m，并配置有效警示灯。封道设施派专人看管，看管人员没有特殊情况必须在安全区域以内，并密切注意作业区外的车辆行驶情况。中央隔离墩移动门修复时，要在对面车道旁安放相应设施。

2. 零星作业封道要求和封道顺序

必须配备安全指示灯牌车或专用封道车作为保护。

施工作业车辆必须停在安全指示灯牌车或专用封道车前方。装卸设施、材料必须在车辆内侧。安全指示灯牌车或专用封道车的后方还须安放交通路锥 5~10 只，40 码限速标志、施工标志和导向牌。在作业区域边线安放 5~10 只交通路锥，夜间交通路锥上要有有效警示灯，车辆要开启双跳灯，如需要向前方移动，必须做到确保安全，逐步移动安全设施，施工人员不得走出施工作业区域。施工、抢险时必须由专人观望、指挥。

（二）不封闭交通流动安全作业

不封闭交通流动安全作业指的是一些不能采取封闭交通的作业，如清扫车、洒水车、冲水车、垃圾清运车、道路清洗车、融雪车等施工车辆的行驶作业。养护作业的清扫车、牵引车、洒水车、冲水车、工程车等施工车辆必须设置导向箭头指示灯或醒目的警示灯。作业时必须开启示宽灯以及导向箭头指示灯或警示灯。作业时，车辆限速行驶，清扫车限速 5~10 km/h，牵引车限速 20 km/h，洒水车限速 5~10 km/h，冲水车限速 5~10 km/h，养护工程车限速 20 km/h。车辆不得随意变道、掉头、倒车和逆向行驶。一般不允许作业人员下车，如有特殊情况作业人员须下车时，车辆必须停靠防撞墙或隔离墩内侧。

作业人员必须在车辆前方内侧作业，必须特别加强自我保护意识，严禁随意走动。车辆不准违章超载。作业过程中须调换用具及检修车辆等，必须尽可能驶回养护基地；若必须在快速路桥面上进行时，应停在斑马线上进行操作并做好周边防护措施。

（三）全封闭交通安全作业

车辆停靠在右侧防撞墙边，装卸封道设施必须在车辆内侧，斜放交通路锥若干只，与车道线成 30°~45°，每只间隔应小于 1.5 m，由行车方向右侧隔离护栏到安全岛斑马线顶端，逐个安放，并配有有效警示灯。依次安放禁令牌、导向牌、施工标牌。封道设施必须派专人看管，看管人员没有特殊情况必须在控制区以内的安全区域，并密切注意作业区外的车辆行驶情况。封道完毕后，方可施工作业。作业人员撤退后，方可收回封道设施，顺序为后放的先收，先放的后收。

进入快速路的下匝道旁主道警告区封道要求和封道顺序。先在警告区端点前设置好前方作业等警告标志。封道车辆必须先停靠在离控制区域 60~100 m 处中心隔离墩边的快车道上，装卸封道设施必须在车辆内侧，封道人员必须在车辆前方，斜放交通路锥 8~10 只，并与中央隔离墩成 30°，每只间隔小于 1.5 m，逐个安放，并配有有效警示灯。依次安放禁令牌、导向牌、施工牌。车辆停放在控制区域内，并打开导向箭头指示灯。封道设施必须派专人看管，看管人员没有特殊情况必须在控制区以内的安全区域，并密切注意作业区外的车辆行驶情况。封道完毕后，方可施工作业。作业人员撤退后，方可收回封道设施，顺序为后放的先收，先放的后收。

三、桥梁养护安全操作规程

(一) 桥梁养护人员安全操作

1. 桥梁养护工人安全操作

(1) 出工前应穿戴反光背心和安全帽，并检查和带好各自的劳动工具。

(2) 工人随车出工时，要按规定乘坐，放置好随身工具，严禁在车上谈笑、嬉闹，车辆未停稳时严禁跳车、扒车。

(3) 遵守劳动纪律，不在作业中打闹、戏耍，随时注意来往车辆及行人动态，做好自身安全防范工作。雨天做好防雷安全，不在大树下躲雨。

(4) 有权拒绝违章指挥、违章操作、违反劳动纪律的指令。

(5) 发生工伤事故时，立即抢救伤者，并保护现场，同时向上级领导报告。

2. 桥梁养护电工安全操作

(1) 认真学习掌握电气知识和国家有关电气安全规范、操作规程，持证上岗，使用自备电源发电时，应严格执行安全操作规程的规定。

(2) 熟练掌握消防灭火器材使用常识，严格执行电气安全操作规程和电气设备消防安全管理制度。

(3) 上岗作业应戴安全帽，系安全带，并在工作前对保险带、登高用具（登高板、竹梯等）使用是否安全做严格检查。

(4) 上下传递工件必须使用绳索，严禁抛掷。

(5) 有高、低同杆架设时，须检查与高压线的距离，并采取严格的防止误碰措施。

(6) 在低压带电导线未采取绝缘措施时，严禁穿越。

(7) 上岗前应分清火线、地线，选好工作位置。断开导线应先断火线，后断地线；搭接导线应先接地线后接火线。

（8）在检修设备和线路时，须断开各方面电源，并取下熔丝，在闸刀把手上悬挂相应的标示牌。

（9）带电工作时，需专人监护，穿长袖工作服，戴安全帽，使用绝缘工具，站在干燥绝缘的物体上进行。严禁使用锉刀、金属尺或带有金属物的毛刷、毛掸等工具。

（10）雷电时，禁止进行检修、带电作业和试验电气设备。

（11）严禁约时停送电。

（12）工作时严禁喝酒，严禁穿短袖衣、裤和拖鞋。

（13）严禁带负荷拉、合闸。

（14）严禁私拉乱接及私自转供电。

（15）电流互感器二次侧严禁开路。

（16）电流互感器二次侧严禁短路。

（17）使用万用表注意测量的范围。

（18）使用钳形电流表须戴绝缘手套，并站在干燥绝缘垫上。挡位量程由大到小进行测量。

（19）使用摇表，测量用导线严禁缠绕，报测设备须从各方面断开并严禁他人接近。测量完毕，需对地放电。雷电时严禁测量线路绝缘。

（20）电气设备着火时应迅速切断相关电源，对注油设备使用泡沫灭火器或干燥黄沙灭火，对其他设备使用干式灭火器灭火。

（21）严禁自发电与电力局常供电混合使用。

（22）在检修带有电容器的电气设备时，应先将电容器放电。

（23）电气设备和线路要定期检修，发现有可能引起火花、短路等状况时，必须立即修理以消除隐患。

3. 机动车驾驶员安全操作

（1）机动车驾驶员必须经过专业培训，并经有关部门考核合格发给证件，方准单独驾驶，严禁无证驾驶。驾驶车辆时应随身携带各种车辆行驶的证件，以便接受有关人员检查。

（2）在驾驶车辆时，应遵守道路交通安全法，服从交通管理人员的指挥，严禁酒后驾车、超限超速行驶，不在行驶中谈笑、吸烟等。

（3）加强车辆维护保养，保障车辆技术状况良好。出车前要认真检查水箱、油料、轮胎气压，要保证制动、转向、灯光、喇叭、雨刮器良好、齐全，不带故障行驶。

（4）行驶中做到礼让三先（先停、先慢、先让），做到"宁停三分，不抢一秒"，超车时要先鸣喇叭等对方减速礼让后再超车。

（5）服从调度，按指定路线、时间执行任务。未经调度私自用车发生事故，由驾驶人员负责经济赔偿。

4. 起重机驾驶员安全操作

（1）起重机司机经过专门训练，并经有关部门考核合格，发给合格证，方准上岗操作，严禁无证人员操作起重设备。

（2）进行起重作业前，起重机司机必须检查各部装置是否正常，钢缆是否符合安全规定，制动器、液压装置和安全装置是否齐全、可靠、灵敏，严禁起重机各工作部件带故障运行。

（3）起重机司机必须与指挥人员密切配合，服从指挥人员的信号指挥。操作前必须先鸣喇叭。如发现指挥信号不清或错误时，司机有权拒绝执行；工作中，司机对任何人发出的紧急停车信号，必须立即服从，待消除不安全因素后，方能继续工作。

（4）起重机只能垂直吊起载荷，严禁拖拽尚未离地的载荷，要避免侧载。

（5）起重机在进行满负荷起吊时，禁止同时用两种或两种以上的操作动作。起重吊臂的左右旋转角度都不能超过45°，严禁斜吊、拉吊和快速升降。严禁吊拔埋入地面的物件，严禁强行吊拉吸贴于地面的面积较大的物体。

（6）起重机在带电线路附近工作时，应与其保持安全距离。在最大回转范围内，与输电线路的安全距离应符合有关规定；雨雾天气时安全距离应加大至正常天气时的1.5倍以上。起重机在输电线路下通过时，必须将吊臂放下。

（7）起重机严禁超载使用，如果用两台起重机同时起吊同一重物，必须服从专人的统一指挥，两机的升降速度要保持相等，其物件的重量不得超过两机所允许的总起重量的75%。绑扎吊索时，要注意负荷的分配，每机分担的负荷不能超过所允许最大起重量的80%。

（8）起重机在工作时，吊钩与滑轮之间应保持一定的距离，防止卷扬过限把钢缆拉断或吊臂后翻。在吊臂全伸变幅至最大仰角并吊钩降至最低位置时，卷扬机滚筒上的钢缆应至少保留3匝。

（9）工作时吊臂仰角不得小于30°，起重机在吊有载荷的情况下应尽量避免吊臂的变幅，绝对禁止在吊荷停稳妥前变换操作杆。

（10）起重机在工作时，严禁进行检修和调整。

（11）停工或休息时，不准将吊物悬挂在空中。

（12）工作完毕，吊钩和吊臂应放在规定的稳妥位置，并将所有控制手柄放至中位。

5. 起重机指挥人员安全操作

（1）指挥信号要事先向起重机司机交代清楚，如遇操作过程中司机看不清指挥信号时，应设中转助手，准确传递信号。

（2）指挥手势要清晰，信号要明确，不准戴手套指挥。

（3）起吊物件，应先检查捆缚是否牢固，绳索经过有棱角、快口处应设衬垫，吊位重心要准确，不许物件在受力后产生扭、曲、沉、斜等现象。

（4）当起重机司机因物件超重拒绝起吊时，指挥人员应采取措施，设法减轻起重机超重负荷，严禁强行指挥起重机超负荷作业。

（二）切割机、切断机和凿岩机安全操作

1. 混凝土切割机安全操作

（1）使用前，应检查并确认电动机、电缆线均正常，保护接地良好，防护装置安全有效，锯片选用符合要求，安装正确。

（2）启动后，应空载运转，检查并确认锯片运转方向正确，升降机构灵活，运转中无异常、异响，一切正常后方可作业。

（3）操作人员应双手按紧工件，均匀送料，在推进切割机时，不得用力过猛，操作时不得戴手套。

（4）切割厚度应按机械出厂铭牌规定进行，不得超厚切割。

（5）加工件送到与锯片相距 300 mm 处或切割小块料时，须使用专用工具送料，不得直接用手推料。

（6）作业中，当工件发生冲击、跳动及异常声响时，应立即停机检查，排除故障后方可继续作业。

（7）严禁在运转中检查、维修各部件。锯台上和构件锯缝中的碎屑须采用专用工具及时清除，不得用手拣拾或抹拭。

（8）作业后，应清洗机身，擦干锯片，排放水箱余水，收回电缆线，并存放在干燥、通风处。

2. 钢筋切断机安全操作

（1）切断机四周应有足够的钢筋堆放场地。

（2）转动的部件应有防护罩。

（3）须检查刀片有无裂纹，刀片固定螺钉是否紧固。

（4）不准用两手分别握住钢筋的两端剪切，只准用手握住靠身体一端的钢筋。

（5）工作时用双手握住钢筋，对准刀口，待上刀片下来觉得压手时，立即用力压住钢筋，防止尾端翘起伤人。

（6）禁止切断直径超过机械规定的钢筋和烧红的钢筋，多根钢筋同时切断时，必须换算钢筋的截面，及时调整刀片，以防止发生意外。

（7）切断低合金钢筋时，应换高硬度刀片。

（8）切断短料时，手握一端的长度不得小于 40 cm，手与刀片的距离，应保持在 15 cm 以上。

（9）切断较长钢筋时，应有专人帮扶钢筋，帮扶人与操作人动作一致，并听其指挥，不得任意拖拉。

（10）机械运转中严禁用手清理刀口附近的杂物，现场禁止闲杂人员逗留。

（11）发现刀片歪斜异常现象，应立即断电检修。

3. 风动凿岩机安全操作

（1）凿岩前检查各部件（包括凿岩机、支架或凿岩台车）的完整性和转动情况，加注必要的润滑油，检查风路、水路是否畅通，各连接接头是否牢固。

（2）工作面附近进行敲帮问顶，即检查工作面附近顶板及二帮有无活石、松石，并做必要的处理。

（3）工作面平整的炮眼位置，要事先捣平才许凿岩，防止打滑或炮眼移位。

（4）严禁打干眼，要坚持湿式凿岩，操作时先开水、后开风，停钻时先关风、后关水。开眼时先低速运转，待钻进一定深度后再全速钻进。

（5）钻眼时，扶钎人员不准戴手套。

（6）使用气腿钻眼时，要注意站立姿势和位置，绝不能靠身体加压，更不能站立在凿岩机前方钎杆下，以防断钎伤人。

（7）凿岩中如果有不正常声音，或排粉出水不正常时，应停机检查，找出原因并消除后，才能继续钻进。

（8）退出凿岩机或更换钎杆时，凿岩机可慢速运转，切实注意凿岩机钢钎位置，避免钎杆自动脱落伤人，并及时关闭气路。

（9）使用气腿凿岩时，要把顶尖切实顶牢，防止顶尖打滑伤人。

（10）使用向上式凿岩机收缩支架时，须扶住钎杆，以防钎杆自动落下伤人。

（三）柴油发电机组运行安全操作

1. 准备工作

（1）将附着机组的水迹、油迹和铁锈等杂物清除干净。

（2）对机组各装置全面巡视一遍，检查各连接、紧固和操纵部分是否都已装接牢固妥当，穿透式减振器（即紧固螺栓穿过底脚减振垫及底架）的螺母不得拧得过紧（即该螺母旋至与底脚刚接触的位置为止，此时两个螺母必须相互锁紧，以防松脱），否则会使减振失效。

（3）检查油箱内燃油储存量是否满足需要。

（4）检查柴油机油底壳及喷油泵、调速器内的机油量是否足够。

（5）向水箱（即散热器）注满冷却水。

（6）检查所有电气部分，各接点应牢固正确，自动空气开关应处在"断开"位置，检查蓄电池能否正常工作，并注意启动系统一般为负极搭铁。

（7）机组间断一段时间再运行时，必须先用500V兆欧表测量发电机各绕组和控制系统对地的绝缘电阻，常温下应不低于2MΩ。若绝缘电阻低于上述数值，必须进行干燥处理。

2. 开机步骤

（1）拧松喷油泵上的放气螺钉，用燃油手泵排除燃油系统内的空气，同时将调整控制手柄固定在适宜启动转速的油门位置。

（2）按下启动按钮，使柴油机启动，如10 s（最多15 s）柴油机仍不能着火启动，则应待1 min后再做第二次启动；若连续三次仍无法启动，则应检查并找出故障原因。

（3）柴油机启动后，应密切注意机油压力表读数（正常运转时为 $2.5 \sim 3.5 \ kg/cm^2$），如机油压力表不指示，应立即停机检查，并检查电流表有无充电指示。

（4）机组启动后，空载转速逐渐增加到 $1000 \sim 1200 \ r/min$（注意不得长时间低速运转），进行柴油机的预热过程后，再将转速提高到额定转速。待出水温度达到55 ℃，机油温度达到45 ℃时，才允许进入全负荷运转。

（5）当机组各仪表指示正常时，即可合上负荷开关向负载送电。随着机组负荷的变化，若频率和电压不在规定范围内，应及时调整频率和电压，使其保持额定值，严禁机组在低转速情况下带负荷运行，以免损坏设备。

（6）机组投入正常运转后，应随时注意观察水温、油温、油压的变化以及功率表、频率表、电流表、电压表的读数，发现异常须及时处理。

3. 停机步骤

（1）逐渐卸去负荷，断开负荷开关。

（2）降低转速至 1000 r/min 左右的空载状态下，让柴油机运转几分钟，待油温、水温有明显下降时，再调节调速手柄至初次启动时的位置后即可停机，最后拆除蓄电池搭铁线。

（四）压路机、发电机和空压机的安全操作

1. 压路机安全操作

（1）压路机在城市道路上行驶时，应严格遵守《中华人民共和国道路交通管理条例》中的各项规定。

（2）操作人员必须持证驾机，严禁无证人员驾机。

（3）工作时严禁非机驾人员上机。

（4）作业时，压路机应先起步后才能起振，内燃机应先至于中速，然后再调至高速。

（5）变速与换向时应先停机，变速时应降低内燃机转速。

（6）严禁压路机在坚实的地面上进行振动。

（7）碾压松软路基时，应先在不振动的情况下碾压 1~2 遍，然后再振动碾压。

（8）碾压时，振动频率应保持一致。对可调整振动频率的压路机，应先调好振动频率后再作业，不得在没有起振情况下调整振动频率。

（9）换向离合器、起振离合器和制动器的调整，应在主离合器脱开后进行。

（10）上、下坡时，不得使用快速挡。在急转弯时，包括铰接式振动压路机在小转弯绕圈碾压时，严禁使用快速挡。

（11）压路机在高速行驶时不得接合振动。

（12）停机时应先停振，然后将换向机构置于中间位置，变速器置于空挡，最后拉起手制动操纵杆，内燃机怠速运转数分钟后熄火。

（13）其他作业要求应符合静压压路机的规定。

2. 发电机安全操作

（1）固定式发电机应安装在室内，底部必须安装牢固；移动式发电机在运转前应将下脚垫实平稳，并搭设防雨棚。

（2）机体附近设置砂箱或干式灭火器等防火设备，发生火警时发电机应先停止运转

后，再处置警情。

（3）发电机到配电盘或通到一切用电设备处的导线，必须绝缘良好，接头应牢固，用支柱将导线架于空中，不要拖在地上。

（4）发电机启动前，应先检查各部件状况，运转时禁止在线路上工作、用手接触高压线或进行清扫工作。

（5）检修后的发电机，在开始运转前，必须检查转子和定子之间有无工具或其他物件遗留在内。

（6）使用长期停用的发电机，应检查线圈的绝缘程度，绝缘电阻不得低于规定标准，否则必须烘干后方可使用。

（7）运转中，操作人员不得离开发电机，应注意发电机各部位的声响，留心观察仪表，发现异常时，立即停机检查，修复后方可继续工作。

（8）运转时，如要检查整流子和滑环，应穿戴绝缘手套、胶鞋，在靠近激磁机和转子、滑环的地板上加铺胶皮垫，方可进行。

（9）发电机不允许超负荷使用。

（10）配电盘应保持清洁，仪表要定期进行校验。

（11）运转时，发电机的温度不得超过厂家规定的值数，如温度过高，应停机检查，排除故障后方可继续工作。

（12）发电机所用的内燃机应按内燃机安全技术操作规程执行。

3. 空压机安全操作

（1）操作者应养成良好的工作习惯，严格按操作规程操作和维护机器。依据操作手册中所述的程序检查各安全装置。

（2）按照规定的时间进行维护保养，以确保开机后的正常运行。

（3）操作者应了解机器的原理、结构、性能、故障特征、产生原因和防治方法。

（4）各类安全附件（如安全阀、压力表、温度计等）必须安全有效，水、风、油管必须畅通。

（5）运转中要经常检查气压、油压、冷却水的温度及机器运行状况，做到勤看、勤听、勤记录。

（6）停止运行后仍应连续供水一刻钟方可停水。冬期停机后须将汽缸及冷却器内的剩水全部排出。

（7）电气系统进行工作之前，应确保使用手动断开开关能切断系统电源。

（8）不得在高于空压机所规定的排气压力下运行空压机。

（9）一旦有压力通过安全阀释放，必须立即查明原因。

（10）检修机器前必须先切断电源，挂上警示牌，释放机器内气体的压力。

（11）维护保养机器工作完成后，必须把各种盖板和罩壳重新安装好。

（12）发现机器运转异常时应立即切断电源，并及时报告相关部门。

（五）焊工安全操作

1. 电气焊工安全操作

（1）电焊（气割、气焊）工须经体检、专业培训并持证上岗。工作前应穿戴好防护用品，认真检查电、气焊设备、机具的安全可靠性，对受压容器和密闭容器、管道进行操作时，要事先检查，对有毒、有害、易燃、易爆物要冲洗干净。在容器内焊割要二人轮换，一人在外监护。照明电压应低于 36 V。

（2）严格执行"三级防火审批制度"。焊接场地禁止存放易燃易爆物品，按规定备有消防器材，保证足够的照明和良好的通风，严格执行"焊工+不焊割"的规定。

（3）电焊机外壳应有效接地，接地或接零及工作回线不准搭在易燃易爆物品上，也不准接在管道和机床设备上。工作回线、电源开关应绝缘良好，把手、焊钳的绝缘要牢固，电焊机要专人保管、维修，不用时切断电源，将导线盘放整齐，安放在干燥地带，绝不能露天放置，防止温升、受潮。

（4）氧气瓶和乙炔瓶应有妥善堆放地点，周围不准有明火作业和吸烟，更不能让电焊导线或其他带电导线在气瓶上通过，要避免频繁移动。禁止易燃气体与助燃气体混放，不可与铜、银、汞及其制品接触。使用中严禁用尽瓶中剩余余气，压力要留有 1～1.5 表压余气。

（5）每个氧气和乙炔减压器上只许接一把割具，焊割前应检查瓶阀及管路接头处液管有无漏气，焊嘴和割嘴是否堵塞，气路是否畅通，一切正常才能点火操作。焊割时应先开适量乙炔后开少量氧气，应用专用打火机点燃，禁止用烟蒂点火，防止烧伤。

（6）每个回火防止器只允许接一个焊具或割具，在焊割过程中遇到回火应立即关闭焊割具上的乙炔调节阀门，再关闭氧气调节阀门，稍后再打开氧气调节阀门吹掉余温。

（7）严禁同时开启氧气和乙炔调节阀门，或用手及物体堵塞焊割嘴，防止氧气倒流入乙炔发生器内发生爆炸事故。

（8）工作完成后严格检查和清除一切火种，关闭所有气瓶阀门，切断电源。

2. 点焊工安全操作

（1）工作前必须检查设备是否完好。水源、电源及接地线必须处于正常状态，并符合工艺要求。

（2）操作者必须戴手套。

（3）操作者应站在绝缘木台上操作，焊机开动，必须先开冷却水阀，以防焊机烧坏。

（4）操作时应戴防护眼镜，操作者视线必须偏于火花飞溅的方向，以防灼伤眼睛。

（5）严禁用于试电极头球面。

（6）作业区附近不准有易燃易爆物品。

（7）上下工件要拿稳，工件堆放应整齐，不可堆得过高，并应留有通道。

（8）工作完成后，应关闭电源、水源。

3. 手工电弧焊工安全操作

（1）应掌握一般电气知识，遵守焊工一般安全规程，还应熟悉灭火技术、触电急救及人工呼吸方法。

（2）工作前应检查焊机电源线、引出线及各接线点是否良好；线路横越车行道应架空或安置保护盖；焊机二次线路及外壳必须良好接地；焊条的夹钳绝缘必须良好。

（3）雨天不准露天电焊，在潮湿地带工作时，应站在铺有绝缘物品的地方并穿好绝缘鞋。

（4）移动式电焊机从电力网上线或拆线，以及接地等工作均应由电工进行。

（5）工作时先接通电源开关，然后开启电焊机；停止时，要先关电焊机，才能拉断电源开关。

（6）移动电焊机位置，须先停机断电；焊接中突然停电，应立即关闭电焊机。

（7）在人多的地方焊接时，应安设遮栏挡住弧光；无遮挡时应提醒周围人员不要直视弧光。

（8）换焊条时应戴好手套，身体不要靠在铁板或其他导电物件上。敲焊渣时应戴上防护眼镜。

（9）焊接有色金属件时，应加强通风排毒，必要时使用过滤式防毒面具。

4. 手工气焊（割）工安全操作

（1）严格遵守一般焊工安全操作规程和有关橡胶软管、氧气瓶、乙炔瓶的安全使用规则和焊（割）具安全操作规程。

（2）工作前或停工时间较长再工作时，必须检查所有设备。乙炔瓶、氧气瓶及橡胶软管的接头，阀门紧固件应紧固牢靠，不准有松动、破损和漏气现象，氧气瓶及其附件、橡胶软管、工具不能沾染油脂和泥垢。

（3）检查设备、附件及管路漏气情况，只准采用肥皂水试验。试验时，周围不准有明火，不准抽烟。严禁用明火检查漏气情况。

（4）氧气瓶、乙炔瓶与明火间的距离应在 10 m 以上。如条件限制，也不准低于 5 m，并应采取隔离措施。

（5）设备管道冻结时，严禁用火烤或用工具敲击冻块。氧气阀或管道要用 40 ℃的温水融化；回火防止器及管道可用热砂、蒸汽加热解冻。

（6）焊接场地应备有相应的消防器材，露天作业应防止阳光直射在氧气瓶或乙炔瓶上。

（7）工作完毕或离开工作现场，要拧上气瓶的安全帽，收拾现场，把氧气瓶和乙炔瓶放在指定地点。下班时应立即卸压。

（8）压力容器及压力表、安全阀，应按规定定期送交校验和试验。检查、调整压力器件及安全附件，消除余气后才能进行。

（六）脚手架安全操作

1. 脚手架搭设

（1）按照规定的构造方案和尺寸进行搭设，并注意搭设顺序。

（2）及时与结构拉结或采用临时支顶，以确保搭设过程的安全。

（3）脚手板要铺满、铺平和铺稳，不得有探头板。

（4）不得使用变形的杆件和不合格的扣件（有裂纹、尺寸不合适、扣接不紧等）。

（5）没有搭设完成的脚手架，在每日收工时，一定要加设临时固定措施以确保稳定。

2. 脚手架拆除

（1）拆除脚手架，周围应设围栏或警戒标志，并设专人看管，禁止人员入内。拆除应按顺序由上而下，一步一清，不准上下同时作业。当解开与另一人有关的扣件时须先告知对方，以防坠落。

（2）拆除脚手架大横杆、剪力撑，应先拆中间扣，再拆两头扣，由中间操作人往下顺杆子。

（3）拆下的脚手杆、脚手板、钢管、扣件、钢丝绳等材料，应向下传递或用绳吊下，禁止往下投掷。

（4）遇有六级以上强风、浓雾等恶劣天气应停止作业。暴风雪及台风暴雨后，应对脚手架进行检查，发现松动、变形、损坏或脱落等现象，应立即修理完善。

四、桥梁养护用电安全措施

（一）现场照明

照明电线用绝缘子固定，导线不得随地拖拉，照明灯具的金属外壳必须接地或接零。室外照明灯具距地面不低于 3 m，室内照明灯具距地面不低于 2.4 m。

（二）配电箱、开关箱

应使用 BD 型标准配电箱，配电箱内开关电器必须安全无损，接地正确，配电箱内应设置漏电保护器，并选用合理的额定漏电动作进行分级匹配。配电箱应设置熔丝、分开关，零排地排齐全，动力和照明分别设置。

（三）用电管理

安装、维修或拆除临时用电工程，必须由电工完成，电工必须持证上岗，实行定期检查制度，并做好安全检查记录。

第二节　桥梁养护的应急预案

一、桥梁养护应急预案的工作原则

为有效应对城市桥梁可能出现的突发事件，使突发事件得到及时、有效、妥善的处置，最大限度地减少城市桥梁突发事件造成的损失，保障人民群众生命财产安全，特制订桥梁养护的应急预案。

桥梁养护应急预案的原则，具体如下：

第一，以人为本，依法规范。把保障人民群众的生命安全和身体健康作为应急工作的出发点和落脚点，最大限度地减少桥梁灾害造成的人员伤亡和危害；切实加强处置桥梁灾害安全防护，提高科学指挥的能力和水平。按照有关程序制定、修订应急预案，做到依法行政，依法实施应急预案。

第二，防治结合，预防为主。所有工作人员都有维护交通安全设施、遵守道路交通安全法律法规和提高交通安全意识的义务。

第三，整合资源，信息共享。按照降低行政成本的要求充分利用现有资源，对人员、资金、设备、物资等进行有效整合，保障应急处置工作的正常进行。加强情报信息的沟通与交流，以信息网络等为载体，建立信息服务平台，实现信息资源共享，为科学决策提供正确的依据。

第四，快速反应，密切协作。一旦发生突发事件，立即进入应急状态，启动应急预案，确保发现、报告、指挥、处置等环节紧密衔接，在最短时间内控制态势。各应急抢险小组在部门负责人的统一领导下，分工负责，互相支持，协调联动，整体作战。

二、预防预警机制与应急处置流程

（一）预防预警机制

1. 信息收集

（1）掌握周边环境和气象信息，关注气象站、水文站、地震站发布的降温、降雪、大雾、台风、暴雨、地震等天气警报，主动、及时记录气象预报，早做准备，防患于未然。

（2）掌握交通监控过程中的各类交通信息，提供车辆行驶中的情况，及时了解发生的各类事故，做到快速到位、应急处置。各信息发布部门应及时通过各种方式向社会发布道路行驶状况信息。

（3）应急调度指挥应与行业的各管理单位建立信息传递网络，以电话、传真为联系，定时传递各项预案的实施情况。事件的处置过程中要注意信息的互动，保持信息的连贯性。

（4）掌握桥梁设备设施的维修养护、状况监测等各类信息。

（5）掌握桥梁健康评测过程中的各类信息，如桥梁监测、评估的报告等。

2. 预警响应

养护应急部门负责汇总、收集和研究相关信息，及时做出预报；根据上级有关部门发出的预警等级按要求实施相应等级的应急处置响应，同时按上报程序随时报告动态处置情况。

进入预警期后，应采取以下预防性措施，并及时向管理部门报告相关情况：

（1）准备或直接启动相应应急预案处置规程。

（2）必要时，向公众发布可能受到桥梁设施运行事故危害的警告和劝告。

（3）根据需要，对桥梁设施采取临时性工程措施。

（4）协同上级应急指挥小组，组织应急救援队伍和专业人员进入待命状态，并视情形动员后备人员。

（5）调集、筹措所需物资和设备。

（6）法律、法规规定的其他相关措施。

（二）应急处置流程

1. 信息报送

信息报送时限根据影响范围确定。发生事故后，实行首报、续报和终报制度。

首报：养护公司在立即组织应急抢险的同时，应立即向主管部门和市应急联动中心口头上报。

续报：根据应急处置的进展，养护公司应向主管部门和市应急联动中心续报处置措施、现场情况以及善后工作等情况。

终报：当事件处理完毕后，养护公司应在 15 min 内向主管部门和市应急联动中心做出书面报告，做到事故信息有报必销，确保信息传输准确、及时。

2. 先期处置

养护公司在事故发生后，养护公司要根据预案规定的职责和权限启动相应工作预案，参与先期处置，并积极引导和妥善安置疏散人员与车辆，控制事态并及时向上级报告。

（1）迅速组织自救处置。

（2）现场安全控制，保证后续车辆安全距离。

（3）协助交通，指挥弃车逃生和疏散。

（4）协助公安消防，提供救援通道和需要的设备，协助现场人员抢救。

（5）协助现场勘察，提供相关资料。

（6）做好信息上报。

（7）做好现场设施设备破损统计、取证、上报工作。

（8）事后评审，修复、补充。

相关应急联动单位在事故发生后，要根据预案规定的职责和权限启动相应工作预案，参与先期处置，并积极引导和妥善安置疏散人员与车辆，控制事态并及时向上级报告。

3. 信息发布

养护公司所养护设施运行事故的信息发布应当按照各市的有关要求，做到及时、准确、客观、全面，并根据处置情况做好后续信息发布工作。

养护公司所养护设施运行事故应急处置结束，或现场危险状态消除和得到控制，由负责决定、发布应急处置信息的机构或现场指挥机构视情形宣布解除应急状态，转入常态管理。

三、后期处置、应急保障与监督管理

（一）后期处置

1. 现场清理与功能恢复

事故处置完毕后，养护公司应在应急指挥部统一调度下组织人员及设备及时对桥梁设施及周边进行清理与除障，集中力量恢复桥梁基本功能，并就事故发生处进行详细检查，收集现场资料与信息以配合事故调查分析。

2. 调查与评估

事故处置完毕后，根据不同突发事件收集和汇总相关信息，按行业管理的职责提交涉及本行业范围内的调查分析、检测和事后评估报告，并就事件发生的原因、影响范围和受损程度及开展应急处置工作的综合情况予以总结，按报告制度的规定提交总结报告。

（二）应急保障

1. 设备保障

在日常的运营管理中，必须配置必要的各种车辆设备，保证 24 h 处于待命状态，以便应急处理突发紧急事件。根据桥梁的特殊情况可配置皮卡车 1 辆、巡逻车 1 辆、洒水车 1 辆等车辆设备。

2. 物资保障

按照市应急预案的有关规定，平时应配备充足的应急救援装备、物资、药品、车辆、工具材料和通信设备等；配备必要的安全、消防设备、器材及人员防护装备等。同时，还应配备如防毒面具、生石灰等碱性液体、黄沙、木屑、工业盐、草垫、橡胶套鞋、警示架、红白带、警示灯、防爆照明灯、警棍等物资材料，并备有清单。平时应确保这些物资材料保持良好状态。

应急车辆的停放地点、物资材料的堆放点、工具存放的仓库等都要有明确的位置，以便应急处置时，可按照指挥中心要求及时到位、投入使用。

3．信息保障

（1）信息共享机制。养护公司负责配合有关部门，建立健全桥梁设施运行事故信息共享机制和应急传递系统。明确现场信息采集的范围、内容、方式、方法、传输渠道和要求，以及信息分析和共享的方式、方法与报送、反馈程序。

（2）信息报送。养护公司负责编制信息报送流程图，明确上下信息报送接口、反馈程序，做到流程封闭。

（3）信息分析和共享。养护公司应配合有关单位，建立和完善桥梁设施运行事故信息资源库，对上报的各类信息进行汇总、分析、总结，建立信息评估制度。通过信息网络等方式，实现信息共享。

（三）监督管理

1．培训

由市城市公共设施事故应急指挥部办公室组织，会同有关部门，向成员单位培训应急指挥联动和综合处置、风险评估等内容。

养护单位应针对本专业抢险工作特点，开展以桥梁突发事故预防与应急准备、监测与预警、应急处置与救援、事后恢复与重建等为主要内容的各类培训。

2．演练

通过应急演练，培训应急队伍，落实岗位责任，熟悉应急工作的指挥机制、决策、协调和处置的程序，识别资源需求，评价应急准备状态，检验预案的可行性和改进应急预案等。

根据本预案要求，定期组织相关单位开展综合性演练，检验应急队伍的综合快速反应能力，做好跨部门之间的协调配合及通信联络，确保应急状态下的有效沟通和统一指挥。

桥梁专业单位应根据自身特点，每年开展专业预案的应急演练，以提高处置本专业事故的能力。演练结束后应及时进行总结，并报市城市公共设施事故应急指挥部办公室存档备查。

3．监督检查

运行事故应急处置工作实行行政领导责任制和责任追究制。养护公司应按各自职能，加强本预案实施过程的检查，督促有关部室采取措施，及时整改存在的问题。

第三节　桥梁养护的信息化应用

随着现代化信息技术的持续发展，各行各业逐渐朝着信息化方向发展，公路桥梁工程也不例外。除了常见的施工技术控制措施，相应养护工程也是影响桥梁质量性能的重要环节。因此，为强化提升桥梁养护效果，还应加强对于公路桥梁养护管理方面的重视，做好相应养护管理和监督工作，加强对于信息化监控技术的研究应用，以此保障桥梁养护效果，全面提升桥梁质量。

下面以公路桥梁养护为例，探讨信息化监控技术的应用。

一、公路桥梁养护中信息化监控技术的应用意义

公路桥梁工程作为当前我国重要的基础设施建设工程，对于建筑行业与社会经济发展都有着极大影响。随着社会的发展和进步，社会各界对于公路桥梁建设的重视程度不断增加，而公路桥梁养护作为影响工程质量、效率等的重要环节，也得到了更多的关注和研究。在当前信息技术日新月异的大背景之下，探索信息化技术在公路桥梁养护当中的应用路径和策略就成为行业发展过程中的重要研究方向。信息化监控技术在公路桥梁养护当中应用探索的意义和价值主要体现在以下两个方面：

第一，理论方面，信息化监控技术手段能够帮助强化提升公路桥梁养护管理水平，并以此为基础对行业发展方向和形势进行适当的调整，有助于完善公路桥梁养护管理体系，并为相关管理人员的决策提供可靠参考。

第二，现实方面，通过信息化监控技术，能够实现对于公路桥梁养护工程的全面监控和有效管理，强化提升相关数据信息收集、整理及传递的质量和效率，为养护工作的开展提供可靠支持，保障公路桥梁工程水平。

二、信息化监控技术在公路桥梁养护中的应用分析

（一）系统性能分析

结合公路桥梁养护施工实际内容和相关工作要求，在应用信息化监测技术的过程中，应着重强调对于公路桥梁养护验收及使用过程的监控和监督。因此，公路桥梁养护信息化监控系统需要具备以下基础性能：

第一，能够实现对于公路桥梁使用过程的全程监测，并确保监测得到的相关数据信息的精准性，是公路桥梁养护监测当中的重要内容。

第二，监控系统应具备一定的可预测性，能够结合当地的环境条件、天气情况以及其他影响因素，对公路桥梁相关病害进行预测分析。

第三，能够结合实际情况，制订具有较强可操作性的养护方案，提升公路桥梁养护效果，延长公路桥梁使用寿命。

第四，公路桥梁养护信息化监控系统还应具备较强的高效性和完整性，以此确保养护实施过程高效、可靠，保障养护工作完整、全面。

（二）监控设备接入

监控设备是监控公路桥梁养护的重要手段和主要媒介，主要功能在于监控、收集公路桥梁养护相关信息，多通过电子视频监控设备实现。对此，可在信息化监控系统当中接入环保监测摄像头，以此实现对于公路桥梁施工过程中的现场的远程监控；主要监测内容为扬尘和噪声，通过在普通视频监控设备上增加颗粒物监测系统，实现对于现场实时监测，并结合公路桥梁项目实际情况，隔离设置监控点，实现全线、无死角监测。

环保监测系统不仅具备实时在线监测仪，还包括气象参数传感器、视频监控仪器，以及数据信息采集、存储、管理等相关功能，能够对悬浮颗粒物、温度、湿度、风速，以及风向等相关环境参数进行连续实时监控，一旦发现污染物超标，能够自动启动监控设备，并将相关数据信息及时反馈到系统客户端当中，为后续监管工作的开展提供可靠指导。

远程视频监控设备在公路桥梁养护工程当中的运用，能够实现对于现场工作人员、设备以及相关物资的实时定位和有效监控，及时获取环境信息，发现遗漏问题与异常行为，能够有效提高应急响应速度，实现现场智能化、信息化管理，对提升公路桥梁养护施工的管理水平和效率有着积极作用。

三、公路桥梁养护中信息化监控系统的具体设计

（一）设计思路

根据公路桥梁养护信息化监控需求，结合当前公路桥梁养护管理工作情况，构建智能化监控系统，该系统应具备精准性、可预测性、可操作性、高效性及完整性特点，并能够提供数据采集、管理、传输、共享等功能，满足日常维护管理需求，而且能够结合公路桥梁养护需求，展开安全管理评价，提供决策辅助、智能化筛选、统计报表输出等相关功

能，同时该系统也应支持 PC 端与移动端两种服务模式，实现自动化办公、智能化管理、信息化查询，为公路桥梁养护监控管理提供良好支持，以此提升公路桥梁养护监控管理的质量和效率。

（二）功能模块

基于上述分析和系统设计要求，公路桥梁养护信息化监控系统应具备以下功能及管理模块：

1. 基础数据管理模块

基础数据管理模块在 GIS 的基础上构建而成，不仅能够进行资产台账管理、档案管理、查询统计，还能够对养护站点展开全面管理，以此实现对于公路桥梁全资产、全生命周期的管理和监控。相关数据信息主要包括道路数据、桥梁数据以及附属和安保设施数据，并具备数据新增、查询、统计、导入、导出，以及编辑、删除、备注和修改等相关功能。

2. 日常维护管理模块

日常维护管理模块主要是针对公路桥梁养护工作开展过程中的巡查监管、考核检查，能够随时掌握并了解养护过程中的成本投资、养护巡查完成度以及相关病害的发生和处理情况。该模块主要划分为小修保养管理和养护资料管理，其中小修保养包括保养填报和线上审批两个环节，养护资料管理则主要包括资金管理、资料管理和查询统计这三个部分。

3. 规划计划管理模块

规划计划管理模块能够实现对于养护工程项目建议书、储备项目、财务资金等方面的规划管理，并对投资计划进行编制、下发、上报以及执行等过程进行全面管理，可划分为工程计划管理、工程进度管理、工程资料管理以及项目储备库这四个部分。

4. 应急保障管理模块

对此需要结合交通委应急处置措施以及相关规范要求，建立应急保障体系，以此强化对于公路桥梁养护工作的全面管控和监督，完善事前检查、事中处理以及事后评估等全过程，并建立应急知识库，以此进行实时预警和信息报送等。

5. 养护工程管理模块

养护工程管理模块主要包括计划管理、维修养护工程管理、健康监测以及考核管理等多个方面，实现对于养护工程全流程业务的监督、共享以及管理。其中最为主要的是安保监管部分，该部分主要划分为路桥监管和安保监管，路桥监管包括相关数据信息监管、抽检项目选择、检测结果上传、监测数据评价；安保监管主要包括安保设施监管和隐患点监管两个方面。

6. 决策评价管理模块

首先，决策评价管理模块的主要功能就是整合历年公路桥梁检测与养护数据，并对路面状况、路基情况、桥涵构造物、沿线设施等相关指标展开全面系统分析，实现对于公路桥梁情况的综合研判；其次，按照相关标准要求，对公路桥梁技术情况进行评价，并构建长期预测模型、养护对策模型等，以此强化提升公路桥梁养护水平。

7. 系统综合管理模块

系统综合管理模块为不同单位与不同权限的管理人员提供相关管理信息，还可以结合养护工作实际需求以及相关规范，合理优化业务流程，展开综合管理。

8. 系统运维管理模块

系统运维管理模块能够实现对相关台账信息、日常检查维护信息、备品备件，以及修复率、修复情况、故障情况、极端天气等相关数据信息的统计分析，强化整体数据管控质量和效率。运维管理模块能够对所有录入系统当中的数据信息进行智能化处理、筛选以及整合，为相关决策的制定提供可靠支持。例如，定期输出相关报表，查询检测数据报告，对专项重点项目进行单独管理和数据信息的统计查询等。

9. 其他功能模块

其他功能模块如悬浮窗展示功能、首页公路桥梁等级展示功能、智能数据评价功能。

（三）系统模型

构建信息化监控系统模型和基础架构，该架构的形成需要以网络、交换机为信息传输媒介，以计算机、服务器为主要载体，在数据库、应用软件以及视频监控技术等的良好融合之下，借助传感器进行数据信息采集，并对相应视频数据进行编码，并得到数据包，将其传输到服务器当中，由智能化系统对相关数据信息进行统一处理和综合判断，进而形成具有较高可行性与合理性的养护方案。公路桥梁养护信息化监控系统模型主要包括以下部分：

第一，网络、交换机。

第二，由计算机、服务器、数据库和软件形成的基础架构。

第三，由传感器数据、视频监控数据形成的数据获取单元。

第四，具有精准性、高效性、完整性的系统分析单元。

第五，系统传输单元。

四、公路桥梁养护信息化监控技术应用的有效对策

(一) 制订信息化管理方案

为强化公路桥梁养护信息化监控技术效果与管理的规范性，各地区应结合公路桥梁养护实际需求，编制专门的信息化监控管理发展规划方案，确保相关方案的制订与实际管理需求、公路桥梁建设发展之间保持高度一致，以此帮助实现公路桥梁养护信息管理的网络化、电子化目标，全面提升公路桥梁建设管理水平，延长公路桥梁使用寿命，保障运行安全，为公路桥梁养护信息化监控工作的顺利开展奠定良好的基础，指明发展实施方向。

(二) 夯实信息化基础建设

加强信息化基础建设是应用信息化监控技术展开公路桥梁养护管理的必经之路，对于公路桥梁养护管理监控效果有着直接影响。在此过程中，应着重从以下方面入手：

第一，积极开发智能化监控管理信息平台，加强对于内网与外网的有效融合。对此需要各区级单位构建外网与内网这两种公路桥梁养护数据信息展示方式，并形成智能化信息平台，以此强化公路桥梁养护宣传管理以及交流效果，发挥信息化平台沟通、共享的作用，提升公路桥梁数据信息的透明度与传输的高效性，促使智能化平台能够参与到公路桥梁养护全过程当中。

第二，建立公路桥梁基础信息库，实现数据开放共享，为各部门参与公路桥梁养护管理工作奠定良好的基础，提供一手资料，解决信息孤岛困境，促使公路桥梁养护相关数据信息的价值得到最大限度的发挥，形成完整、开放的数据库，全面提升养护管理工作效率。

第三，加强对于远程电子监控设备的应用，将传统被动管理模式转变为主动管理，强化公路桥梁养护工作的质量和效果，提升公路桥梁养护管理的智能化、信息化水平，在重要施工节点加强远程视频监控设施的布置，并通过互联网实时监控现场施工情况，实现可视化管理，更好地保障公路桥梁养护施工质量、安全以及进度情况。

(三) 健全信息化管理制度

就当前我国公路桥梁养护信息化监控发展实际情况来看，缺乏明确规范制度，对此各地区主管部门应加强对于此方面的重视和关注。同时，结合实际公路桥梁养护管理、监控过程中存在的问题，以及信息化发展中遇到的瓶颈，及时采取有效处置和解决措施，并结

合实际工作需求，逐渐完善、健全相关制度，尽快形成统一的信息化监控管理标准，以此确保在公路桥梁信息化监控管理工作的开展过程中，能够有据可依、有章可循，并保障相关管理部门之间能够实现数据信息的高效传输和协同共享，充分发挥信息化管理的优势。此外，值得注意的是，为保障相关制度、标准的有效落实和规范执行，还需要结合实际情况，落实相应管理责任和职能，确保各参与方都能够准确落实、履行自身职责，保障公路桥梁养护信息化监控管理能效。

(四)　加大资金的投入力度

资金支持是落实公路桥梁养护信息化监控管理的关键性因素，也是实现人才引进、软件开发维护过程中必不可少的，因此，为强化提升公路桥梁信息化监控技术应用效果，就需要加大资金投入力度。

一方面，信息化监控系统的构建需要软件系统的支持和辅助，而且随着公路桥梁养护工作的不断推进和深入，公路桥梁本身的状态也在不断发生改变，相关数据信息始终处于动态变化之下。因此，在养护监控过程中，会不断提出新的要求，需要对软件系统进行定期更新和维护。

另一方面，在应用信息化监控系统的过程中，养护管理模式、执行方法以及技术要求等发生了极大的变化，对各类工作人员的能力、素质要求逐渐提高。他们不仅要具备基础公路桥梁养护相关知识与管理能力等，同时也需要具有计算机操作运用能力。因此，为保障信息化监控技术应用效果，需要加强对于人才的引进和培养，构建专业团队，而这些都需要资金支持，加大资金投入力度是十分必要的。

参考文献

［1］安先辉．桩基础工程施工技术探讨［J］．科技视界，2014（19）：278-280.

［2］曾范军．浅谈重力式桥墩［J］．黑龙江交通科技，2011，34（8）：161.

［3］曾尉萍．景观桥梁设计中地域文化与桥梁美学的融合研究［J］．城市道桥与防洪，2022（4）：101-104，111，16.

［4］陈吉强．桥梁施工管理［J］．城市建设理论研究（电子版），2012（8）.

［5］陈明宪．斜拉桥建造技术［M］．北京：人民交通出版社，2004.

［6］陈清波，宋稳明．斜拉桥主塔施工过程分析［J］．低温建筑技术，2016，38（08）：91~93.

［7］陈怡刚．单塔无背索斜拉桥主塔施工实例探析［J］．交通世界，2023（17）：131-134.

［8］邓文武．斜拉桥主塔上横梁施工技术研究［J］．山西建筑，2018，44（20）：153-155.

［9］翟晓鹏．BIM 技术在市政桥梁设计中的应用［J］．江苏建材，2023（3）：65-67.

［10］谷再忠，赵亮，杨殿博，等．斜拉桥主塔施工方案对比研究［J］．北方建筑，2019，4（6）：70-72.

［11］关欣琦．浅谈桥梁墩台的施工［J］．黑龙江科技信息，2010（5）：227.

［12］郭剑，金青．论桥面伸缩缝的养护维修问题［J］．商品与质量，2018（29）：91，108.

［13］国文新．论桥面伸缩缝施工质量控制要点［J］．安徽建筑，2013，20（1）：152-154.

［14］何志伟．桥梁结构设计中的安全性和耐久性［J］．中国高新科技，2021（24）：35.

［15］胡志坚，向鹏．多塔悬索桥主缆疲劳寿命分析［J］．公路工程，2023，48（1）：23.

［16］黄瑜珍，姜顺荣．桥面伸缩缝的类型及施工注意事项［J］．交通世界，2017（35）：80-81.

［17］黄泽斌，肖雅丹，王奇文，等．城市景观桥梁群地域性美学研究［J］．中外建筑，2022（10）：40-45，17.

［18］纪盈舟．桥梁美学设计原则及应用浅析［J］．中国水运，2022（2）：153.

［19］姜福香，王玉田．桥梁工程［M］．2版．北京：机械工业出版社，2022.

［20］雷俊卿．悬索桥设计［M］．北京：人民交通出版社，2001.

［21］李丹．对桥梁养护安全管理工作的几点认识［J］．商品与质量，2016（8）：372.

［22］李海珍．斜拉桥主塔横梁施工技术研究［J］．公路交通科技（应用技术版），2019，15（5）：230-231.

［23］李贺勇，许高波，李世俊，等．基于BiLSTM的基坑开挖贝叶斯更新方法［J］．浙江工业大学学报，2023，51（6）：655-662.

［24］李雪红，雷语璇，赵军，等．大跨悬索桥主缆抗火性能及其防护［J］．浙江大学学报（工学版），2023，57（9）：1746-1755.

［25］李志亮．钢架拱桥的检测与评估［J］．城市道桥与防洪，2021（5）：242.

［26］林阳，朱玉．地锚式独塔悬索桥非对称主缆合理设计参数计算方法研究［J］．桥梁建设，2023，53（z1）：54-61.

［27］刘春雷，戴素娟，刘春晖．悬臂梁桥中铰最佳位置的确定［J］．安徽建筑，2014，21（6）：102-103.

［28］刘静．上承式拱桥拱圈混凝土施工技术研究［J］．价值工程，2022，41（6）：65.

［29］刘丽，王正明，丁文慧．现代桥梁建筑设计的美学图式［J］．桥梁建设，2006（1）：42-44.

［30］刘玉恒，孙涛，施明宇．矮塔斜拉桥主塔施工关键技术研究［J］．安徽建筑，2023，30（3）：71-72，96.

［31］刘梓寅，毛应．新时期下桥梁美学设计方法研究［J］．中国建筑装饰装修，2021（07）：172.

［32］鹿健，周珂，曹妍，等．桥梁设计中的美学应用分析［J］．安徽建筑，2020，27（10）：138-139.

［33］路宁．桥梁设计与环境协调的美学探究［J］．运输经理世界，2020（13）：81.

［34］路铧，李子奇，刘世忠，等．自锚式悬索桥吊索不接长体系转换方案及索鞍数值模拟［J］．工程科学与技术，2023，55（1）：304-312.

［35］吕佳．浅谈桥梁总体设计和规划［J］．中国高新技术企业，2010（4）：110.

［36］马光述，李莹，张延吉，等．桥梁工程［M］．武汉：武汉大学出版社，2018.

［37］任伟新，汪莲，王佐．桥梁工程［M］．武汉：武汉大学出版社，2016.

［38］任永记．斜拉桥主塔施工要点探讨［J］．建筑技术开发，2019，46（21）：64.

［39］申爱国．桥梁工程施工技术［M］．武汉：武汉大学出版社，2016.

［40］申建，慕平．桥梁工程技术［M］．北京：北京理工大学出版社，2019.

［41］石润民，刘豪．斜拉桥主塔施工技术探讨［J］．交通世界（运输·车辆），2015（4）：118-119.

［42］苏贤洁．桥梁养护与维修［M］．成都：西南交通大学出版社，2010.

［43］孙飞．桥梁扩建工程的美学构思［J］．科学技术与工程，2010，10（35）：8883-8886.

［44］孙宇，王伊冬，张艳红．桥梁美学与环境协调的研究［J］．科技创新导报，2020，17（17）：151-152.

［45］孙志彬．桥梁及桥梁照明与城市［J］．新材料新装饰，2014（9）：563.

［46］谭勇，曾昱棋，王玺．基于设计艺术视角的桥梁美学研究［J］．美与时代（城市版），2022（11）：24.

［47］王晓，朱金柱．自锚式悬索桥超宽长联钢箱梁顶推方案研究［J］．中国港湾建设，2023，43（2）：66-72.

［48］王晓琰，杨黎明，岳阳，等．斜拉桥主塔弧形隔板横梁支架设计与施工［J］．智能城市，2023，9（5）：59-62.

［49］王新．谈基坑开挖与支护［J］．黑龙江科技信息，2012（18）：281-281.

［50］王志霞．试论 GT 工艺的基本原理与应用方法［J］．印刷质量与标准化，2016（12）：29.

［51］吴春萍，赵心悦．机械连接竹节桩竖向承载力分析［J］．安徽建筑大学学报，2015，23（3）：33-37.

［52］吴帅，薄延伟．基于 Adams 的惯性式振动沉拔桩机的运动仿真分析［J］．制造业自动化，2012，34（19）：1-2，8.

［53］吴思标．斜拉桥方案优化设计分析［J］．价值工程，2023，42（34）：154-156.

［54］肖大维．探讨桥梁支座常见病害的养护维修与更换措施［J］．建材与装饰，2019（4）：246.

［55］徐萍，周晓军，阿帝兰．桥梁伸缩缝灌封密封胶工艺技术应用研究［J］．科技风，2014（17）：162.

［56］徐有富，刘杰．浅谈桥梁的日常养护维修及加固［J］．城市建设理论研究（电子

版), 2015 (5): 346-347.

[57] 杨德灿, 张先蓉. 桥梁美学的价值需求与体现 [J]. 中外公路, 2004, 24 (1): 36-38.

[58] 杨士金, 唐虎翔. 景观桥梁设计 [M]. 上海: 同济大学出版社, 2003.

[59] 姚磊, 张易, 黎晨. 某斜拉桥主塔施工结构分析研究 [J]. 中国水运 (下半月), 2021, 21 (2): 107-109.

[60] 叶鑫, 刘渊, 邱业亮. 斜拉桥主塔防腐涂装防护棚的设计和施工 [J]. 建材世界, 2021, 42 (1): 66-70.

[61] 于得利. 大跨径连续桥梁施工工艺研究 [J]. 工程技术研究, 2023, 8 (10): 51-53.

[62] 袁宇亮, 梁祥金, 冯涛. 浅议桥梁美学在南水北调工程中的应用 [J]. 南水北调与水利科技, 2008, 6 (4): 29-31.

[63] 张光海, 崔建伟, 张向明, 等. 城市桥梁养护指南 [M]. 郑州: 黄河水利出版社, 2015.

[64] 张军波, 费杰, 周张见, 等. 基于 KJHH 模型的基坑开挖概率反分析方法 [J]. 浙江工业大学学报, 2023, 51 (6): 671-676, 698.

[65] 张隆达. 论色彩在桥梁设计中的创新理念 [J]. 城市建设理论研究 (电子版), 2013 (3): 1.

[66] 张平, 林珊, 李育文, 等. 斜拉桥索塔劲性骨架设计与施工技术研究 [J]. 市政技术, 2022, 40 (6): 29-34, 46.

[67] 赵文艺, 周尚猛. 大跨度斜拉桥新型索塔锚固构造力学性能研究 [J]. 世界桥梁, 2019, 47 (4): 48-52.

[68] 周浩. 城市核心区高架桥梁悬臂拼装施工关键技术 [J]. 城市道桥与防洪, 2022 (12): 175.

[69] 朱尔玉, 刘磊. 桥梁文化与美学 [M]. 北京: 北京交通大学出版社, 2019.

[70] 宗钟凌, 蒋德稳, 张魁, 等. 软土地基机械式抱箍压桩技术及试验研究 [J]. 施工技术, 2017, 46 (22): 112-115.